教育部人文社会科学重点研究基地山东师范大学齐鲁文化研究院"十三五"规划重大项目

山东省中华优秀传统文化转化创新重大理论研究项目

当代视域下的
中国传统生态文化研究

朱亚非 王保宁 连 雯 著

人民出版社

责任编辑:宫　共
封面设计:源　源
责任校对:徐林香

图书在版编目(CIP)数据

当代视域下的中国传统生态文化研究/朱亚非，王保宁，连雯 著. —北京：
　人民出版社,2020.12
(中华优秀传统文化的时代价值研究/安作璋,王志民主编)
ISBN 978-7-01-022765-8

Ⅰ.①当…　Ⅱ.①朱…②王…③连…　Ⅲ.①文化生态学-研究-中国-
　现代　Ⅳ.①G12

中国版本图书馆 CIP 数据核字(2020)第 245851 号

当代视域下的中国传统生态文化研究

DANGDAI SHIYU XIA DE ZHONGGUO CHUANTONG SHENGTAI WENHUA YANJIU

朱亚非　王保宁　连雯　著

人民出版社 出版发行
(100706　北京市东城区隆福寺街 99 号)

中煤(北京)印务有限公司印刷　新华书店经销

2020 年 12 月第 1 版　2020 年 12 月北京第 1 次印刷
开本:710 毫米×1000 毫米 1/16　印张:16.25　字数:258 千字

ISBN 978-7-01-022765-8　定价:49.00 元

邮购地址 100706　北京市东城区隆福寺街 99 号
人民东方图书销售中心　电话 (010)65250042　65289539

总　序

　　本套丛书是教育部人文社会科学重点研究基地山东师范大学齐鲁文化研究院"十三五"规划重大项目的结项成果。2015 年，以安作璋教授、王志民教授为首席专家，入选山东省中华优秀传统文化转化创新重大理论研究项目"中华传统文化思想内涵的时代价值辨析研究"。在实施项目之初，课题组经过反复讨论，决定以十八大报告提出的社会主义经济建设、政治建设、文化建设、社会建设、生态文明建设五位一体总体布局为指导思想，多角度结合中华优秀传统文化的实际，进行课题整体框架设计，于是将该课题分设为五个子课题："中国传统经济体制和经济思想的时代价值辨析研究"；"中国传统政治体制和治国理政思想的时代价值辨析研究"；"中国传统思想文化的时代价值辨析研究"；"中国传统社会管理体制和管理思想的时代价值辨析研究"；"中国传统生态文化及其时代价值辨析研究"。这虽然有利于对课题研究的创新和深入，但也大幅增加了研究的学术难度和完成任务的工作量。

　　在首席专家安作璋教授、王志民教授的组织领导下，为完成本课题采取了以下重点措施：一是聘请在相关子课题领域素有研究的较强的骨干研究力量，形成了以孟祥才教授、陈新岗教授、朱亚非教授、王林教授、刘厚琴教授等学术水平高、研究能力强的学者为子课题负责人，并组织起结构合理、研究能力较强的科研团队。二是高度重视了每个子课题的框架布局和提纲设计。在首席专家领导下，多次举行研讨会，发挥团队学术优势，逐一研究、厘定各卷提纲目录，既强调各卷内容的协调，体现项目的整体统一性，又突出各卷的重点和特色，力求从整体上提升项目质量。三是突出坚持和强调以挖掘、阐发时代价值为主线。通过认真学习、深入研讨党的十八大以来习近平总书记的相关论述和党中央有关文件精神，为准确把握、深入阐释优秀传统文化的当代价值做了不懈努力。四是以研讨方式，尽力抓好对各卷的审稿、修改、统稿工作，力求提升整体撰写水平。特别值得提出的是，首席专家安作璋先生，以 90 多岁高龄，倾力于该项目的研究推进，坚持出席每次会议，给予具体指导。2019 年 2 月 20 日，安作璋先生因病去世后，在王志民教授的带领下，课题组成员充分发扬了团结协作的学术精神，继续完成课题的后续工作。 2020 年 8 月底，五个子课题全部定稿。经课题组成员会议商定，书稿总名为《中华优秀传统文化的时代价值研究》，全书分为五卷，第一卷为《当代视域下的中国传统经济制度与思想研究》，第二卷为《当代视域下的中国传统政治文化研究》，第三卷为《当代视域下的中国传统儒道释文化研究》，第四卷为《当代视域下的中国传统社会管理研究》，第五卷为《当代视域下的中国传统生态文化研究》。

中华传统文化积淀着中华民族最深层的精神追求，代表着中华民族独特的精神标识，是我们今天社会主义新文化建设的文化基因。努力传承与弘扬中华优秀传统思想文化，去其糟粕、取其精华，深入探究、挖掘其时代价值，实现对传统经济、政治、思想文化、社会管理、生态文化的创造性转化与创新性发展，是我们当代学人光荣而艰巨的历史责任。参与本项目研究的校内外 13 位专家，正是怀着这样一种强烈的使命感、责任感，团结合作，戮力同心，以严肃认真的态度去对待这项重要科研任务，在历经四年的不懈努力后，终于较圆满地完成了本项目的撰写任务。

回顾该项目的编纂出版过程，我们由衷怀念和感谢安作璋先生为本项目作出的重大贡献；衷心感谢山师大历史文化学院副教授秦铁柱博士为该项目的实施所做的大量编务、会务等默默无闻的琐碎工作；感谢学校和齐鲁文化研究院相关领导对项目编纂与出版的鼎力支持；感谢人民出版社王萍主任及相关编辑的辛勤付出。没有各方面的大力支持，本项目能如此顺利出版发行是不可想象的。

在编纂过程中，我们也深深体会到：本项目创新要求高，论述难度大，真正做成高质量、高水平之作，远非易事。我们虽然尽了自己的最大努力，但由于各卷所涉史实既专又广，其中数卷是多人集体之作，在许多问题的把握和研究上，仍存在可修改和完善之处。望学界同仁与读者多予批评、指导是盼。

王志民

2020 年 10 月 16 日于泉城

目　录

导 论

党的十八大以来，以习近平同志为核心的党中央已把生态环境的治理以及生态文明建设上升到与政治建设、经济建设、思想文化建设同等的高度，习近平主席多次就生态文明建设发表重要指示。2015年，在党的十八届五中全会上他提出："生态文明建设事关中华民族永续发展和'两个一百年'奋斗目标的实现，保护生态环境就是保护生产力，改善生态环境就是发展生产力，必须坚持节约优先、保护优先、自然恢复为主的基本方针，采取有力措施推动生态文明建设在重点突破中实现整体推进。"①2016年，在省部级主要领导干部专题研讨班上的讲话中，习主席又指出："改革开放以来，我国经济发展取得历史性成就，这是值得我们自豪和骄傲的，也是世界上很多国家羡慕我们的。"②"要把生态环境保护放在更加突出的位置，像保护眼睛一样保护生态环境，像对待生命一样对待生态环境。"③

习近平总书记还多次说："绿水青山就是金山银山，决不能以牺牲环境为代价来换取经济的发展。"④在党的十九大所做的政治报告中，更是以相当长的篇幅来阐述生态文明的重要性，表明了走向生态文明新时代，建设美丽中国，是实现中华民族伟大复兴的中国梦的重要内容。因此重视对生态环境的研究，是我们学术研究中的一个至关重要的课题。

---

① 中共中央文献研究室编：《习近平关于社会主义生态文明建设论述摘编》，中央文献出版社2017年版，第9页。

② 中共中央文献研究室编：《习近平关于社会主义生态文明建设论述摘编》，第11页。

③ 中共中央文献研究室编：《习近平关于社会主义生态文明建设论述摘编》，第8页。

④ 中共中央文献研究室编：《习近平关于社会主义生态文明建设论述摘编》，第21页。

一

生态这一概念的提出，是在 1866 年由德国生物学家 H. 海克尔首次提出。他认为生态就是生物与生物之间，以及生物与所处环境之间的相互关系和存在状态。1935 年，英国学者 A. 坦斯利又提出生态系统概念，认为生态环境是在一定的空间和时间范围内的，在各种生物之间以及生物与环境之间，通过能量流动和物质循环而相互作用的一个统一整体。

生态文明是人类社会文明的一个重要组成部分，生态文明所研究的对象是人与自然的关系，也是社会与自然及人与自然的关系。因为人们要生存、发展，要追求生活的幸福，势必要对现存的自然资源进行占有、使用和消费，而对于生态资源占有的不公平，又造成了社会的不平等状况，因此生态文明建设既要保护生态环境，又要平衡不同阶层与群体对生态资源的占有，要切实解决现阶段经济发展、社会进步与自然环境和生态文明之间的辩证关系，才能推进中国社会主义现代化事业的顺利发展，完成建成民主、和谐、富强、美丽的中国这一战略目标。

对于生态环境问题的认识，可以追溯几千年的历史。最早的古书《夏小正》是研究夏代的重要文献，其中就有相当大的篇幅记载了夏代人们的农业生产与生态环境问题，提出了每个月根据古时来安排农业生产以及生态环境对动物的影响。如八月"鹿人从"（鹿交配时互相追逐），九月"熊、罴、貃、貉、鼬、鼯则穴"（动物入穴避寒），十月"豺祭兽"（豺储存食物）。[①]

商代是中国早期农业生产得到发展的时代，在甲骨卜辞等文献中，已看出商代人已经初步知道在农业生产中雨水、土壤、植被之间的互为联系。商朝自建都亳后，历经多次迁徙，也是受到了环境的影响，尤其是无法对付水患而不得不迁徙，也反映出早期生态环境变化对人类社会的影响。

西周时期，人们对生态环境的认识又有了进一步提高，从《诗经》等

---

① （清）王聘珍撰，王文锦点校：《大戴礼记解诂》卷 2《夏小正》，中华书局 1983 年版，第 42—45 页。

原始文献中可以看出有多种对生态环境的记载。如《小雅·四月》"相彼泉水，载清载浊……匪鳣匪鲔，潜逃于渊。"《小雅·鹤鸣》有"鹤鸣于九皋，声闻于野。鱼潜在渊，或在于渚……鹤鸣于九皋，声闻于天。鱼在于渚，或潜在渊。"《小雅·斯干》"秩秩斯干，幽幽南山。如竹苞矣，如松茂矣。"《小雅·伐木》"伐木丁丁，鸟鸣嘤嘤"①，从这些诗文中反映出西周时期自然环境良好，鸟在天上飞，鱼在水中游，树木生长茂密，人们也享受这种良好的生态环境。《诗经·豳风·七月》还对生态环境对农作物生长的影响也有很多记载，反映古人们已经认识到春夏秋冬四季变化对农业生产的作用。

　　春秋战国时期，随着社会生产力的发展，人们对自然与生态环境的认识也在进一步提高。春秋战国时期，在中国思想界是一个百家争鸣、百花齐放的时代，出现了以孔子、孟子为代表的儒家学派；以老子、庄子为代表的道家学派；以墨子为代表的墨家学派；以邹衍为代表的阴阳家学派；以孙武、孙膑为代表的兵家学派；以许行为代表的农家学派等。这些学派的代表人物都对人与自然的关系提出了自己的见解。

　　孔子率先提出"天人合一"的思想，把人类与自然界协调发展看作是一个至高的境界。提出人类的生存和发展不能以破坏自然界生态平衡为代价；荀子提出"万物皆得其宜，六畜皆得其长，群生皆得其命"②，将禽兽、草木纳入生态环境；曾子言"树木以时伐焉，禽兽以时杀焉……断一树，杀一兽，不以其时，非孝也。"③《礼记·祭义》又将树木和禽兽纳入伦理范畴，得出不能滥杀，保护生态平衡。

　　老子、庄子倡导"无为而治"，无论是对待社会还是对待自然都应该无为而治。道家所追求和向往的人类生态环境是"万物群生，连属其乡；禽兽成群，草木遂长。是故禽兽可系羁而游，鸟鹊之巢可攀援而窥。"④道家反对

---

① （清）阮元校刻：《十三经注疏·毛诗正义》卷13、卷11、卷9，艺文印书馆股份有限公司2001年影印版，第443、376页下、377页上、384页上、327页上。

② （清）王先谦撰，沈啸寰、王星贤点校：《荀子集解》卷5，中华书局1988年版，第165页。

③ （清）阮元校刻：《十三经注疏·礼记注疏》卷48，艺文印书馆股份有限公司2001年影印版，第821页下。

④ （清）王先谦编著：《庄子集解》卷4，成都古籍书店1988年影印版，第53页。

对禽兽的任意捕杀和对树木的任意砍伐，追求一种生态环境与人类生存环境的平衡。

墨子提出兼爱、非攻、节葬、节用的思想，也是对生态环境的一种保护思想。当时统治阶级大建楼台亭阁，厚葬风俗盛行，这势必要大量砍伐森林，破坏生态环境，他提出"棺三寸，足以朽骨；衣三领，足以朽肉。掘地之深，下无菹漏，气无发泄于上，垄足以期其所，则止矣。"① 反对过分浪费资源，倡导丧葬节俭十分明确。

春秋时期齐国名相管子也十分重视生态环境，他认为："一年之计莫如树谷，十年之计莫如树木。"看到了植树造林对生态环境和经济发展所起的作用。《管子》提出："根天地之气，寒暑之和，水土之性，人民鸟兽草木之生物，虽不甚多，皆均有焉，而未尝变也，谓之则。"② 为了防止破坏自然界生态平衡，他还提出"四时之禁"思想，以保护生态环境。荀子继承了管子"四时之禁"的思想，也提出"草木荣华滋硕之时，则斧斤不入山林，不夭其生，不绝其长也；鼋鼍、鱼鳖、鳅鳝孕别之时，罔罟、毒药不入泽，不夭其生，不绝其长也。"③ 认为不应任意破坏树木，捕杀鱼类，保护好自然资源。

汉代淮南王刘安主编的《淮南子》也体现出时人的重视生态环境思想。在《淮南子·主术训》一文中，提出"不涸泽而渔，不焚林而猎。豺未祭兽，置罦不得布于野。獭未祭鱼，网罟不得入于水。鹰隼未挚，罗网不得张于溪谷。草木未落，斤斧不得入于山林。昆虫未蛰，不得以火烧田。孕育不得杀，鸟卵不得探。鱼不长尺不得取，彘不期年不得食。"④ 告诫人们不可任意捕杀自然界生物。

魏晋南北朝时期中国著名农学家贾思勰在《齐民要术》中明确提出了顺应天时，发挥地利的生态思想。他认为："顺天时，量地利，则用力少而成功多。任情返道，劳而无获。入泉伐木，登山求鱼，受必虚，迎风散水，

---

① 谭正璧：《墨子读本》，中华书局1949年版，第63页。

② 耿振东译注：《管子译注》，《权修》，《七法》，上海三联书店2014年版，第31、77页。

③ （清）王先谦：《荀子集解》卷5，上海书店出版社1986年版，第105页。

④ （汉）高诱注：《淮南子注》卷9《主术训》，上海书店出版社1986年版，第147页。

逆坂走丸，其势难。"①认为农业生产要尊重自然生态环境，按规律办事，《齐民要术》中还提出要建立一套合理的土地耕作制度，维持土壤的生态平衡，也是对生态学思想的重要发展。

唐朝思想家们对生态思想有了深刻的认识，尤其是柳宗元与刘禹锡这两位重要思想家对于生态环境都有深刻的认识与阐述，柳宗元认为天（自然界）与人应该互不干涉，反对人类对自然界的过度破坏和掠夺。刘禹锡则将天与人的关系当作一个整体来看待。

宋代思想家张载提出"民胞物与"的思想，提出要将爱人与爱物融为一体。

明清时的中国一些知名思想家和科学家对生态文明也十分重视，像王阳明、顾炎武、宋应星、朱载堉等知名学者的论著中，对这一问题都有不同程度的涉及。

对于生态环境的认识，中国传统哲学思想中也多有体现。儒家传统思想中很重要的一点就是"天人合一"的思想，就会强调自然界的变化与人们的意志相互吻合。他们认为自然界的变化是天的意志在起作用。如董仲舒提出"春气暖者，天之所以爱而生之；秋气清者，天之所以严而成之；夏气温者，天之所以乐而养之；冬气寒者，天之所以衰而藏之。"②他认为四季变化是天的意志，而人们只能顺应这一意志，而不能加以改变。"天人合一"实际上是主张人类与自然界和谐相处，反对人为地破坏自然生态环境。另外，不只是敬畏天（自然界），而是要了解"天"（自然界）的运作规律，更好地发展生产。

阴阳五行家是产生于战国时期的一大思想流派。阴阳家提出的"五行"学说也包含着丰富的生态思想，阴阳家主张"序四时之大顺"，就是要求按照时间顺序安排各种生产活动。他们还提出"四时教令"，阐述了在不同月份的天象特点、物候变化和节气运行情况，人们要根据这些节气情况安排从事活动。另外阴阳家在《十二纪》等著作中还提到了要根据时节保护幼虫、

---

① 缪启愉：《齐民要术校释》，农业出版社1982年版，第43页。

② （清）苏舆撰，钟哲点校：《春秋繁露义证》卷11《阳尊阴卑》，中华书局1992年版，第331页。

鸟类的繁殖，禁止焚烧山林，保护水塘、山泽的安全等。阴阳家倡导在阴阳五行理论的基础上顺和阴阳，敬畏天地，守顺天时，感恩自然，从而达到人与自然和谐共处的理想。

道家与道教思想也探讨了人与自然这一命题，道家也坚持"天人合一"的思想观念。认为"天地与我并生而万物与我为一"①，强调人与自然界的万物生长都需要遵循自然法则。道家认为万物生长、消亡都有自己的发展规律，人们如果任意破坏这种规律，则会让生态失去平衡。万物的平衡又处于一种自然和谐状态，人们应该知足常乐，不能向大自然过多地索取，从而减少自然资源的消耗，实现人类与自然的协调发展。道教追求生活简朴，以平等目光和敬畏态度善待自然界万物，合理利用自然资源，减少对生态环境的破坏，对今天人类对自然界保护也有思考与启迪价值。

佛教思想自东汉传入中国后，至隋唐时期发展到一个鼎盛时期。佛教教义中也包含有丰富的生态保护思想。佛教也倡导人与动物、生物界其他生命和谐相处的最高境界。佛教认为"一切众生皆有佛性"，"一切众生皆平等"，提出人类与其他动物、生物皆享有同等权利，人类应用尊敬、平等的心态去对待其他生命，而不能任意伤害、掠夺、征服其他众生。佛教还提出器世界（指山川河流、花草树木等），认为器世界所有的东西都是众生共同享用的公共财产，不应该任意焚烧、破坏、砍伐，花鸟昆虫也有佛性和尊严，也不应该任意杀伐，反映出佛教思想中对于保护环境、追求美好生存环境的良好愿望。

国人对于生态环境的爱护还反映在历代文艺作品中，中国历代士人对于山水环境的爱护表现在各种文学作品乃至音乐、绘画、书法及其园林艺术中。自先秦时期，文人们的作品中就不乏对于山水自然环境的描写，《诗经》中就有多篇赞美自然环境的诗歌，如《郑风·野有蔓草》《小雅·鹿鸣》等，汉代的词赋、山水游记多写出了人类与山川自然、花草鱼虫和谐相处的愉悦心境。从魏晋南北朝到盛唐时期的山水诗和山水游记，多用优美的笔调刻画出人们对自然环境的热爱，也流露出了对自然环境的保护意识。在明清文学

---

① （清）王先谦编著：《庄子集解》卷2《齐物论》，第13页。

及其小说所反映的内容中对于山水自然之美，也有深切的表现，"天下之乐，莫过于山水"。小说中也反映出人们对自然生态的保护意识，如《三言二拍》中就有提到万物包括花草皆有灵，人们应该惜生、护生而不要杀生。人们要珍爱自然生命、护佑自然生命，保持自然界万物生机，这也是中国古代文学作品中的生态思想。

自东晋以来，山水画也普遍出现，至明清发展到一个高峰。山水画作为传统中国画的重要组成部分，许多著名画家都提出要画出好的山水画，就要仔细观察和揣摩自然的祖国山河，要融入天人合一的理想境界，在山水画的背后，所体现的是人与自然和谐相处的生态理想。山水画是古代文人雅士通过艺术形式所表现出的崇尚山水、保护自然环境的一种独特形式，表达出人们追求自然生态美，追求人与大自然和谐相处的美好理想。

山水园林也是中国享誉世界的一种艺术形式。自先秦以后，历代都有不同的园林出现，如皇家园林、寺观园林和私家园林，自宋代至明清，则是中国古典园林的鼎盛期，不仅园林艺术传播至西方，为西方贵族所模仿，而且造园理论也十分成熟。与西方园林高大、宽阔、呆板相比较，中国园林花草、假山、亭榭、小溪、回廊融为一体，既将自然美与建筑美结合得至善至美，又有诗情画意，也是人们追求人文与自然合一，人类回归自然、欣赏自然，与自然结合为一体的生态理想的集中体现，还是人类对自然界美景的充分理解与真实塑造。园林艺术成为中国人对生态环境美的追求与写照。

中国传统艺术中的审美观念强调人的审美理念与自然界的美相结合，强调人应该向自然界学习，重视自然界的生命和对生态环境的爱护，从而达到人与自然和谐共生的最高境界。

二

中国历代统治阶级对于生态环境的认识有一个逐步深化的过程，这是古人从实践中深刻认识到生态环境的破坏对人类生态造成了重大灾难。如夏商时期，由于气温升高，气候干燥，植被遭到破坏，黄河流域有逐渐干旱的趋势，结果人们为了生存，商朝有五次迁都。

西汉后期，由于统治阶级内部斗争激烈，缺少对生态环境的治理和政策实施，导致黄河流域森林覆盖率大为下降，水土流失严重，结果蝗灾、旱灾接踵而来，引发了大规模农民起义，农民等推翻了王莽政权。东汉末年，也是因为军阀战乱不休，缺少对于生态环境的治理，结果水灾、旱灾、蝗灾遍及国内各地，西至甘肃，东至胶东半岛，北至河北、辽宁、南达两广，无法正常生活下去的农民和灾民揭竿而起，出现了遍及中原的黄巾大起义，从而东汉政权的统治，形成了三国政权对峙局面。这一时期，由于中原的战乱和气候变化，还导致了北方游牧民族南迁进入中原，尤其是在冬季，北方天气进入严寒，生存环境恶劣，诱发北方少数游牧民族大规模南下，从汉代至魏晋，北方游牧民族进入中原多在冬季，也反映出生态环境对于民族迁徙的影响。

历史上几次大的农民起义与生态环境变化而引起的自然灾害也是息息相关。如唐朝后期，由于安史之乱之后藩镇割据，牛李党争，统治阶级内部疏于对农业、水利的治理，造成水灾、旱灾、蝗灾等自然灾害十分严重，以致无以为生，农民揭竿而起，出现了规模宏大的黄巢起义。《旧唐书·郑畋传》记载："巢贼之乱，本因饥岁。人以利合，乃至实繁。江、淮以南，荐食殆半……近岁螟蝗作害，旱暵延灾，因令无赖之徒，遂起常乱之暴。虽加讨逐，犹肆猖狂。"[1] 正是黄巢大起义，终结了唐朝三百多年的统治。

明朝末年，也是因为统治阶级的腐败和边海疆危机，生态环境问题无人问及，导致各种自然灾害并起，自陕西到山东，中原旱灾、蝗灾遍地，地震、水患频发，无以为生的农民再一次掀起大规模的农民起义。李自成农民军最终攻入北京城，推翻了明王朝。

除了生态环境破坏导致自然灾害引发全国性的农民起义以外，历史上频繁的战争也是引起自然环境破坏，以致阶级矛盾尖锐的重要因素，如魏晋南北朝是整个中国大分裂、大战乱时期，仅南北之间就爆发了100多次规模不等的战争，战争需要大量的资源来制造武器，修筑工事，大批的树木被砍伐甚至放火焚烧，生态环境遭到严重破坏，以至在中原地区出现"中野何萧条，千里无人烟"的残破局面。后在唐朝末年，宋金元之际，元末及明末大

---

[1]　（后晋）刘昫等撰：《旧唐书》卷178，中华书局2013年点校本，第4633—4635页。

规模的战乱，对中原地区生态环境都造成了极为严重的破坏，以致经过多年以后才逐渐加以恢复。

中国历史上历代统治阶级也看到了自然生态与环境对社会稳定的作用，多次通过发布诏书等形式以及制定了保护生态环境的办法，这些应对办法主要有兴修水利，植树造林，改良土壤，以及设置专门维护生态环境的机构和职官。

先秦时期据《周礼》《礼记》《左传》等，当时设置虞官专门管理山川林木，防止滥伐滥砍。《礼记·月令》载："季夏之月，树木方盛，乃命虞人入山行木，毋有斩伐。"[①] 虞官的职责就是保持林木生长，维持生态平衡。除了虞官外，衡官也是先秦时期维持生态环境的一种官职。《周礼·林衡》称："林衡掌巡林麓之禁令，而平其守，以时计林麓而赏罚之。若斩木材，则受法于山虞，而掌其禁令。"在《周礼·川衡》中则有："川衡掌巡川泽之禁令，而平其守，以时舍其守，犯禁者执而诛伐之。"[②]《国语·齐语》中也有："泽立三虞，山立三衡。"[③] 虞与衡这两个官职可以看作是中国历史上最早设置的管理山林、川泽、草木，维持自然界生态环境的官员。

汉代以后，中国官制制度趋于完善，负责环境维护及治理的官员也明确了职责，如少府主管全国山林的管理，都水长丞（水衡都尉）主管水利资源的利用及其河流的治理。这些负责生态职官的设置，对于维护生态环境起到了一定的作用。

除了设置专门职官外，秦代以后皇帝还多次下令防止生态环境的破坏。秦始皇统一全国后，就下令"无伐草木"，并让在交通道路上广植树木。《汉书·贾山传》有："秦为驰道于天下，东穷燕齐，南极吴楚，江湖之上，滨海之观毕至。道广五十步，三丈而树，厚筑其外，隐以金椎，树以青松。"[④]

① （清）阮元校刻：《十三经注疏·礼记注疏》卷16，第319页下。
② （清）阮元校刻：《十三经注疏·周礼注疏》卷16，艺文印书馆股份有限公司2001年影印版，第248页下、249页上。
③ 张永祥译注：《国语译注》卷6《齐语》，上海三联书店2014年版，第127页。
④ （西汉）司马迁撰、（宋）裴骃集解、（唐）司马贞索隐、（唐）张守节正义：《史记》卷6《秦始皇本纪》，中华书局2013年点校本，第242页。

通过种植树木以保持生态环境。汉代仍延续这种方法，皇帝多次通过诏书的形式禁止随意砍伐树木和植树种林。历代统治阶级为了稳定统治，还十分重视对河流、湖泊的治理，把兴修水利当作国计民生的重要内容，但在客观上也起到了保护环境和维护生态平衡的效果。自秦汉到明清时期，几乎历代王朝都组织民众开展对黄河、淮河等重要河流的大规模治理，疏通河道、兴修塘堰、开挖沟渠、建成圩田等，这些举措对于保护生态环境、维持人类与自然界的平衡有着积极意义。

三

今天，世界已进入全球化时代，中国更是进入社会主义现代化高速发展的时期，然而在生态文明方面，仍然存在着许多问题，在制约着生产力的发展，主要的矛盾表现为：

一是经济发展与生态保护之间的矛盾尚未解决好。改革开放以来，我们一直宣传发展才是硬道理，将发展两个字集中落实在经济发展上，毫无疑问，改革开放迄今40多年以来，我国经济发展取得了突飞猛进的进步，国民生产总产值已跃居世界第二位，钢铁、水泥、现代高铁等都位居世界首位。然而目前我国总体上仍处于工业化发展的中期阶段，部分高耗能、高排放产业仍然是国内支柱产业，资源能源消耗仍大量存在，对环境所造成的污染虽然已引起党和政府的关注，但仍没有完全解决。如何在经济高速增长的同时更加保护环境和注重生态安全，是我们必须要解决的一个重要问题，应通过科技方面的不断创新来加以解决。

二是全民族对生态环境保护的思想重视方面还存在着很大的差距。虽然我们的先人从两三千年前起就对保护生态环境有了一定的认识，随着工业化到来和现代社会生活方式的出现，今天人们在享受舒适生活的同时，却又面临着生态环境的破坏，如耕地减少、空气污染、森林的破坏、水土保持恶化，已经对人类的日常生活及身体健康形成了危害，人们虽然逐渐认识到了这一点，但重视程度仍然不足，在思想观念上对如何解决生态环境恶化问题仍缺少远见卓识，缺少参与或重视治理而轻视从源头上加以预防。在整个民族，人人关心生态环境积极出谋划策，全力以赴保护生态环境的思想意识仍然比较浅薄，全民宣传保护生态环境的工作也是刻不容缓。

三是保护生态环境的法律和法规的制定不够完善。从历史上看，不同朝代对于环境保护或多或少都有一些法律与政策，但是不系统、不全面，人们更不可能严格执行。自20世纪80年代改革开放以来，我国已经颁布了多项关于生态环境保护方面的法律与法规，初步建成了生态环境方面的立法体系。但与发达国家相比较，仍存在立法不完善，执法不力和行政管理体制不统一，多部门执法，各自为政等问题。一些地方政府为发展经济生产，对有损于生态环境的违法行为，也存在措施不力或有法不依，执法不严的问题。这对生态环境保护方面也产生了消极的影响。

生态环境所存在的问题严重地影响到了广大人民群众的生活质量，在某些地区生态环境恶化造成水土污染、植被破坏，生物资源减少，食物安全无保障，以至于疾病流行，人民群众生活水平降低，因病返贫现象时有发生。生态环境安全还影响到了不同阶层的矛盾和社会正义，少数人利用权力不惜用污染环境、破坏生态来获取经济利益，而弱势群体则要承受因生态环境恶化造成的身体健康遭到损害，以及缺少生态补偿，导致社会正义得不到体现而使不同阶层对立加剧。

生态环境还影响到在国际上的话语权。长期以来，发达国家曾以牺牲发展中国家生态环境为代价而让自己经济获得发展，这也是当今世界存在冲突的根源之一，中国作为一个负责任的大国，也要更好地履行保护生态环境的责任和义务，这样在世界上才能更好地树立大国形象和威望。

随着中国现代化进程的不断推进，党中央已逐渐认识到生态文明建设的重要性。习近平总书记就多次谈及这一问题，他提出："生态环境保护是功在当代，利在千秋的事业。在这个问题上，我们没有别的选择。全党同志都要清醒认识保护生态环境、治理环境污染的紧迫性和艰巨性，清醒认识加强生态文明建设的重要性和必要性，真正下决心把环境污染治理好，把生态环境建设好，为人民创造良好生产生活环境。"① 2016年，习总书记又告诫

① 中共中央文献研究室编：《习近平关于社会主义生态文明建设论述摘编》，第7页。

省部级领导干部，提到"改革开放以来，我国经济发展取得历史性成就，这是值得我们自豪和骄傲的，也是世界上很多国家羡慕我们的地方。同时必须看到，我们也积累了大量生态环境问题，成为明显的短板，成为人民群众反映强烈的突出问题。比如，各类环境污染呈高发态势，成为民生之患、民心之痛。这样的状况，必须下大力气扭转。"① 十八大以来，中央不仅下大力气整治生态环境问题，加大宣传力度，颁布更系统更容易操作的法律、法规，建立领导干部保护生态环境不力的责任追究制度等具体措施，而且把生态文明建设放在"五位一体"战略布局的高度。

在中共十九大提出将我国全面建成小康社会的今天，重视生态文明建设也是摆在全国 13 亿人民面前的一项刻不容缓的政治任务。

首先，生态文明建设是中国社会主义现代化建设的需要。中国社会主义现代化为我们提出的蓝图是建立一个富强、繁荣、民主和美丽的中国，党中央并提出了奋斗两个一百年的战略目标。完成这一宏伟的战略目标，实现社会主义现代化强国，生态文明建设是必不可少的一环。正如习总书记所言："生态文明建设事关中华民族永续发展和两个一百年奋斗目标的实现，改善生态环境就是发展生产力，保护生态环境就是保护生产力，必须采取有力措施，推动生态文明建设在重点突破中实现整体推进。"②

中国社会主义现代化是让每一个中国人能过上幸福的生活，这就要求我们不仅要在经济上、文化上发展繁荣，而且要在生态环境上更加舒适。十八大以后，党中央提出坚持创新发展、协调发展、绿色发展、开放发展、共享发展的五大理念。五大理念相互贯通，相互促进，既不能顾此失彼，也不能互相取代。这也是关系到我国现代化建设发展的一次深刻改革，如果没有绿色发展，没有良好的生态环境，就无从实现美丽中国的愿景，社会主义现代化强国也是不完善的。

其次，生态文明建设也是"五位一体"战略布局的需要。党的十八大提出建设中国特色社会主义事业五位一体的总体布局，提出要全面推进经济

---

① 中共中央文献研究室编：《习近平关于社会主义生态文明建设论述摘编》，第 11 页。

② 中共中央文献研究室编：《习近平关于社会主义生态文明建设论述摘编》，第 9 页。

建设、政治建设、文化建设、社会建设和生态文明建设，已经把生态文明建设提升到与经济建设、政治建设、文化建设和社会建设同样的高度。但同时我们应该看到，自中华人民共和国成立以来包括改革开放40多年以来，生态文明建设与其他四项建设发展是不平衡的，随着社会生产力的不断发展，政治、经济、文化和社会建设都取得显著成就，生态文明建设则成为短板，生态环境恶化，各种污染发生，已成为"民生之患，民心之痛"，这种状况的形成与我们数十年来去狠抓生产的同时对生态环境保护认识不够是密切相关的。要确保五位一体战略布局共同发展，协调发展，对生态文明建设必须当作国家建设重中之重的任务，下大力气抓好。

再次，生态文明建设与人民群众生活息息相关，是提高全民族健康体魄，促进社会和谐发展的重要一环。改革开放以来，我国人均寿命已经有了较大的延长，基本上达到发达国家人均寿命水平，但比先进的资本主义国家依然存有差距，而全民族健康水平的提高，是与整治环境密切相关的。"良好的生态环境是人类生存与健康的基础，经过三十多年的快速发展，我国经济建设取得了历史性成就，同时也积累了不少生态环境问题，其中不少环境问题影响甚至严重影响群众健康。老百姓长期呼吸污浊的空气，吃带有污染物的农产品，喝不干净的水，怎么会有健康的体魄？"[1] 很显然有污染的农产品，不净的饮水以及大气污染，构成生态环境污染的严重问题。中央领导多次提到，绿水青山也是金山银山，因此整治环境污染，是关系到几代人健康的大事，是一项十分重大的民生工程。

最后，保护和治理生态环境，也是中国作为一个负责任的世界大国应该负担的责任和义务。生态文明的建设，关系到人类的未来。已有越来越多的国家及人民认识到这一问题的重要性。近年来，在应对气候变化，控制温室气体排放，坚持绿色、低碳、可持续发展、建设绿色家园方面世界各国已达成共识，尤其是2015年《巴黎协定》的签订，在环境治理和保护方面起到了里程碑作用。中国是全球环境治理的积极参与者，为推动《巴黎协定》的制定和落实作出了重要贡献。在新时期，正如习近平主席所言："保护生

---

① 中共中央文献研究室编：《习近平关于社会主义生态文明建设论述摘编》，第90页。

态环境，应对气候变化，维护能源资源安全，是全球面临的共同挑战。中国将继续承担应尽的国际义务，同世界各国深入开展生态文明领域的交流合作，推动成果分享，携手共建生态良好的地球美好家园。"①

① 中共中央文献研究室编：《习近平关于社会主义生态文明建设论述摘编》，第127页。

第一章　中国传统哲学中的生态认识及当代意义

当前，我国已经进入中国特色社会主义新时代，意味着近代以来久经磨难的中华民族迎来了从站起来、富起来到强起来的伟大飞跃，迎来了实现中华民族伟大复兴的光明前景；科学社会主义在21世纪的中国焕发出强大生机活力，在世界上高高举起了中国特色社会主义伟大旗帜；意味着中国特色社会主义道路、理论、制度、文化不断发展，拓展了发展中国家走向现代化的途径，给世界上那些既希望加快发展又希望保持自身独立性的国家和民族提供了全新选择，为解决人类问题贡献了中国智慧和中国方案。

在这样一个崭新时代，我们面临社会主义建设的新任务，急需吸收各种先进思想与文化，推动各方面发展。目前，城镇化、工业化、信息化和农业现代化的快速发展推动中国国力增强，人民生活水平提高，但是也不同程度带来了一系列生态问题，滞缓了环境友好型社会的建设进程，成为中国特色社会主义新时代建设中必须要解决的关键问题。

中国传统文化博大精深，内容丰富，其中就蕴藏先哲们很早便提出的众多生态思想，这些思想或者简朴，或者复杂，或者体系完备，或者较为简陋，都不同程度反映出先哲们的生态理念，认真总结这些观点，辨析他们的精华与价值，对于当前的生态文明建设意义重大。本章主要阐述儒家、阴阳家、道家、佛家四大传统思想体系中的生态思想，在此基础上结合当前生态问题辨析其当代价值。

一、传统哲学生态思想概述

中国传统哲学思想中，儒家、阴阳家、道家都特别关注生态问题，衍生出成系统的生态思想，成为中华民族的宝贵财富。在儒家的核心思想中，"天人合一"占据了重要地位。事实上，经过诸位先贤的不断完善，儒家的"天人合一"理念不断变化，所谓的"天"，并不单指自然之天，而是被更多赋予了人格神意，能够指导人间一切，成为宇宙间的最高指挥者，与此同时，"天"还被赋予了道德含义。春秋之后，"天"被赋予更多神秘含义，具有强烈的意志，进而出现了指向明确的"天人合一"理念。

在《易经》看来，"天道""地道"和"人道"是相通的，三者实际为一个整体。这种观点后来得到宋代理学家的整理和完善，认为"天"和"人"是有效连接的整体，"天"产生了人，但是其意志则需要有人来表现与实施，两者相辅相成，难以分割，正如"天即人，人即天。人之始生，得之于天；既生此人，则天又在人矣。"①王夫之继而发扬了这一观点，详细阐明了两者之间的整体关系。

因此，"天人合一"是儒家思想的重要基础，强调两者之间存在一种必然联系，因此我们需要将两者统筹综合讨论，不能只考虑"天"而忽视人，也更不能只考虑"人"而忽视"天"，只有这样，才能帮助我们正确认识当前面临的一系列生态问题，从中获得解决环境矛盾的有益启发。

中国哲学的思想基石是"天人合一"，天和人是互为有机统一的，这就促使我们在考虑人类自身问题，进行生产活动的同时，也必须综合考量自然的问题，将两者作为有机整体统一看待，并且不断延伸出人类活动要受到自然界影响的理念，强调人的行为必须服从自然界的基本规律，否则会受到自然的惩罚。现在的生态危机再次证明，建立在忽视统一天人关系基础上的生产行为是出现问题的根源，只有在"天人合一"基础上发展生产才能解决当

---

① （宋）黄士毅编，徐时仪、杨艳汇校：《朱子语类汇校》（一），上海古籍出版社 2016 年版，第 411 页。

前的一系列生态危机，为当前的城镇化和工业化建设提供理论支撑。

与儒家和阴阳家不同，先秦道家哲学本身并没有形成系统化的生态思想，但其中对于人与自然的探讨却间接涉及这一命题，之后经过现代人对道家思想的阐释与推陈出新，从而出现了我们今日看到的道家生态思想。

天人关系是道家哲学的生态思想的主脉络，这一关系最直观体现在道家核心思想的"道"中，"道"是老子和庄子等人生态思想的起始点，贯穿于他们整个生态价值体系中。"知和知常的平衡论，顺乎自然、无为以对的基本法则、少私寡欲的慈俭态度"① 是道物关系和天人合一的核心内容。这几种观点可为解决当前的生态问题，推动生态文明建设和可持续发展提供有益借鉴，对于宣传规范人类的生产实践行为，保护自然环境具有积极的促进作用。

在自然资源的开发与利用方面，儒家的"节用"思想系统规范了人类的行为方式，以便充分利用自然资源，减少资源消耗。墨家的"节用"思想更为突出，代表性著作《墨子》中有大篇幅论述这种思想的内容。虽然都提倡"节用"，但是两家的思想内涵却不同。儒家的"节用"更多带有控制支出的意味，而不是一味节俭。

这种"节用"更多强调只有获得比较高的社会地位，才有可能享受富足的物质生活，如果自己不努力，没有达到这种程度，就没有资格获得这种地位。在这种背景下，人需要大力追求富足的物质生活，以便增强社会发展的内在动力，促进社会发展。这样的思想和理念一定程度上促进了中国社会的发展。尽管先秦儒家认为自然资源足够满足人类生存需要，鼓励人们去开发利用，但他们也较早认识到需要在保护资源的前提下开发资源，正所谓"取用有时，取用有度"。

佛教不是生态学，但却包含非常丰富的生态保护思想，是一种较为独特的生态观。净土是佛教的理想世界，也是佛教倡导的人与其他生命和谐相处的最高境界。在佛教的构想里，世界上有优美的环境，广博的土地，散居

---

① 赵津津：《道家哲学的生态思想与当代生态社会的构建》，《哈尔滨师范大学社会科学学报》2016 年第 4 期。

的人口，人与环境和谐相处，没有刺耳的噪音，没有污染的溪水，没有雾霾和沙尘暴，更没有杀戮的罪恶。如果能够实施到当前的人类环境中，那么就没有环境恶化和生态危机。当然，佛教不会直接提出相关的解决生态危机方案，但是却可以对我们解决目前困境提供重要的思想借鉴。

二、诸子百家的生态思想与当代价值

（一）儒家的生态思想与当代价值

在中国传统儒家思想中，最核心的内容便是"天人合一"，正确认识古代儒家"天人合一"思想，对于我们充分理解中国古代的生态观，了解先贤们的生态思想，厘清生态思想发展变迁脉络，为当前生态文明建设提供理论支持具有重要意义。

1."天人合一"中"天"的概念变迁

在中国哲学史上，归纳起来，"天"有三种含义，分别是有自然界的自然之天，有超越道德的义理之天，有人格神意的主宰之天。[①] 在这三种天的含义中，有人格神意的主宰之天深受西周"天命"信仰的影响，《大盂鼎》中就明确表示文王是受到了上天的指令获得王位，而不是他自己的随意行为。人格神意的主宰之天还体现在《周书》，其中的《召诰》提到："皇天上帝，改厥元子兹大国殷之命"[②]，表明本次更换首领是接到了上天的旨意，并不是政治人物私自决定的。无论是"皇天"还是"皇天上帝"，在当时指的都是宇宙间的最高神，具备统御人间万物的权力，人世间的所有事情都要向最高神汇报，任何人事变动也许经过最高神批准。这种思想很长时间内影响到了传统时代中国人对天的看法。[③]

其他上古文献中，"天"也不是自然之天，而是具有人格意义和主宰之神，例如《小雅·节南山》中的提到的"不吊昊天，乱靡有定，式月斯生，

---

① 汤一介：《论"天人合一"》，《中国哲学史》2005 年第 2 期。

② （清）阮元校刻：《十三经注疏·尚书正义》卷 15《召诰》，艺文印书馆股份有限公司 2001 年影印版，第 220 页。

③ 汤一介：《论"天人合一"》。

俾民不宁"①，就是指责上天不仁慈，经常发生祸乱，以致引起老百姓生活不得安宁，形象刻画了"天"的主宰地位。在《小雅》的另一首诗歌《雨无止》中，又指责了"天"的不作为，认为"浩浩昊天，不骏其德，降丧饥馑，斩伐四国。"②批评上天不但不施行恩惠，还不断制造大型灾害，导致人们流离失所，出现大规模非正常死亡。需要指出的是，既然能够降下灾害，那么此处的"天"亦有自然之天的含义。

与西周时期"天"具有主宰意义和"自然之天"意义不同，殷商时期更多强调"上帝"是统御宇宙万物的神，具有赐福和降下灾害的能力，人世间的王要随时向"上帝"请示，以方便自己工作能够如约进行，这样，上帝和下民息息相关，人们必须处处听从他的命令，因此便产生了占卜的方式，甲骨卜辞也就成为两者随时沟通交流的工具。③这说明直到殷商时期"天"还没有取代"上帝"成为宇宙间的最高神，直到西周时期具有主宰意义的人格神才最终形成。④

与"自然之天"和"人格神"同步的是，当时的"天"还被赋予道德含义，可以根据善恶行为进行赏罚，不断告诫地上的王要具备好的德行，然后才能获得上天的庇护，这一点明显体现在《尚书·召诰》中"惟王其疾敬德，王其德之用，祈天永命"⑤。据此，东周之前"天"具有多重意义，还没有完全成形。

至春秋战国时期，诸子百家思想逐渐成形，"天"的含义也随之发生了变化，在各种不同思想中明确了自己的含义。在墨家看来，"天"是具有意志的，其拥有的智慧和能力可以做到公道办事，能够在保持中立的态度下实施赏罚分明，这一点在墨子"天之行广而无私，其厚而不息，其明久而不衰"⑥中有清晰体现。"天"的意志还体现在不可违背方面，例如墨子提到

①　（清）阮元校刻：《十三经注疏·毛诗正义》卷9，第396页上。

②　（清）阮元校刻：《十三经注疏·毛诗正义》卷9，第409页下。

③　顾颉刚：《国史讲话——上古》，上海人民出版社2016年版，第36页。

④　汤一介：《论"天人合一"》。

⑤　（清）阮元校刻：《十三经注疏·尚书正义》卷15《召诰》，第223页上。

⑥　苏凤捷、程梅花注说：《墨子》，河南大学出版社2008年版，第98页。

董仲舒（西汉人）

"天之意不欲大国之攻小国"①，即是需要顺从天的意志，以避免惩罚。由此可知，墨家的"天"基本继承了传统的"主宰之天"。不只是墨子如此，儒家也没有脱离其"主宰之天"的影响②，不断强调上天的力量远超过人力，需要遵循这种基本思想。

西汉时，董仲舒重新梳理儒家思想，赋予了"天"新的含义。在继承传统的"主宰之天"意义的同时，又不断赋予"天"以更多神秘性，促使两者紧密结合，从而形成新的关于"天"的认识。③ 在《春秋繁露·王道三通》中，董仲舒通过"春气暖者，天之所以爱而生之；秋气清者，天之所以严而成之；夏气温者，天之所以乐而养之；冬气寒者，天之所以哀而藏之"④ 等气候变化情况陈述"天"的意志。对于战国时期众多思想家将自然界的变化看成是"天"的自然表现，董仲舒也提出不同意见，认为这绝不仅是自然表现，而是"天"的意志在起作用，所以"天人感应"和"天人合一"是同一事物的两种不同表现形式。⑤

秦汉之后，虽然人的作用不断增强，这种"天"的意志思想一直存在，被反映在各位思想家的著作中。宋代的《朱子语类》提到的"或问：天视自我民视，天听自我民听，天便是理否？曰：若全做理，又如何说自我民听视"⑥，就表现出明显的上天意志。这种观点与朱熹的"天即理"有很大关系，"天以阴阳五行化生万物，天即理也"。与此同时，朱熹也认为"天"有道德的含义，"仁者，天地生物之心。"⑦

由于需要兼顾"主宰之天"和"道德之天"，朱熹又对"天"做了深层

---

① 苏凤捷、程梅花注说：《墨子》，第 201 页。

② 汤一介：《论"天人合一"》。

③ 汤一介：《论"天人合一"》。

④ （清）苏舆撰，钟哲点校：《春秋繁露义证》，第 331 页。

⑤ 汤一介：《论"天人合一"》。

⑥ （宋）黄士毅编，徐时仪、杨艳汇校：《朱子语类汇校》（四），第 2065 页。

⑦ 汤一介：《论"天人合一"》。

次解释，"天固是理，然苍苍者亦是天，在上而有主宰者亦是天，各随他所说。今既曰视听，理又如何会视听？虽说不同，又却只是一个。知其同，不妨其为异。知其异，不害其为同。"① 这样，朱熹对"天"的认知便具有多重含义，分为"自然之天""主宰之天"和"义理之天"三种。宋代张载认为"天"就是自然界，提出"太虚即气"。②

以上分析说明中国古代哲学认为"主宰之天"和"自然之天"都是"天"，具有多重含义，并且以此为基础形成义理。在这些解释中，"天"不是单独存在的，而是不断与人类产生联系，具有一定的主观性，既主宰着人间的活动，又受到人间活动的影响。而这与西方的二元天人观念迥然不同，由此推动中西方具备不同的生态思想。③

2. "天人合一"思想的内涵与变迁

"天人合一"是中国哲学里的重要命题，传统思想尤其是儒家思想认为"天"与"人"是相通的，研究"天道"不能不涉及"人道"，研究"人道"也不能不涉及"天道"，这一思想最早成形于春秋战国时期，其典型代表思想是"易，所以会天道、人道也"，并在以后的发展中逐步完善。④

儒家经典著作《易经》中已经提到"天道"和"人道"的相会通之理。《系辞》在为《易经》做的"传"中提到："易之为书，广大悉备，有天道焉，有地道焉，有人道焉，兼三才而两之。"⑤ 另外，王夫之认为："三才之道，大全统乎一端，而一端领乎大全也。非达天人之际者，无以喻其深矣。"⑥ 在"天道""地道"和"人道"中，"道"能够有效连接三者，只要有一个成功，则其他的两个也会全部具备，因此三者实际为一个整体，有一则可以统领全部，"天人合一"的理念蕴含其中。⑦

---

① （宋）黎靖德：《朱子语类》，中华书局 1994 年版，第 2039 页。

② 汤一介：《论"天人合一"》。

③ 汤一介：《论"天人合一"》。

④ 汤一介：《论"天人合一"》。

⑤ （清）阮元校刻：《十三经注疏·周易正义》，艺文印书馆股份有限公司 2001 年影印版，第 175 页下。

⑥ 谷继明：《王船山〈周易外传〉笺疏》，上海人民出版社 2016 年版，第 263 页。

⑦ 汤一介：《论"天人合一"》。

对于上述"三道"与"三才"的关系，《说卦传》提到："昔圣人之作《易》也，将以顺性命之情，是以立天之道，曰阴与阳；立地之道，曰刚与柔；立人之道，曰仁与义，兼三才而两之。"①意思是圣人之所以作《易》，是为了阐述顺应性命的道理，因此用阴阳分析"天道"，用仁义代表"人道"，"地道"则用刚柔表示，实现三者的有机统一，最终都表现为乾坤。在此基础上，宋代张载进一步解释："三才两之，莫不有乾坤之道也。易一物而合三才，天地人一，阴阳其气，刚柔其形，仁义其性。"②意思是天、地、人三才都是讲的乾坤两两相对。因为《易》将天、地、人统一起来看待，所以天和人是一体的，"天"与"地"是互通的，因此《易经》的"三才"实际上认为"人"与"天地"是统一的整体。③

这种"天人合一"的思维模式经过宋朝理学家的整理获得进一步完善。宋代大儒程颐提到："安有知人道而不知天道者乎？道，一也。岂人道自是一道，天道自是一道？"即"天""人"本为一体，不能截然分开，更不是相互对立的，不可以重视其中一个而忽视另外一个，导致两者分离。朱熹则进一步认为"天"与"人"紧密相连，"天"产生了人，但是其意志则需要有人来表现与实施，两者相辅相成，难以分割，正如"天即人，人即天。人之始生，得之于天；既生此人，则天又在人矣。"④

事实上，孔子之前也提到过类似的观点，即"人能弘道，非道弘人"。意思是说"天道"需要人去发扬光大，当然如果人不这样做的话，则自己也会受到影响，变得不那么完美了。所谓的"知天命"即是了解"天"的运行发展趋势。因此，中国哲学中的天是有机连续的，通过各种途径与人产生联系，形成有机整体。⑤

这一点王夫之做了很好的总结："抑考君子之道，自汉以后，皆涉猎故迹，而不知圣学为人道之本。然濂溪周子首为太极图说，以究天人合一之

① （清）阮元校刻：《十三经注疏·周易正义》，第182、183页上。
② 章锡琛点校：《张载集》，中华书局1978年版，第235页。
③ 汤一介：《论"天人合一"》。
④ （宋）黄士毅编，徐时仪、杨艳汇校：《朱子语类汇校》（一），第411页。
⑤ 汤一介：《论"天人合一"》。

源，所以明人之生也，皆天命流行之实，而以其神化之精粹为性，乃为日用事物当然之理，无非阴阳变化之秩序，而不可违。"① 他非常明确指出汉朝时的儒家只理解了先秦学说的外在现象，并不知道《易经》才是"人道"的根本，直到周敦颐才真正探讨了天人合一的道理，阐明了"人道"和"天道"的秩序是一致的，两者统一为一体。王夫之的观点恰当阐述了儒家"天人合一"思想的发展历程和形成过程，是对"所以会天道、人道也"的最好解释。②

"天人合一"是儒家思想的重要基础，强调两者之间存在一种必然联系，因此我们需要将两者统筹综合讨论，不能只考虑"天"而忽视人，也更不能只考虑"人"而忽视"天"，只有这样，才能帮助我们正确认识当前面临的一系列生态问题，从中获得解决环境矛盾的有益启发。

在"天命"方面，《郭店楚简》中的《性自命出》提到："性自命出，命由天降。"③ 此处的"命"是指"天命"之所"命"，"性"是出自天命，命是由"天"赋予的。既然"性"由"天"决定，非人力所及，因此"天命"是一种超越自然的力量，在这种背景下，"人"应对"天"有所敬畏，即"畏天命"。④ 尽管如此，"天"也不是静止不动的，虽然具有超越的属性，但是却又内在于"人"，受到人的影响，因此孟子说："存其心，养其性，所以事天也。"⑤ 总体而言，"天"与"人"是一种内在超越的关系，知道"天"的运行规律，又知道社会的运行规律，才能做到"知道"，然后才能知"天"是推动"人"的内在力量。朱熹认为因为"天道"生生不息，以仁为心，具有推动万物正常发育生长的功能，所以"人"也应该学习"天"，修炼德性，做到以仁为心，这样才能实现二者统一。这种思想主要来源于"天人一体"，天心人心实为一心，两者存在一种内在联系，互为牵涉，不能偏废。⑥

---

① （明）王夫之著，杨家骆主编：《张子正蒙注》，世界书局 1980 年版，第 265 页。

② 汤一介：《论"天人合一"》。

③ 荆门市博物馆编著：《郭店楚墓竹简·性自命出》，文物出版社 2002 年版，第 73 页。

④ 汤一介：《论"天人合一"》。

⑤ 朱熹集注：《孟子（下）》，中华书局 1942 年版，第 49 页。

⑥ 汤一介：《论"天人合一"》。

3."天人合一"思想的当代价值

不管我们是否承认，工业化带来了社会发展进步，但同时也引起了较为严重的生态危机。近代以来，人类开始加大对自然的开发力度，随之而来的是资源无限量开发和浪费，温室气体效应导致气温上升，大气中的臭氧层变薄，海洋出现了大规模的毒化和富营养化，人口暴增加大了农业生产的压力和环境污染规模扩大，这些生态失衡问题已经严重影响到人类的生存条件，促使人类和自然走上互相背离的发展之路。

这种资本推动工业化进而导致生态危机的情况与西方传统的天与人关系相分离有很大关系。西方哲学中"笛卡尔的哲学完成了由柏拉图开端而主要因为宗教上的理由经过基督教发展起来的精神、物质二元论，笛卡尔体系提出来精神和物质界两个平行而彼此独立的世界，研究其中之一能够不牵涉另外一个"[1]。这说明西方国家很长时间内都将精神界和物质界视为互相独立的两个不同单元，相互之间不会产生任何关系与影响，进一步发展成为西方自成体系的人与自然观。受到这种观念的影响，人们鼓励大规模开展生产活动，没有将其融入自然界的整体发展中。[2]

中国哲学以及思维方式则与西方哲学有着本质不同，如上文所述，中国哲学的思想基石是"天人合一"，天和人是互为有机统一的，这就促使我们在考虑人类自身问题，进行生产活动的同时，也必须综合考量自然的问题，将两者作为有机整体统一看待，并且不断延伸出人类活动要受到自然界影响的理念，强调人的行为必须服从自然界的基本规律，否则会受到自然的惩罚。[3] 现在的生态危机再次证明，建立在忽视统一天人关系基础上的生产行为是出现问题的根源，只有在"天人合一"基础上发展生产才能解决当前的一系列生态危机，为当前的城镇化和工业化建设提供理论支撑。具体而言，包含以下几个方面：

（1）在进行生态文明建设过程中，需要统一协调"人"与"天"的关系，不能人为将两者对立。在传统"天人思想"中，人是天的重要组成部

---

[1]　[英] 罗素：《西方哲学史》下册，马元德译，商务印书馆 1988 年版，第 91 页。

[2]　汤一介：《论"天人合一"》。

[3]　汤一介：《论"天人合一"》。

分，正所谓"人之始生，得之于天"，因此，人类有责任保护"天"，也就是保护大自然，如果不保护好"天"，人类的利益也将受损，早晚受到大自然的惩罚。在这种理论下，人类需要首先了解大自然的基本运行规律，还应该以敬畏之心对待自然界，在两者的统一协调中开展生产活动。

与这种观念不同，现在"科学主义"盛行，鼓励人们大量掌握自然规律，运用一切手段开发自然和改造自然，没有抱着敬畏之心对待自然，仅将其视为征服对象，因此经常会出现破坏自然的行为。从当前的生态危机看，"科学主义"过于强调科技的作用，认为"天"是可以被征服的，没有顾忌人们在精神信仰上的依托，因此造成自然界失衡。与"科学主义"不同的是，中国传统的"天人合一"思想强调在了解"天"的规律同时，还要怀有敬畏精神，认为"天"是有生机的，并不是一成不变的固体。不仅如此，"天人合一"思想也认为不能单纯畏惧"天"，而不发挥主动性去积极了解"天"的基本运行规律，否则将会将"天"神秘化，割裂"天人合一"，不了解"天"的真实情况，不利于生产正常进行。[1] 这种了解和敬畏的有机统一既说明了"天"对"人"的重要作用，也说明了"人"对"天"的一种内在责任。

（2）"天即人，人即天"，"天"和"人"是相即不离的，因此不能将两者视为外在关系。"人"生活在自然界中，与万物打交道，任何时候都不可能离开"天"，否则无法为人类正常繁衍发展提供物质支撑，人类也将失去生存依托。与此同时，在人类生产活动和思想活动中，"天"也离不开"人"，否则就会神秘化、固定化，不能通过"人"彰显其本来面目，因此两者是内在关系。与此相反，如果将"人"与"天"视为外在关系，强调两者并不相干且是可以分离的，那么"人"就失去了对"天"的畏惧，可以无限地向"天"索取，甚至将"天"看成敌对力量，采取各种办法对其改造，最终会导致"天"与"人"的距离越来越远，人类将会越来越孤立，从而走向灭亡。[2] 中国传统哲学中提倡"天道"与"人道"和谐统一，不能单讲"人

---

[1]　汤一介：《论"天人合一"》。

[2]　汤一介：《论"天人合一"》。

道"，不讲"天道"，也不能脱离"人道"讨论"天道"，这是宋明理学的主要核心之一。程朱理学的"性即理"是由"天理"的超越性而推向"人心"的内在性，"天理"既是超越的，又是内在的，同样，"人性"不仅是内在的而且也是超越的。陆王的"心即理"是由"人心"内在性推向天理的超越性，人心是内在的而且是超越的，天理是超越的而且是内在的，因此，中国哲学是以"内在超越"理论，也就是说中国哲学认为"天"和"人"不仅不是对立的，而且存在着内在的相即不离的关系，需要了解一方时，就不能不了解另一方，需要把握一方时，就不能不把握另外一方。①

（3）"天"和"人"的这种内在关系，主要来源于"天"和"人"皆以"仁"为性。"天"具有生长万物的功能，"人"为"天"所生，又与"天"有相即不离的内在关系，所以人的本性应该是"仁"。只有"天"具备了生长万物的功能，"人"才得以依托获得生存和发展；同理，如果"人"失去了德行，没有"仁爱之心"，随意改造自然的"生物之心"，那么自然就会给予人类反作用，让人类难以生存。对于"天"而言，正是因为其有"生物之心"，所以才具有持续发展的动力，能够永续存在；对于"人"而言，正因为其有"爱人利物之心"，才有资格与天、地并列，因此，"人"和"天"具有内在联系。②

（4）人与自然界的复杂关系完整体现在"天人合一"这一哲学命题中，包含"人"认识"天"和敬畏"天"两个方面的内容，所以，虽然表面来看这些观念带有强烈的宗教性特点，但是却可以通过这种宗教功能实现真正的"天人合一"，在"人"对"天"认知的基础上转变为人类应该追求的境界和理念，如此而言，"人"和"天"不仅不是对立的，而且"人"应该与"天"和谐共存，以便实现自身的超越。③理解了这种和谐共存的关系，对于摆脱原有的"天人二分"观念，纠正"科学主义"造成的损害，具有十分重要的意义。

上文对"天人合一"思想进行了深层次解释，让我们更充分了解中国

---

① 汤一介：《论"天人合一"》。

② 汤一介：《论"天人合一"》。

③ 汤一介：《论"天人合一"》。

传统哲学中"天人合一"的精神和价值。在中国历史发展过程中，这种"天人合一"的思维模式改变了"人"这一主题的定位与责任，赋予人类一种在追求发展过程中实现自身超越，达到理想的"天人合一"境界，有利于解决目前的生态危机。

尽管如此，我们需要清楚认识到，当前生态危机非常严峻，需要采取一系列切实有效的措施才能彻底解决，儒家的"天人合一"思想仅是一种理论和看待人与自然关系的切入点，不会为生态问题的解决提供直接手段，但是这样的核心思想却可以促使人们正视"天"与"人"的关系，在充分协调统一两者内在联系的基础上连接自然界和人，从思想层面解决困扰我们的天人关系，拓宽人们处理当前问题的眼界，为人与自然和谐相处共同发展提供一种视角①，这也是中国传统哲学命题中"天人合一"观念的当代价值。

（二）阴阳五行思想中的生态认识与当代价值

阴阳家在五行理论基础上坚持顺和阴阳的原则，倡导敬畏自然、感恩自然的生态情怀，尊崇五德始终理性，崇尚节俭的生态道德及遵守顺天守时的生态实践，从而实现人与自然的和谐共处。阴阳家的这种生态伦理思想，对于解决当前的生态危机有一定的借鉴意义。

1."四时教令"中的生态理念

阴阳家生态观念的基础是阴阳五行理论，其具体地展现方式则是四时教令。② 在很长时间内，阴阳家的"教令"常被误解为帝王教化百姓的时间依据，如东汉郑玄所讲："《月令》名月令者，以其记十二月政之所行也。"③ 事实上，郑玄是站在儒家立场讨论"教令"的意义，而阴阳家"教令"的哲学意义应该超过政治意义，这主要是因为"教令"的产生基础是五行运转以及由此发生的阴阳消长，而阴阳家认为这都是天道的具体化表现，"教令"的主体首先是"天道"，所以就将其以人格化的形式表达出来，提倡人类必

---

① 汤一介：《论"天人合一"》。

② 刘文英：《阴阳家的生态观念及其历史地位》，《文史哲》2005 年第 1 期。

③ （清）阮元校刻：《十三经注疏·礼记注疏》，第 278 页上。

须遵从自然法则和律令。①

至于"教令"的宗教意义，则是因为阴阳家将阴阳五行神格化，认为每一季都会有一位古帝和一位神灵为主宰，由他们掌握和发布四时教令。这一宗教化的隐喻体现在现实政治中就是要求君王发布政令时需要遵循"四时阴阳之大经"，对于每个季节和月令的赏罚都有明确规定。

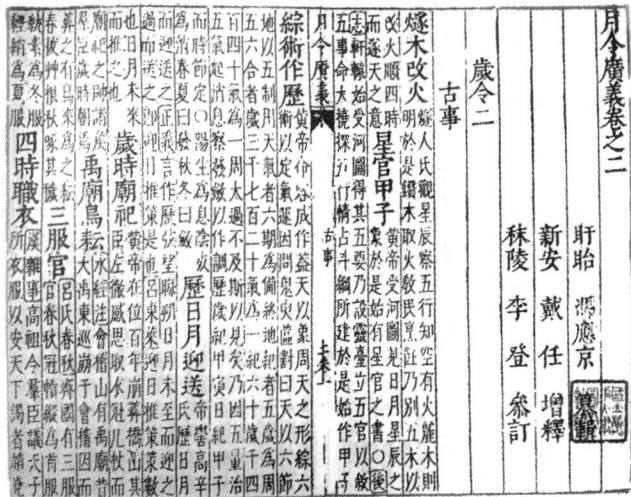

《月令广义》

阴阳家四时教令中所包含的生态内容，主要来自于其宗教和哲学层面。四时教令从阴阳消长和五行运转结合角度阐释人类生存环境的内在运行机制，认为其是一个生态大系统，具有内在连贯性，如《管子·形势解》所讲："春者，阳气始上，故万物生。夏者，阳气毕上，故万物长。秋者，阴气始下，故万物收。冬者，阴气毕下，故万物藏。"②详细阐释了春夏秋冬的变更情况和五行运行机制。《幼官（玄宫）》则按照五行运转原则解释春夏秋冬的变换动态机制。这个结合在《十二纪》和《月令》中实现了统一。这种观念是阴阳家生态观念的前提。③

在天地生态大系统中，四时教令观通过发展有序化的生态链条规定人

---

① 刘文英：《阴阳家的生态观念及其历史地位》。

② （唐）房玄龄注、（明）刘绩补注：《管子》，上海古籍出版社 2015 年版，第 392 页。

③ 刘文英：《阴阳家的生态观念及其历史地位》。

类生产、生活的基本内容和方式。这条生态链就是司马迁总结的"阴阳、四时、八位、十二度、二十四节气"①，阴阳消长导致时间变化，季节随之推移，从而推动五行转换，改变原有的空间结构，这些配合和展开在十二月和二十四节气中都有明显的物候标志。与儒家和道家不同，阴阳家整合了阴阳五行之类的基本要素，清理出一条有序的生态链，从而进一步规定了四个季节十二个月份内人类活动的基本内容和方式。②

在阴阳家看来，四时教令的这条生态链可以将人类的各种活动都纳入天地生态大系统中，并根据不同时段制定了各类宜忌之事，这样就给人类划定了生态方面的权利和义务。根据四时教令，阴阳家提出人类有保护生态环境的义务，每当春季和夏季，则会禁止人类进行山林砍伐、毁坏动物巢穴和大型渔猎活动，即使遇到春季祭祀等重要活动，也不允许供奉牲畜，以此自然资源不受侵害，从而实现生态有序循环发展。同时，四时教令也规定了人类的生态权利，每当秋季收获时，人类应该利用合适机会抓紧抢收，可以实施砍伐林木和大型捕猎等活动，以充分利用自然界的资源为人类生存发展提供物质保障。相对于儒家和道家的偶尔涉及，阴阳家有针对性地分析了自然界的生态系统运行机制，利用时间顺序开发自然资源，既保证了自然界的有序发展，又为人类生存提供了物质保障。③

2.阴阳顺和的生态思想

不仅儒家有"天人合一"的生态观念，其他众多思想体系里也不同程度包含这种理念，但是他们的阐释角度却各不相同，因而对待生态环境的具体措施也有较大差别。儒家和道家详细阐释了"天人合一"的生态观念，但是大都处于一种精神上的形而上学境界，并没有具体的实施步骤和路径。换言之，对于大多数的生态主张，他们仅是提出一个方向，并没有具体内容，更没有理清人类到底应该怎样去实践。阴阳家则与之不同，主张将形而上学的认识同形而下的实践贯通，因而其具有显著的理想性和现实性相结合特

---

① （西汉）司马迁撰、（宋）裴骃集解、（唐）司马贞索隐、（唐）张守节正义：《史记》，第3290页。

② 刘文英：《阴阳家的生态观念及其历史地位》。

③ 刘文英：《阴阳家的生态观念及其历史地位》。

点。① 这种典型特点也推动阴阳五行基础上的生态思想能够逐渐深入到中国传统哲学中的生态观念中并一直延续下来。

阴阳顺和和五行是阴阳家五行理论的核心生态思想。只有顺和阴阳消长，不违逆五行运转机制，实现两者的和谐同步，人类活动就会同大自然生态系统协调一致，这个是从阴阳家的角度阐释的"天人合一"。正如司马迁曾经指出的，"序四时之大顺"是阴阳家最重要的思想。从我们的角度看，"序四时之大顺"就是顺和阴阳和五行的具体化表征，最能反映阴阳家的生态理想和特点。②

虽然阴阳家的"序四时之大顺"与儒家的"与四时合其序"有基本相似之处，同道家的观念也比较接近，但是如果深入分析，便会发现他们虽有一定的思想联系，在其表现意义上却完全不同。具体而言，阴阳家的"序四时之大顺"不仅有形而上的意义，还有形而下的意义。在形而上层面，"序四时之大顺"是阴阳消长和五行运转所显示的"天道之大经"，即生态大系统内的有序运行机制。在形而下层面，"序四时之大顺"是通过月令的天象变化、物候变化和二十四节气有序推移表现出来的，已经具有具体化含义，排除了抽象化。在"序"的安排方面，就是按照春生、夏长、秋收、冬藏时序安排各种活动，处理各种认识问题，从而形成具体的时间观念。因此，序"四时之大顺"不仅是提出了理想化的生态目标，而且也使得这个目标具有现实可操作性。③

在如何按照时间顺序安排各种生产活动，以实现最佳的生态环境方面，阴阳家主张深刻理解并严格遵守四时教令，对照具体规定实施。关于这一点，《十二纪》或《月令》中有具体说明，在不同季节不同月份内，阴阳家详细描述了各自的天象特点、物候变化和节气运行情况，阐述了每月的生态变化及特征，并依据这些重要时间节点指定当月的宜禁之事，因此形成最基本的人事活动节律。在这个过程中，阴阳家视四时教令为"天道之大经"的表征，具有客观性和必然性，世间的所有人都不能抗拒，所谓"顺之者昌，

①　刘文英：《阴阳家的生态观念及其历史地位》。
②　刘文英：《阴阳家的生态观念及其历史地位》。
③　刘文英：《阴阳家的生态观念及其历史地位》。

逆之者亡",就是要求人们遵循四时教令,按照相关时间规定从事。①

例如,《孟春纪》里就提到:"无变天之道,无绝地之理。"②《仲秋纪》里也重申:"凡举事无逆天数,比顺其时,乃因其类。"③ 只有严格遵循上述四时教令,君主才能顺利治理国家,实现风调雨顺下的五谷丰登、六畜兴旺、林木繁盛,否则则会出现各种灾害,导致生产锐减,民不聊生,国无宁日,正如"孟春行夏令,则风雨不时,草木早槁,国乃有恐。行秋令,则民大疫,疾风暴雨数至,藜莠蓬蒿并兴。行冬令,则水潦为败,霜雪大挚,首种不入。"④ 这个意思也同样出现在《仲秋纪》中,其中提到"仲秋行春令,则秋雨不降,草木生荣,国乃有大恐。行夏令,则其国旱,蛰虫不藏,五谷复生。行冬令,则风灾数起,收雷先行,草木早死"⑤。

根据阴阳家的四时教令,会发现其每月的记载中都有类似于上述引文中的警告,先是出现各种自然灾害,然后出现人祸。而这些人祸的根源都是人没有按照时间顺序从事,破坏了原有的生态秩序,因此人类活动必须遵循四时教令,为顺和阴阳五行以"序四时之大顺"而努力。⑥ 这样的一种理念,说明阴阳家生态理想体现了一种古朴的生态中心论,人类不应该不顾自然规律一味发挥主观能动性,也不能单纯征服自然、改造自然,而是要遵循基本规律,按照四时教令的规定有序开展活动,只有如此才能做到人与自然的和谐相处。

3. 阴阳家的生态链条构想

如上文所述,阴阳家的生态观念没有停留在抽象层面,而是将形而上境界和形而下道路贯通,这就展现出了具体的生态链条。由于资料限制,我们无从知道当时是否已经形成条纹式生态链条,但是可以从《十二纪》《礼记·月令》《淮南子·时则训》中清楚看到一条具体展现阴阳家生态观念的

---

① 刘文英:《阴阳家的生态观念及其历史地位》。
② 王利器注疏:《吕氏春秋注疏》第 1 册,巴蜀书社 2002 年版,第 48—49 页。
③ 王利器注疏:《吕氏春秋注疏》第 2 册,第 779—780 页。
④ 王利器注疏:《吕氏春秋注疏》第 1 册,第 49—50 页。
⑤ 王利器注疏:《吕氏春秋注疏》第 2 册,第 780—781 页。
⑥ 刘文英:《阴阳家的生态观念及其历史地位》。

生态链条图。

　　根据现有资料，时空框架结构是阴阳家生态链条的第一个内容。① 在整个阴阳家思想体系中，阴阳消长秩序和过程决定了一年的四个季节和十二月，即是上文提到的四时教令，也是构成时间框架的基本出发点。空间框架方面，阴阳家认为五行运转秩序和过程决定了东方是木，南方是火，中央为土，西方是金，北方则为水。在两者之间的契合上，四时配上五行运转形成时间和空间的有效融合。值得注意的是，季夏月份实际上由中央部分的土充当，因此所谓的四时又可以称为"五时"，但是为了季节轮换和农作安排，仍旧称为四时。②

　　在具体内容方面，阴阳家的生态链条是按照天、地、人各方面逐次展开的，按照月令顺序逐一排列天的变化和地的变化，在此基础上规定人类活动的节律，实现三者时间和行动上的统一。至于如何确定天的变化，阴阳家主要依靠观察天象确定，通过星星的变化划分每个时段的特征。在具体操作层面，阴阳家则会每月确定太阳运行处于二十八星宿的具体位置，同时说明黄昏和早晨的中天可以看到二十八宿的具体星。在这一过程中，两者的判定方式是不同的，关于太阳运行的具体位置，需要具备专门天象知识的人才可以完成，而关于后一种，则大多数有经验的农民都可以观测。③ 关于这一点，班固有经典总结，认为："阴阳家者流，盖处于羲和之官，警顺昊天，历象日月星辰，敬授民时。"④ 通过这样的方式可以准确判定二十四节气。

　　关于地的变化及特征，阴阳家主要通过观察物候确定。气候变化会引起动植物变化，例如孟春月会出现"东风解冻，蛰虫始振，鱼上冰，獭祭鱼，候雁北"⑤ 等现象。与观测确定天象不同，地面上的物候标志非常明显，只要特意观察，会找到典型特征。通过观测天象和确定地面物候标志，便可以确定本月的节气，例如按照五行运转规律，"立春"时的主要特征是树木

---

①　刘文英：《阴阳家的生态观念及其历史地位》。

②　刘文英：《阴阳家的生态观念及其历史地位》。

③　刘文英：《阴阳家的生态观念及其历史地位》。

④　（东汉）班固撰、（唐）颜师古注：《汉书》第 6 册，中华书局 2013 年点校本，第 1734 页。

⑤　王利器注疏：《吕氏春秋注疏》第 1 册，第 15—19 页。

生长，即所谓的"盛德在木"。①

　　由于农业生产是传统时代人事活动的主要内容，所以当时关于天道和地道的所有安排都以农业生产为中心展开。春天是春耕和春种的时节，秋天则要进行农作物收获工作，并准备过冬物资，预防各类自然灾害，冬季则应该让农民休息，以便准备第二年的新工作，季冬之月要让农民休息，并准备来年的农业生产。关于这条时间链条，阴阳家在《十二纪》中有详细记载：

　　　　是月（季冬）也……令告民，出五种。命司农，计耦耕事，修耒耜，具田器……是月也，日穷于次，月穷于纪，星回于天，数将几终，岁将更始。专于农民，无有所使。天子乃与卿大夫饬国典，论时令，以待来岁之宜。②

　　　　是月（孟春）也，天气下降，地气上腾，天地和同，草木繁动。王布农事：命田舍东郊，皆修封疆，审端径术，善相丘陵阪险原隰，土地所宜，五谷所殖，以教道民，必躬亲之。田事既饬，先定准直，农乃不惑。③

　　　　是月（孟秋）也，农乃升谷。天子尝新，先荐寝庙。命百官，始收敛。完堤防，谨壅塞，以备水潦。④

　　除了农事活动有时间秩序外，国家也需要根据上述时间顺序颁布相关法律条文，以确保物质生产活动的永续发展。例如政府应发布命令规定禁止在孟春月下砍伐树木，不允许用母畜祭祀，以便她们可以繁衍后代，同时也规定不许破坏鸟巢，禁止捕食动物幼虫、胎卵等，以便于在这个时节保护动

---

① 刘文英：《阴阳家的生态观念及其历史地位》。
② 王利器注疏：《吕氏春秋注疏》第 2 册，第 1139—1146 页。
③ 王利器注疏：《吕氏春秋注疏》第 1 册，第 39—42 页。
④ 王利器注疏：《吕氏春秋注疏》第 1 册，第 700 页。

植物繁育和再生。仲春月则要保护山泽、池塘等水源，禁止焚烧山林，为动植物生长提供保障。① 这些规定充分建立在对大自然了解的基础上，按照节律安排各项活动，对于我们当今的生态建设具有重要指导作用。

《十二纪》中提到的一些祭祀活动，也是阴阳家生态链条展现的重要部分。例如，在立春、立夏、立秋、立冬之日，天子会率三公九卿分别迎于东南西北。在其他不同时令下，也会有天地之祭、山林之祀、川泽之祀、五谷稷麦之祀等，都体现了明确的时序概念，也表现出人们敬畏自然、感恩自然的感情。②

阴阳家描绘的这些生态链条，对于中国哲学命题中的生态思想发展和建设具有重要意义。《十二纪》根据阴阳家的哲学思想，总结了先秦以来中国的生态观念和经验，在吸收儒家、道家有关思想基础上，形成了自己的生态理论。③ 这一理论的核心内容是先秦以来农业生产各项要素的集大成，奠定了后来的中国农业生态发展模式，之后的所有农业生产，无论区域差别有多大，其按照各自时间序列安排农业生产的思想没有变化，这对中国古代农业的健康发展作出了重要贡献。

与儒家和道家生态思想不同，阴阳家强调生态实践，贯通形而上和形而下，因此有力地推动了中国古代生态观念从理论层面转化到实践层面，《十二纪》就是这一转化的代表作。④ 与其他思想性著作自发性生成模式不同，秦朝为了全国统一事业制定了《十二纪》，因此其基本模式是由政府制定并且自上而下推行的，具有一定的强制性。尽管由于秦朝统治时间较短造成这一法律条文没有得到认真贯彻实施，但是却开启了国家颁布生态律令的大端。西汉时，中央政府根据生态规律编制颁布《时则训》，其基本内容与《十二纪》相似。⑤ 现在考古发现的汉平帝政府颁布的《诏书四时月令》就来自《淮南子·时则训》，另一部著名的地方性生态节律书《四民月令》是

① 刘文英：《阴阳家的生态观念及其历史地位》。
② 刘文英：《阴阳家的生态观念及其历史地位》。
③ 刘文英：《阴阳家的生态观念及其历史地位》。
④ 刘文英：《阴阳家的生态观念及其历史地位》。
⑤ 刘文英：《阴阳家的生态观念及其历史地位》。

东汉崔寔在担任五原太守时根据当地民众生产和生活需要编制①，其中的主要内容是有关于农业生态律令的。

4. 阴阳家生态思想的当代价值

阴阳家在阴阳五行理论基础上，始终坚持顺和阴阳的原则，倡导敬畏天地、感恩自然的生态情怀，尊重五德始终的生态理性，崇尚仁义节俭的生态道德及遵守顺天守时的生态实践，达到人与自然和谐共处的最高境界。从这个角度而言，阴阳家的生态思想对于现代社会的发展具有重要意义，对解决当前的生态危机具有启发作用。

阴阳家认为应当敬畏天地和感恩自然，以此构成他们生态伦理的基本前提，因此任何人类活动都必须遵守基本原则，顺应基本秩序，否则会遭到相应惩罚。在生态系统中，人与自然同处于互为因果的复杂网络系统中，如果人们发挥主观能动性过程中忽视了这一因果关系，则会导致灾害频发和社会环境动荡不安。在提倡感恩自然方面，与儒家和道家不同，阴阳家心中的天和地更多带有人格色彩，其行为具有可控性，能够监督人们是否遵循自然规律，按照秩序从事各项生产。阴阳家的"五德始终"观点是中国生态伦理思想的重要组成部分，强调从长远角度考虑生态利益，执政者应该从生态利益角度引导人们有序开发自然和保护自然，在一定限度内开展相关生产活动以达到经济利益和生态环境协调发展。

为达到利益与生态的协调发展，实现生态平衡目标，阴阳家更多主张使用仁义节俭的方法，提倡不能大肆挥霍自然资源，而应本着适度原则做到取之有度，用之有节。在阴阳家看来，人类不同于其他物种，其优势在于可以征服自然、改造自然，也能主动保护自然资源，因此需要被赋予更多责任与义务，减少对自然的索取，防止资源枯竭和自然灾害发生。除了主张节制使用资源，阴阳家还强调自然资源的循环利用。自然虽然有生命力，但是其能否恢复发展的关键在于生态延续与可持续利用，人们要充分考虑生态的可持续发展，推动生态环境的自我修复和完善，促进资源再生，为后代提供物质保障。

---

① 刘文英：《阴阳家的生态观念及其历史地位》。

在顺天守时的实践方面，既然生态环境与人类生存发展密切相关，为人类发展提供支撑平台，同时各地的生态环境又具有多样性和区域差异性，因此阴阳家主张以多种方式和举措应对自然环境的突发状况，不同的举措会导致最终结果呈现多样化的特征。执政者针对不同的时节颁布相应的政令以指导人们的生产活动，这样多样化的政令更有利于生态环境的保护。①

由于依托五行运行机制，阴阳家的生态伦理思想具有合理性、科学性和实践性，注重在尊重自然规律基础上制定实践活动的准则，以实现人与自然和谐相处的愿望，达到可持续发展的目标，因此对于改善目前的生态环境问题，实现可持续发展，建设资源节约型和环境友好型社会提供有益借鉴。

（三）道家的生态思想与当代价值

与儒家和阴阳家不同，先秦道家本身并没有生发出系统化的生态思想，但他们对于人与自然的探讨却间接涉及这一命题，之后经过现代人对道家思想的阐释与推陈出新，从而出现了我们今日看到的道家生态思想。

概而言之，天人关系是道家哲学生态思想的主脉络，这一关系最直观体现在道家核心思想的"道"中。"道"是老子和庄子等人生态思想的起始点，贯穿于他们整个生态价值体系中。"知和知常的平衡论，顺乎自然、无为以对的基本法则、少私寡欲的慈俭态度"②是道物关系和天人合一的核心内容。这几种观点可为解决当前的生态问题，推动生态文明建设，实现可持续发展提供有益借鉴，在宣传规范人类的生产实践行为，保护自然环境具有积极的促进作用。

1.道家的有机整体自然观

老庄生态思想的论述基础是道物关系，这是从道家探讨宇宙起源开始的。事实上，道与无的界限非常严格，最主要体现在两者的认识方式不同。在道家看来，"道"是天生万物演变的起源，同时又通过万物贯通表现出来，形成道物相通，一体融贯的有机体。③

---

① 刘文英：《阴阳家的生态观念及其历史地位》。
② 赵津津：《道家哲学的生态思想与当代生态社会的构建》。
③ 赵津津：《道家哲学的生态思想与当代生态社会的构建》。

老子认为，"道"是人们探讨宇宙本源时得到的观点与结论，没必要对其加以修辞上的限制，如果加以限制再以知识的方式向外传播，则"道"和"物"就没有区别了，"道"的起源性和本根性就不复存在了，这正是老子所讲的"道可道，非常道"，也是庄子提倡的"夫道未始有封，言未始有常"①。

与天地万物的可以被感知和言说不同，"道"是一个言不可及的超经验的非"物"世界，不能被感知和言说，只能靠自己领会和体悟。我们现在提到的"道"只不过是我们用一个词来称谓一个不能用言语表达的东西，正如"道不可闻，闻而非也；道不可见，见而非也；道不可言，言而非也"②。

"道"本身没有形象和标志，难以从感官经验和知性领域被感知和认识，但却是宇宙万物的本根，是天地万物的根源，所有的物都在"道"中发展繁育。《老子》中提到："有物混成，先天地生。寂兮廖兮，独立不改，周行而不殆。可以为天下母。吾不知其名，字之曰道，强为之名曰大。"③又提到："道生一，一生二，二生三，三生万物，万物负阴而抱阳，冲气以为和。"④《老子》中阐述了生成变迁的基本机制，认为生育万物的根源是"道"，"道"决定了所有生命体的存在，虽然万物的形态并不相同，但是都是由"道"推

老子《道德经》书影

动发展演变而成的，万物则经过不断运动融合为有机整体，在系统中获得存在与发展。⑤

庄子进一步阐释了"道"生物的内在机制，并将"道"呈现在万物起源和一切生命存在中，强调"道"通过"物"表现，从而打破了无从感知的

---

① （清）王先谦编著：《庄子集解》（一），第13页。

② （清）王先谦编著：《庄子集解》（二），第31页。

③ 冯达甫撰：《老子译注》，上海古籍出版社2006年版，第60页。

④ 冯达甫撰：《老子译注》，第101页。

⑤ 赵津津：《道家哲学的生态思想与当代生态社会的构建》。

玄妙感和现实可感之间的隔阂。既然"道"随处存在，虽然自身并未受到时空的影响与限制，却以万物生生不息的状态为承载，如果没有万物的贯通和生生不息，"道"就失去了自身意义，这样，庄子完成了"道"的形而下化过程。①

2. 道家的"天人合一"观念

与儒家一样，道家也坚持"天人合一"的价值理念，这两家的"天人合一"思想均体现儒家和道家的和谐自然观。在道家的"天人合一"观念中，"天"的解释有两种：一是自然之天，即人类之外的其他自然实体，没有任何意识；二是描述天地万物自身存续的原始状态。第二种解释体现在庄子言论中就是"天地与我并生而万物与我为一"②，体现了万物不断更替的状态，并且认为人类和自然界的万物都需要遵循时空秩序以及自然法则。与此同时，庄子强调"道"是人类活动和万物发展的根源，其本质就是人类的自觉尊重，从而实现以"无为"方式达到自然状态，这样就改变了人与自然的关系，实现了两者的和谐相处。

与儒家强调人贵于万物不同，道家认为人与万物平等，人需要承担对万物的道德责任和义务。道家哲学坚信天地万物都来源于"道"，本质上都是平等的，没有高低贵贱之分，大家相互联系、相互依存，处于同等重要的位置。因而，从"道"作为万物起源的角度看，世间具体事物都来自于一个源头，各具存在价值，没有高低贵贱之分。既然万物是平等的，人就应当一视同仁，不主张掌控自然万物，维护与人及自然万物的和谐关系。当然，庄子也强调人具有万物所不具有的超越精神和自觉意识，在任何实践活动中都应该尊重万物的本性，彻底理解人与万物和谐相处的道理，实现个体的觉醒，顺理成章达到"自然"的标准。

3. 道家的生态思想

在道家思想中，"道"是天地万物的根源，因此万物皆平等，没有高低贵贱之分。人作为万物之一，虽然具有主观能动性，但是也需要给予万物中

---

① 赵津津：《道家哲学的生态思想与当代生态社会的构建》。
② （清）王先谦编著：《庄子集解》（一），第 13 页。

的其他生命或个体以充分尊重和宽容，理解他们的存在与意义。概而言之，从道家万物同源，道物一体等哲学思想中，可以精炼出以下生态智慧。

生态平衡和谐论。阴阳二气的相互冲突促使"道"达到平衡，从而可以养生万物，推动自然万物出现多样性，万物的平等与平衡又推动它们处于和谐状态，达到老子所提倡的"道生万物"，"万物负阴而抱阳，冲气以为和"①，当然，这并非通常而言的阴阳二气，而是两者通过冲突与平衡后达到的和谐状态。在冲突与平衡中，"道"持续存在，这是道家理解世间万物运行规律的基础出发点。② 庄子也持有相同的观点，他认为阴阳交通而万物生，正所谓"阴阳和静，鬼神不扰，四时得节，万物不伤，群生不夭"③，这样天地万物才能呈现一片融洽和谐的景象。

老子认为万物生长、消亡、归根都有自己的规律，所以人类应该认识和把握自然万物盛衰消长的内在规律，如果不理解自然规律，任意破坏修改，则会导致生态失衡，从而发生自然灾害。④ 庄子也持有相似观点，认为"天地固有常矣，日月固有明矣，星辰固有列矣，禽兽固有群矣，树木固有立矣"⑤，意思是天地日月星城均有属于自己的独特规律，万物生生不息，循环发展，在冲突中维系了生态平衡，如果不尊重这种基本规律，则会造成"云气不待族而雨，草木不待黄而落，日月之光盖以荒"⑥ 的生态结果，因此人类应该尊重和顺应自然规律，而不应该将自己置身万物之外。

尊重自然规律，就应该坚持适度利用的原则，对待自然万物应当留有余地，不可过度，正如老子讲的"道冲，而用之或不盈"，"保此道者不欲盈，夫唯不盈，故能蔽而新成"⑦。意思是只有在充分尊重自然规律，实现可持续发展的基础上才能不断获得自然万物的繁荣与富足，达到人与自然融洽和谐相处的理想境界，实现万物共存、不分高低、相互联系的生态世界。

---

① 冯达甫撰：《老子译注》，第 101 页。

② 赵津津：《道家哲学的生态思想与当代生态社会的构建》。

③ （清）王先谦编著：《庄子集解》（一），第 89 页。

④ 赵津津：《道家哲学的生态思想与当代生态社会的构建》。

⑤ （清）王先谦编著：《庄子集解》（一），第 78 页。

⑥ （清）王先谦编著：《庄子集解》（一），第 60 页。

⑦ 董思靖集解：《太上老子道德经集解》，中华书局 1985 年版，第 20 页。

　　道家认为，人类需要按照自由发展的规律对待自然，让自然界的一切生命按照自己的本性生活，而不是违逆天性，正所谓"物任其性，自生自化"。庄子的这种思想具有代表性。在《庄子·达生》中讲道："若夫以鸟养鸟者，宜栖之深林，浮之江湖，食之以委蛇，则安平陆而已矣。"[①]而庄子则说"为事逆之则败，顺之则成"[②]，只有遵循自然规律，不违逆原始规律，才会事半功倍，如果不顺从规律，则会适得其反。

　　在这种思想指导下，道家通过无为和不作为方式认知天地万物的本性，按照自然界的规律办事，不对其加以价值判断，只是遵照它的本来面目，以审美眼光对待它[③]。如庄子在《庄子·知北游》中讲的："天地有大美而不言，四时有明法而不议，万物有成理而不说，大圣不作，观于天地之谓也……阴阳四时运行，各得其序。"[④]

　　在对待知识和技巧方面，老子从"法自然""为无为"生态价值观中引申出崇尚自然，反对技巧的思想。在道家看来，"道"是本性，而技巧则是属于人为的，缺乏"道"的自然本性，因此这些认为的知识和技巧都会增加人的欲望而破坏自然的本性，因此要绝对摒弃。庄子则稍微宽松一些，对技巧抱有相对宽容的看法，认为通道之技巧是应该推崇的，而工具类的技巧则不合适，鼓励人们摒弃工具之技，以求得人心的安宁和生态的和谐，摆脱天地运行的混乱无序。对于那些必须使用技巧的地方，庄子认为应该在充分理解和把握运行规律的基础上讲求技巧。[⑤]

　　老子和庄子都主张知足常乐，认为应该节制欲望过简朴自然的生活。《老子》认为："甚爱必大费，多藏必厚亡。故知足不辱，知止不殆，可以长久。"[⑥]庄子也认为"无欲而天下足，无为而万物化"[⑦]，鼓励人们追求自然而然的生活，尽量缩小自己的个人私利，以最自然的状态生活，从而可以减少

①　（清）王先谦编著：《庄子集解》（二），第 12 页。

②　（清）王先谦编著：《庄子集解》（二），第 89 页。

③　赵津津：《道家哲学的生态思想与当代生态社会的构建》。

④　（清）王先谦编著：《庄子集解》（二），第 26—27 页。

⑤　赵津津：《道家哲学的生态思想与当代生态社会的构建》。

⑥　董思靖集解：《太上老子道德经集解》，第 55 页。

⑦　（清）王先谦编著：《庄子集解》（一），第 64 页。

自然资源消耗，实现人与自然协调发展，只有这样才能体会到顺"道"而行的境界。①

4.道家生态思想的当代价值

（1）道家生态思想与现代生态观的不同

道家认为"道"是自然万物的根源，虽然无声无形、浑然一体，但是却具有循环不息独立存在的特点，是具有超越性的存在，回答了人们终极关怀问题和具体经验问题。这种思想有其价值所在，但是也造成道家在分析问题时缺乏整体性，还不是真正意义上的有机整体，这与现代生态观从现代系统科学角度阐发，主张实现人与自然和谐相处的观念不太相同。

由于受到荆楚文化影响，道家具有强烈的自然主义色彩，崇尚简单真朴，推崇厚德载物，这就造成无贵贱价值观更有可能发展成为神秘审美观，达到过于无为的境界，还没有真正实现人与自然万物的平等。因此，道家追求的真、善、美统一属于超世俗境界，过于轻视人的主观能动性，只是一味服从自然，返璞归真，导致出现反人类物质文明进步的倾向。②

道家生态思想是建立在农业文明基础上被动适应自然生态系统的经验形态思想，面对当前工业文明导致生态危机，道家思想缺乏应对这种复杂局面的理论内核，不能直接解决工业文明实践产生的人与自然生态危机问题。在实践层面上，道家思想强调遵循自然规律，将人与天地万物融为一体，主张因时、因地、因物"三宜"原则，一定程度上有利于推进传统农业生产发展，对今天的农业现代化也有一定指导作用，但是他的缺点是没有一套系统推进物质产出的理论方法，不能生产更丰富的能够日益满足人们生活需要的物质产品，在保护环境和经济增长之间达成平衡，实现环保与增长的有效融合。③

（2）道家思想与当前生态观相衔接的路径

尽管道家思想与现代生态观存在差异，但是在人与自然和谐相处关系方面，其思想主张一定程度上与现代生态观可以达成一致。道家的"天人合

① 赵津津：《道家哲学的生态思想与当代生态社会的构建》。
② 赵津津：《道家哲学的生态思想与当代生态社会的构建》。
③ 赵津津：《道家哲学的生态思想与当代生态社会的构建》。

一"理念极为重视人与自然的关系，而这一点也与当代的生态观的基本理念相似，都强调人与自然的和谐相处。在保护自然环境方面，道家主张以平等眼光和敬畏态度善待自然万物，而现代生态观也特别强调善待自然，能够有效利用自然资源。虽然现代生态观产生于现代化和城市化所带来的生态环境破坏，是现代人面临生态危机的一种自我反省，与道家思想产生背景完全不同，并且两者在解决生态危机的途径上也有所差别，前者认为解决生态问题的主要手段是科技，而后者则强调从个体角度出发，自我形成尊重自然、保护自然。尽管如此，两者的基本理念是相通的，因此可以相互统一。[①]

既然道家生态思想有其内在的理论缺陷和操作限度，因此需要经过变革和改造，才能用来解决当前的生态危机。据上文，道家生态思想与现代生态观有一定相通之处，因此需要将道家思想置于当代生态观中重新整理加工，吸收现代生态科学知识，扬弃固有缺陷，赋予新的含义，真正激发其积极作用。

对于其缺乏整体性问题，应当在确定现代生态观时给予纠正，增强人的主观能动性。我们需要认识到，在人与自然的整体关系中，既包括人与自然的生态关系和生物关系，也包括人与自然的文化关系，并且要特别强调人的能力，使人成为整个系统中的指导者和指挥者，只有发挥人认识、改造、保护自然的巨大能力和调节自身行为的道德力量，才能赋予道家生态思想以新的内涵。

对于不重视工具价值问题，可以采取措施弥补。道家认为宇宙自然的生成过程就是价值创造过程，主张以顺其自然的态度对待天地万物，强调尊重和保护，忽视使用技巧利用和开发。因此，在改造道家生态思想过程中，需要有机统一价值理性和工具理性，充分尊重人类的生存价值，发挥人类生存中所实现的工具价值，将两者有效融合，达到人与自然关系的最佳状态。这样的融合性价值观既能有效继承传统时代的自然人文主义，又能在改造利用的基础上满足当代人类发展需要，实现环保和发展的双重效益。

对于道家生态思想中缺乏实践性的问题，应该更加关注完善当前的生

---

① 赵津津：《道家哲学的生态思想与当代生态社会的构建》。

态实践观，积极推动人类生产技术和生产工艺实践，竭尽所能改变原有的生产模式和消费模式，促进生态环境恢复，积极投身于环境保护和资源开发的多层面工作，积极争取建立有利于全球生态环境好转的国际政治经济秩序，实现人与自然的和谐发展。

总体而言，尽管道家思想具有时代局限性，但是通过梳理与改造，其中的某些思想理念和思维方式仍具有合理因素，对我们当前的生态文明建设具有一定借鉴意义。

（3）道家生态思想的当代价值

增强环保意识。道家主张万物生于道，以此万物平等，人类与万物相同，在大自然中应当遵循无为的准则行事，采取最简单的方式生产和生活，尽量减少对其他物体的破坏与影响。基于这一点，老子认为天道是自然和无为等，因此人类应该尊重事物本性，允许他们顺其自然自由发展，于是提出了"知常有明"的观点，提倡人类的最高智慧不是主动改造自然和世界，而在于认识和把握天地万物的基本运行规律，在此基础上开展人类活动，这些规律决定和制约天地万物的消长盛衰，如果不充分认识他们，随意更改变化规则，则必然招致凶险。①

当前，工业化带来了经济快速发展，也随之出现了生态危机，工业污染、水土流失、旱涝频发、生态失调等问题严重困扰着现代人类，究其原因，这些情况的出现主要是人类违反自然之道，随意向自然索取造成的。这与道家的理念背道而驰。道家早就警告过人类，不应该以自我为中心凌驾于万物之上，而应将自己置于同天地万物平等的地位。② 这些理念给予我们很大启示，在当前严重生态危机面前，我们需要重新审视人与自然万物的关系，以可持续发展理念和高度负责的态度处理好人与自然的关系，最终建成环境友好型社会，解决日益严重的生态问题。

构建和谐理念。老子与庄子提倡的"知和曰常"是指和谐是事物存在和发展的根本规律。这种观念的出发点是上文提到的天地万物的阴阳二气互

---

① 石荣霞：《论道家的生态伦理观及其现代价值》，曲阜师范大学硕士学位论文，2007 年。

② 石荣霞：《论道家的生态伦理观及其现代价值》。

相冲突与融合，最终达到平衡与和谐，是万物的理想存在状态，因此庄子认为"阴阳和静"，即是指"道"的本质在于和谐，只有理解这种和谐，才能把握天地万物的生存规律。① 在这种思想主导下，道家认为现有的状态是最佳的秩序和安排，人类无须改动，只要顺其自然，不干涉万物的自身变化，与它们和谐相处，就会在无为的基础上实现有为，完成人类的发展，因此，人与自然和谐相处是道家生态思想的核心所在。

需要指出的是，道家崇尚的"自然"与现代人类所讲的自然迥然不同，道家的自然一是指相对于人的自然，是一种人类应与之和谐相处的"道"；二是指万事万物存在的状态。在第一种自然概念中，道家强调天地万物与人都有宝贵的生命，因此应该努力达到人与自然和谐相处的境界，协调人与自然的关系。在第二种自然观念中，道家要求人们顺应万事万物的自然状态，不违反自然的基本规律，用无为的态度营造良好的人与自然的和谐关系。② 这为解决当前的生态危机问题提供了有益参考，我们可以在加强合作的基础上正确处理人与自然的关系，充分利用道家和谐观念处理生态问题，达到万物和谐相处的境界。

坚持适度开发。针对人类经常违背自然规律导致人与环境紧张的问题，老子认为应该确立人与自然共生共存和适度增长的理念，以此恢复人与自然的初始关系。老子主张人在认识自然的同时需要掌握自然规律，采取适度原则开发利用自然资源，不应该在毫不知情的情况下违逆自然规律。③ 现代生态学表明，生态要素间的联系非常紧密，本身自带有修复和调节功能，只要尊重这些功能，让他们充分发挥作用，则众多生态问题不会产生，现在面临的生态危机也会迎刃而解。而老子的思想主张则告诉我们人类应该尊重自然规律，采取限度原则开发利用各项资源。具体而言可以分为以下几点：一是人类需要正确认识自己在自然界中的位置，改变原来的以人类为中心的观念；二是坚持适度原则开发自然，实施可持续发展战略，做到自然资源的可

---

① 石荣霞：《论道家的生态伦理观及其现代价值》。
② 石荣霞：《论道家的生态伦理观及其现代价值》。
③ 石荣霞：《论道家的生态伦理观及其现代价值》。

重复循环利用；三是要有满怀畏惧之心达到与自然界和谐相处的理想状态。①

当前，经济增长是世界主流话语，人类的所有举措都是围绕着一点展开的，这也构成了生态危机的内在推动力，导致粮食短缺、资源枯竭、能源减少、环境恶化等问题迸发。为了解决这些问题，我们在形而上方面应该采取老庄"知止"的观点，停止以粗放式增长方式为主的经济增长，通过树立适度原则协调人与自然的关系。

综上所述，道家哲学主要从生态伦理角度强调人与自然和谐相处，"将自然哲学与生态伦理融合为'道'，从而确立了'自然哲学生态伦理'与'天地人合一'的生态理论模型，这是古学道学阐释论的一种重新整合"②，可以为现代人类社会提供道德规范，推动人类环境保护观念的转变。此外，道家带有更多神秘色彩，推崇消极无为思想，轻视技术应用，反对提出技术性解决方案，这种观念对当代社会的作用较小，需要经过改造提升才能获得更多价值。③

（四）儒家和墨家的"节用"思想

在自然资源的开发与利用方面，儒家的"节用"思想系统规范了人类的行为方式，以便充分利用自然资源，减少资源消耗。先秦儒家的孔子、孟子和荀子都有关于"节用"的论述。④《论语》提到："道千乘之国，敬事而信，节用而爱人，使民以时。"⑤孟子在批评统治者奢侈生活时也说："狗彘食人食而不知检。"⑥管仲则认为国君节用可以保证国家社会稳定，"地之生财有时，民之用力有倦，而人君之欲无穷。以有时与有倦，养无穷之君，而度量不生于其间，则上下相疾也。"⑦

---

① 石荣霞：《论道家的生态伦理观及其现代价值》。
② 王巧玲、孔令宏：《"道法自然"·"道生自然"·"道即自然"——〈道德经〉生态社会伦理研究》，《兰州学刊》2015年第8期。
③ 石荣霞：《论道家的生态伦理观及其现代价值》。
④ 赵杏银：《中国古代生态思想史》，东南大学出版社2014年版，第14页。
⑤ 《论语注疏》，《十三经注疏》本，中华书局1980年版，第2457页。
⑥ 《孟子注疏》，《十三经注疏》本，第2666页。
⑦ 戴望：《管子校正》卷1，上海书店1986年版，第7页。

墨子（春秋末战国初期宋国人）

墨家的"节用"思想更为突出，代表性著作《墨子》中有大篇幅论述这种思想的内容。在饮食方面，《墨子》中说"古者圣王制为饮食之法曰：足以充虚继气，强股肱，耳目聪明，则止。不极五味之调、芬香之和，不致远国珍怪异物。"[1] 在墨子看来，单纯饮食就可以健身，根本不需要美食。墨子本人就是这一理论的践行者，其生活艰苦程度令人咂舌。孟子则不同意墨子的观点，认为若是墨子"节用"思想大行于世，人们安于贫困生活而无所求，该做的事情不做，就会错过许多创造财富的机会，闲置许多资源而不加利用，造成社会发展缺乏内在动力，滞缓发展进程，长此以往恐怕连这样的贫困生活也难以维持。[2]

由此可见，虽然都提倡"节用"，但是两家的思想内涵却不同。儒家的"节用"更多带有控制支出的意味，而不是一味节俭。[3] 在儒家看来，"礼"和收支状况是控制开支的重要方式，正如荀子所言：

礼者，贵贱有等，长幼有差。贫富轻重皆有称者也。故天子袾裷衣冕，诸侯玄裷衣冕，大夫裨冕，士皮弁服。德必称位，位必称禄，禄必称用。由士以上，则必以礼乐节之，众庶百姓则必以法数制之。量地而立国，计利而蓄民，度人力而授事。使民必胜事，事必出利，利足以生民，皆使衣食百用出入相掩，必时藏余，谓之称数。[4]

---

① 孙诒让：《墨子闲诂》卷6，上海书店1986年版，第102页。

② 赵杏银：《中国古代生态思想史》，第16页。

③ 赵杏银：《中国古代生态思想史》，第16页。

④ 王先谦：《荀子集解》卷6，第115页。

按照这样的思想，儒家主张的"节用"更多强调只有获得比较高的社会地位，才有可能享受富足的物质生活，如果自己不努力，没有达到这种程度，就没有资格获得这种地位。在这种背景下，人需要大力追求富足的物质生活，以便增强社会发展的内在动力，促进社会发展。这样的思想构成了中国过去两千多年的发展主动力。① 需要指出的是，这种思想虽然有助于推动社会发展，但是会激发人向自然索取的欲望，加重自然的承载力。那么应该本着什么态度去向自然索取呢？荀子回答道："天之所覆，地之所载，莫不尽其美，致其用，上以饰贤良，下以养百姓而安乐之。"② 在荀子看来，大自然地大物博，拥有无穷的潜力，需要人们去积极开发利用，以满足人的生存需要。

即使如此，在生态利用的原则方面，儒家也有一些规范要求，并不是鼓励人们无原则无节制地开发索取。利用大自然的生态资源，首先要注意的问题是方法和时机。尽管先秦儒家认为自然资源足够满足人类生存需要，鼓励人们去开发利用，但他们也较早认识到需要在保护资源的前提下开发资源，正所谓"取用有时，取用有度"。③

孔子是身体力行保护自然资源的。《论语》里记载："子钓而不纲，弋不射宿。"④ 就是讲一网打尽的弊端，提倡有序利用。孟子则说："不违农时，谷不可胜食也；数罟不入污池，鱼鳖不可胜食也；斧斤以时入山林，林木不可胜用也。"⑤ 总之，儒家的取之有度主要包含几方面内容：不能大规模获取动植物，不能砍伐没有成材的树木，不能在动植物孕育、繁殖期间随意获取，应该在尊重生长时间和使用价值方面多下功夫，不能因为人类索取危害动植物资源和环境。⑥ 儒家的这一观点对如何开发利用自然资源提供了价值标尺，对于今天的环境保护具有启发作用。

---

① 赵杏银：《中国古代生态思想史》，第 17 页。
② 王先谦：《荀子集解》卷 5，第 103 页。
③ 赵杏银：《中国古代生态思想史》，第 18 页。
④ 程树德撰，程俊英、蒋见元点校：《论语集释》（上）卷 14，中华书局 2013 年版，第 565 页。
⑤ （汉）赵岐注，（宋）孙奭疏：《孟子注疏》，上海古籍出版社 1990 年版，第 14 页上。
⑥ 赵杏银：《中国古代生态思想史》，第 19 页。

三、佛教的生态思想及当代价值

　　佛教不是生态学，但却包含非常丰富的生态保护思想，是一种较为独特的生态观。净土是佛教的理想世界，也是佛教倡导的人与其他生命和谐相处的最高境界。在佛教的构想里，世界上有优美的环境，广博的土地，散居的人口，人与环境和谐相处，没有刺耳的噪音，没有污染的溪水，没有雾霾和沙尘暴，更没有杀戮的罪恶。[①] 如果能够实施到当前的人类环境中，那么就没有环境恶化和生态危机。当然，佛教不会直接提出相关的解决生态危机方案，但是却可以给我们解决目前困境提供重要的思想指导。

（一）缘起论中的生态思想

　　缘起论是佛教的思想精髓和核心，是佛教的世界观，佛陀通过缘起论观察宇宙人生。缘起的本意是任何事物或现象的出现都是相互依存、互为因果、互为条件的，不存在绝对孤立的事物。在佛教的因果关系中，"因"指的是内因，而"缘"则是起辅助作用的外因或间接原因。缘起论认为，一切存在都是由各种原因和条件结合而形成的，所以世界上不存在孤立的事物，离开了相互联系的种种关系，一切事物将无法生成，因此，整个世界是互为因果的有机统一体。[②]

　　缘起论将这个宇宙和人生的一切现象看作是因缘和合，因此，佛教认为万法无常，众生与宇宙无始无终，无边无际，两者需要融合。佛教要求人们破除对事物的执着，以"无我"的胸怀应对大千世界，以求得解脱。在这种背景下，佛教否定一切生命存在的实体性，打破了生命主体自身的优越感和先进性。[③] 这对解决当前的生态危机有非常重要的意义。在过去很长一段时间里，人类凭借自己的优越感和先进性不断征服、改造大自然，将自己凌

---

① 张径直：《佛教的生态环保思想与实践及其现代价值初探》，陕西师范大学硕士学位论文，2008 年。

② 张径直：《佛教的生态环保思想与实践及其现代价值初探》。

③ 张径直：《佛教的生态环保思想与实践及其现代价值初探》。

驾于自然之上随意违反自然规律，无限制开发使用自然资源，破坏生态平衡。而佛教的缘起论观点则将人的地位降低，从宇宙立场将人视为自然的一个组成部分，自然并不是人的附属物，这就促使人们弥补人与自然相疏离的状态，做到既保证了人的个性，又融洽了人与自然的关系。①

近几年，生态问题日益严重，引起了国际社会的重视，不少国家试图调整原来的工业和资源利用政策，加大环境保护力度，重新调整人与自然的关系，走可持续发展的道路，以保证人类社会长久稳定发展。尽管如此，这种做法的基础依然是以人为本，没有多方位考虑自然的价值，形成了另一种人类中心论，对解决环境问题意义并不大。② 想要彻底抛弃这种既有思维方式，就需要借鉴其他思想建立新的生态文化观，从根本上指出解决当前危机的顶层设计，建立新的人与自然和谐相处关系。佛教缘起论具有重要的参考价值。

佛教的整体观、因果关、无我论等思想，对于人与自然新关系有重要意义。缘起论的生态思想说明万物间具有相互依存、不可分离的关系，彼此相互为缘，合成为一个整体。如果将其放在具体实践中，则是人的生存发展离不开个人、社会、自然界的相互共存和协同发展，只有真爱自然界中的每一个生命和所有植物，人类才能生存与发展下去。佛教克服了人类中心主义，将人与万物纳入到更为广阔的视域中，其价值就在于为人类增加了一个整体性的认知维度，可以认识万物的不同作用与价值。③

（二）平等观念中的生态思想

佛教认为宇宙万物可以分为两类，一类是有生命的东西，称为"众生"；另一类则是不具备感情的东西，例如花草树木等。"众生平等"和"无情有性"集中体现了佛教的平等观，也表明了佛教的另一生态思想。

佛教认为"一切众生皆有佛性"，由此可以得出"一切众生悉皆平等"

---

① 张径直：《佛教的生态环保思想与实践及其现代价值初探》。
② 张径直：《佛教的生态环保思想与实践及其现代价值初探》。
③ 张径直：《佛教的生态环保思想与实践及其现代价值初探》。

的生命平等论,这对人与环境的关系发展具有重要意义。① 众生平等说明人与其他存在具有同等权利,不能凌驾于其他众生之上,去伤害、征服、掠夺其他众生,要求人们用尊敬的心态对待其他一切生命存在。

佛教主张有情和无情,即认为宇宙万物都有佛性,均有平等性。这里的平等包含两层意义,一是所有的生物和非生物都有生存的权利,只有这种权利得到保障,才有保证各生命体之间的相互依存关系,也才能维持整个生态系统的稳定和平衡;二是所有生物和非生物都有佛性,这是宇宙万物的本性,是上升为佛的可能性。② 这种认知告诉我们,宇宙万物都有自我革新和调整的内在机制,因此我们要尊重自然、敬畏自然,防止破坏生态平衡行为继续发展,从而推动生态结构和功能稳定。这种平等观可以打破人与自然绝对对立的二元思维,确定了人员自然和谐相处的思想基础,有助于提升人们的生态环保意识。

(三) 宇宙结构论中的生态思想

佛教将世界分为有情世界和器世界两种。有情世界是有感情的众生生活的领域,器世界也叫“国土世界”,指山川河流、花草树木等没有感情的事物,是有情众生的生存环境。相对于众生世界,佛国世界又称为“净土”,是佛的居所,也是佛教的理想世界。佛家认为净土就是清净庄严的理想国,在那里得到自在解脱。③

对于器世间,佛教主张保护,认为器世间的所有东西都是众生共同享用的公共财产,不应该任意焚烧、破坏、砍伐。佛教的环境保护实践范围,不仅包括各种动物花鸟昆虫,也包含自然界的山石,它们均具有佛性而有内在价值和尊严,如果人们不遵循这种规律和内在价值,必然受到它们的反弹性惩罚。

佛教的宇宙结构论包含一些合理的思想,一是佛教结构论中关于地理区域、空间结构、多层次、多物体、不同生命的空间分布和相互影响及作用

---

① 张径直:《佛教的生态环保思想与实践及其现代价值初探》。

② 张径直:《佛教的生态环保思想与实践及其现代价值初探》。

③ 张径直:《佛教的生态环保思想与实践及其现代价值初探》。

都具有整体性和无限性，给我们多一个认识世界的维度，让我们清楚人类与其他生物是一体的；二是佛教的宇宙结构论超越了人类和现世的思想立场，反映了人类内心深处追求美好生存环境的共同愿望，有利于构建和谐的生态世界。①

综合而言，佛教思想中有很多观念与现代生态文明价值观相契合，有助于我们从整体认识人与自然的内在联系，帮助建立新的生态文明思想体系。当然，受制于各种因素影响，佛教思想在生态方面也有一定局限性，过于强调个人自我修行的作用，主张道德教育和自身修养，较少关注更大范围内的社会政治局面，在未来实践中，如果佛教能够吸收融合当代生态科学和生态文化成果，不断拓展自身思想视野，将会在具体实践中发挥更加重要的作用，成为推动生态文明建设顺利进行的重要思想力量。

① 张径直：《佛教的生态环保思想与实践及其现代价值初探》。

第二章　中国传统政治观念中的
生态意识及当代价值

中国传统观念中人们的各种活动，包括各种政治、经济、军事、文化等方面的礼仪和祭祀活动；人们对各种神灵的信仰及纪念活动；皇帝和朝廷颁发的各种诏令、行政法令和法律条文，以及官方和民间根据节气和时令安排的各种活动，无不与生态意识密切相关。深入发掘传统政治观念中的生态意识价值，对于当今生态环境保护与治理有着很好的借鉴作用。

一、中国古代政治信仰中的敬天尊神与自然崇拜

（一）上帝崇拜与自然神信仰

1. 上帝崇拜

殷商时期，虽然人们还没有"天"的概念，但初步产生类似"天人感应"的观念。其中，"帝"作为殷商人崇拜的最高神祇，后代学者的研究认为，"上帝"是与"下帝"（商王的人格神）相对应的，同样具有思维、情感和意志。"上帝主宰一切的神性主要是地上王权在天空的投影和放大。"① 也就是说，商人信仰的"上帝"是一种有意志的人格神。② 此外，"上帝"同时也被殷人视为自己的祖先神。总之，"上帝"在殷人心目中是万能的，不仅支配降雨、刮风，农业丰歉，还支配着人的生死、福祸，以及战争胜负、

---

① 牟钟鉴、张践：《中国宗教通史》（上册），中国社会科学出版社 2003 年版，第 97 页。

② 郭沫若：《先秦天道观之进展》，《郭沫若全集》历史编第 1 卷，人民出版社 1982 年版，第 324 页。

政权兴衰等一切自然现象与人类社会活动。可以说，殷商时期人们所崇拜的"上帝"，本身就是同时掌管自然与人事的最高主宰，商王则通过占卜、祭祀等活动来沟通上天与人间的一切事务。

通过历史记载，我们可以了解，商人的占卜活动是对"天人感应"（天人关系）认识的最初萌芽，但这却反映出商人对自然力的初步认识：

今二月帝不令雨（《藏》一二三，一）

帝隹（唯）癸其雨（《库》三，二一，三）

□丑卜，不雨，帝隹莫我。（《龟》一，二五，一三）

帝令雨足年。（《虚》一三八二）

帝令雨弗其足年。（《前》一，五〇，一）

贞今三月帝令多雨。（《前》三，一八，五）

羽癸卯帝令其风（《乙》二四五二）

帝其降我堇（《乙》七七九三）

帝其乍王祸（《乙》一七〇七）

我伐马方，帝受我又（《乙》五四〇八）

帝降邑（《乙》六五三）

可以看到，由于当时人们对许多自然界的异常现象无法解释，加之统治者对"天"与"上帝"的敬畏与崇拜，商人就将这些异象与"上帝"联系起来，认为自然灾害比如干旱少雨、洪涝灾害，乃至雨水丰沛，都由"上帝"所掌控，要想风调雨顺，就要通过祭祀来获得上帝的庇佑以免除自然灾祸。

2. 自然神崇拜

除了上帝这一最高的神灵之外，殷人认为，天上还有风、云、日、雨、四方等天地之神，而这些自然神灵都是上帝的重要使臣，并且控制着刮风、下雨和太阳的活动、掌管东南西北四方。正是这些自然神的存在，才有了在人间发生的各种自然现象。殷人为了维持自己的生存，通过占卜预测自然现象、祭祀自然神灵，逐渐形成对自然神的崇拜。

(1) 风神

商人有风神信仰，这在甲骨卜辞中有"帝史风"，即上帝的使臣风神的记载：

> 于帝史风二犬。(《合集》14225，一期)
> 燎帝史风一牛。(《合集》14226，一期)
> 辛未卜：帝风。不用。雨。(《合集》34150，四期)
> 辛未卜：帝风。不用。雨。(《屯南》2161，四期)

以上四则卜辞说明，殷人认为风是上帝的使臣，对风神的祭祀可以烧牛或犬；而是否刮风则是由上帝决定，由风神来执行。由于在上古时代人们对自然灾害的抵御能力较差，刮风这一自然现象，可能对人们的生产生活会造成很大危害，例如农业的破坏，半地穴式房屋的破损、人口受伤死亡等，所以在殷商时期，统治者对刮风的现象，特别是大风天气的出现，颇为担心会因此酿成灾祸：

> 辛未卜，王贞：今辛未大风，不隹祸。(《合集》21019，一期)
> 丙寅卜：日风不祸。(《合集》34036，四期)
> 丙午卜，亘贞：今日风祸。(《合集》13369，一期)
> ……风不隹祸。(《合集》13370，一期)
> 贞：兹风不隹蓳。(《合集》10131，一期)

以上所举卜辞，都是占卜今日(或这次)大风是否会引起灾祸。可见在当时，大风天气的确经常会对商人的正常生活造成危害。商王在田猎之前，也都会占卜出发时是否会有大风：

> 今日辛王其田，不遘大风。(《合集》28556，三期)
> 翌日壬王其田，不风。(《合集》28553，三期)
> 壬王弜田，[其] 风。(《合集》28677，三期)

出于对风神的敬畏，商人专门对其进行祭祀，以祈求风神不要带来灾害，这类祭祀活动在甲骨卜辞中也大量保存：

　　帝（禘）风九犬。（《合集》21080，一期）

　　甲戌贞：其宁风，三羊、三犬、三豕。（《合集》34137，四期）

　　癸亥卜：于南宁风，豕一。（《合集》34139，四期）

　　辛酉卜：宁风，巫、九豕。（《合集》34138，四期）

根据卜辞可知，祭祀风神有燎、禘等方式，也就是焚烧牛、羊、猪、狗等牲畜以献给神灵的；另外还有用于"宁风"的祭祀，主要是祈求风神不要从特定方向的刮风，而献给神灵的牲畜则和其他方式没有区别。如上"于南宁风"，即是要通过祭祀来祈求风神停止刮南风。

（2）云神

商人对云神的信仰和祭祀，也多存在卜辞中：

　　贞：燎于帝云。

　　（《合集》14227，一期）

　　贞：燎于二云。

　　（《合集》13401，一期）

　　己亥卜，永贞：

　　翌庚子酒……王占曰：兹隹庚雨。卜之……雨。庚子酒三鬯云□，其既祝。启。（正）王占曰：兹隹庚雨。卜。（反）

　　（《合集》13399正反，一期）

　　戊寅卜：巫又伐。今夕雨。己卯卜：燎豕四云。于己卯雨。

　　（《补编》13267，一期）

　　重岳先酒。乃酒五云，又雨。大吉。……五云……酒……

　　（《屯南》651，三期）

　　癸酉卜：又燎于六云五豕、卯五羊。

　　（《屯南》1062，三期）

　　辛丑卜，即贞：兹云□雨。

（《合集》24872，二期）

　　贞：兹枼（困）云其雨。贞：兹枼（困）云不其雨。

（《合集》13390 正，一期）

　　对云的占卜和祭祀，主要是为了祈求上帝的使臣云神带来密布浓云
（"朱云"，即昏暗浑浊的云色，形容阴云密布[①]），形成降雨，给农业生产带
来丰收，也可反映出当时人们已经观察到浓云和降雨之间的关系。此外，卜
辞中有"二云""三啬云""四云""五云""六云"等记载，根据于省吾先生
的观点，"三啬云"中的"啬"通"色"，"三啬云谓三色之云也"，"云之见
也，或只一色，其数色并见者，所谓彩云也"。[②] 而在现代气象知识中也有
辨云识天气的内容，且对标志不同天气类型的云朵有所介绍，包括色彩的描
述，如高积云（云层厚、白中有暗，通常出现于暴雨之后）、积雨云（云色
乌暗，常带来强风暴雨）、高层云（颜色灰白或灰蓝，可降小量雨雪）等。[③]
虽然当时商人对云的形成无法达到科学的认知，但从以上关于云的卜辞记载
来看，商人对云的观察、分类已经非常细致，能够分辨不同色彩的云朵，从
而在他们认为合适的时机，通过燎烧豕、羊、犬等牲畜，献酒等方法，祭祀
云神以祈雨。

　　（3）日神

　　商人对太阳也已经产生崇拜，认为日神的职能大多与降雨有关：

　　庚午卜，扶，日雨。（《合集》20901）

　　惟日羊，有大雨。（《合集》30022）

　　丁巳卜，贞王宾日，不雨。（《合集》535）

---

①　沈建华：《甲骨文释文二则》，《古文字研究》（第六辑），中华书局 1981 年版。

②　于省吾：《甲骨文字释林·释云》，中华书局 1979 年版。

③　周淑贞、张如一、张超：《气象学与气候学》（第三版），高等教育出版社 1997 年版；董大
　　年：《现代汉语分类大词典》，上海辞书出版社 2007 年版；邓绶林、刘文彰：《地学辞典》，
　　河北教育出版社 1992 年版。

壬子卜，旅贞，王宾日，不雨。(《合集》22539)

甲骨卜辞中还有关于"易日"的记载，根据孙海波先生较为合理的解释，"易日"即"变天"，"易犹变也，犹今言变天"①，也就是商人占卜是否太阳的活动有所改变、天气有的阴晴的变化。多数情况下，卜辞中的"易日"，往往是在占卜天气是否会由晴朗变为下雨：

……易日？十二月。二告。(《合集》13160)
贞，翌甲戌易日？甲戌允易日。十二月。(《合集》13311)
贞翌庚子易日。翌庚子不其易日。(《合集》14330)
贞：翌庚申我伐，易日？庚申明阴，王来途首雨。
占曰：易日。其明雨，不其夕。(《合集》6037 正、反)

日神的职责除了降雨降旱，还能够预示上天降下的福祸：

癸巳卜，争贞：日若兹敏，隹年祸。三月 (《合集》10145)

郭沫若《卜辞通纂》认为此条卜辞中的"敏"，应为"晦"，"言日如此晦，年其有忧也。"② 从这则卜辞所反映的内容，可知太阳的光芒变得晦暗时，便会影响农业收成，给人间降下灾祸。正是由于商人相信日神具有强大的神力，所以很重视日神的祭祀，甚至非常看重对日出日落的祭祀：

……出入日，岁三牛。(《合集》32119)
癸未，贞甲申酒出入日，岁三牛。兹用。(《屯南》890)
出入日，岁卯四牛。不用。(《屯南》2615)
乙巳卜，王宾日。弗宾日。(《合集》32181)

---

① 孙海波：《甲骨文编》，哈佛燕京学社 1934 年版。
② 郭沫若：《卜辞通纂》，科学出版社 1981 年版。

祭祀日神的方式有多种，此处仅列举部分：有"岁"，即割用牲畜以祭祀日神的方法；"酒"，即以酒祭祀的方式，同时还可以配合"岁"祭；还有"工宾日"，也就是商王亲自祭祀日神。此外，还有焚烧牲畜等祭祀方法。

从对日神的信仰、对太阳活动的占卜祭祀，可以看出商人对太阳活动的观察积累了直观的经验。首先，人们注意到太阳光照的明晦，与天气的阴晴有直接的关系；其次，商人观察到太阳与降雨之间存在一定关联；再者，商人逐渐积累的经验，认为太阳对晴、雨的影响，进而对农业收成产生影响。尽管从现代科学的角度来看，商人还不能掌握太阳辐射与降雨之间的关系，但商人是在通过日常观察、生活而积累出许多直观的自然认知，这一点却是不容否定的。

（4）雨神

雨水对商人的生活具有重大影响，从农业收成到商王田猎，从战争到作邑，前文已多次提及。因此在商人的观念中，风、云、日等多位神灵都具有降雨的职能。但直接掌管下雨的还是雨神。这在《周礼·周官·大宗伯》中有所记载："……以燎祀司中、司命、风师、雨师。"

（5）河、岳之神

卜辞中，还有通过向山川、河流等神祇祭祀来祈雨的记载。向河神、山岳之神的祭祀。主要是为了祈雨、获得好的年成：

> 其求年于岳，兹又大雨。（《合集》28255，三期）
> 其求年于河，此又雨。
> 于岳求年，此雨。（《合集》28258，三期）
> 求于河年，又雨。（《合集》28259，三期）
> 辛未贞：于河求禾。
> 辛未贞：求禾高祖河，于辛巳酒燎。
> 辛未贞：求禾于河，燎三牢、沉三牛、宜牢。
> 辛未贞：求禾于高祖，燎五十牛。
> 辛未贞：其求禾于高祖。
> 辛未贞：求禾于岳。（《合集》32028，四期）

> 辛巳卜，贞：来辛卯酒河十牛、卯十牢。
>
> 王亥燎十牛、卯十牢。上甲燎十
>
> 牛、卯十牢。
>
> 辛巳卜，贞：王亥、上甲即宗于河。（《屯南》1116，四期）
>
> 壬申贞：求禾于河，燎三牛、沉三牛。
>
> 壬申贞：求禾于夒燎三牛、卯三牛。（《合集》33277，四期）
>
> 乙巳贞：其求禾与伊尹。
>
> 壬子贞：其求禾于河，燎三小宰、沉三。（《屯南》93，四期）

雨神在商人的信仰中是非常重要的自然神灵，这不仅体现在他们通过对云神的祭祀间接祈雨的行为，而且在商人频繁的雨神祭祀活动中，也反映出这一观念：

> 庚辰卜，大贞：雨不足，辰不佳年。
>
> 贞：雨不足，辰亡旬。（《合集》24933，二期）
>
> 其祝，求年，又大雨。（《合集》28296，三期）

从商代对自然神的信仰、祭祀来看，商人对自然充满敬畏，不过这种敬畏是通过神化自然力量而体现出来。祭祀神灵不仅代表商人的信仰和崇拜，同时也是国家政治活动中非常重要的内容。因为自然神灵的行为，关系到农业生产的丰歉，也关系到商王所统治的社会是否会受到上天降下的祸福，甚至还包括会对商王的活动产生影响。由此看来，商人对自然神的崇拜，即是对自然力量的敬畏，这种观念逐渐形成中国古代对自然力量敬畏的传统，一直存在于后世的信仰和风俗之中。

（二）敬天保民思想与地示神的崇拜与祭祀

1. 敬天保民思想

周人敬天修德的思想自灭商之前就已产生，这比商人对"天人感应"（天人关系）的认识要更进一步。因为周人已经意识到人不仅能通过占卜者的媒介了解"天"的旨意，同时还能通过"修德"来获得"天"的好感，让"天"按照周代统治者所希望的那样，风调雨顺、庇佑周人，维持统治者在人间统治的长治久安：

> 今我唯即刑廪于文王政德，若文王令二三正。今余唯令汝盂诏□敬雝德经，敏朝夕入谏，享奔走，畏天威。①

这说明，周人对"天"与统治者关系的理解，与商人有所不同。周人认为"天命靡常"②，"天"不会永远庇护某一个朝代和统治者，并且认为"天"能够主持正义、明辨是非，具有道德性。③统治者要长享天眷，必须通过德政来维持自己的统治，即《尚书·召诰》所云"王其德之用，祈天永命"④。以及西周班簋铭文也记载商的灭亡是由于对天命的藐视，而周人只有敬天修德，才能维持统治："唯民亡拙哉，彝昧天命，故亡。允哉，显。唯敬德，毋攸违。"⑤

如何实现德政以获得上天的庇佑，周公给出的答案是"保民"。《说文解字》："保，养也。"《尚书·盘庚》提出"畜民""畜众""重我民"等说法，与"保民"的政治观念是一致的，如同《尚书·康诰》中所说："恫瘝乃身，敬哉。"⑥

周灵王的太子晋也认为，敬天保民才能够获得上天庇佑：

> 灵王二十二年，谷、洛斗，将毁王宫。王欲壅之，太子晋谏曰："不可。晋闻古之长民者，不堕山，不崇薮，不防川，不窦泽。夫山，土之聚也；薮，物之归也；川，气之导也；泽，水之钟也。夫天地成而

---

① 《大盂鼎》铭文。
② 《诗·大雅·文王》。
③ 朱凤瀚：《商周时期的天神崇拜》，《中国社会科学》1993 年第 4 期。
④ （清）阮元校刻：《十三经注疏·尚书正义》，第 223 页上。
⑤ 叶正渤、李永延编著：《商周青铜器铭文简论》，中国矿业大学出版社 1998 年版，第 180 页。
⑥ （清）阮元校刻：《十三经注疏·尚书正义》，第 202 页上。

聚于高，归物于下，疏为川谷以导其气，陂塘汙库以钟其美。是故聚
不阤崩而物有所归，气不沉滞而亦不散越，是以民生有财用而死有所
葬。然则无夭、昏、札、瘥之忧，而无饥、寒、乏、匮之患，故上下
能相固，以待不虞，古之圣王唯此之慎。昔共工弃此道也，虞于湛乐，
淫失其身，欲壅防百川，堕高埋庳，以害天下。皇天弗福，庶民弗助，
祸乱并兴，共工用灭。其在有虞，有崇伯鲧播其淫心。称遂共工之过，
尧用殛之于羽山。其后伯禹念前之非度，厘改制量，象物天地，比类
百则，仪之于民而度之于群生。共之从孙四岳佐之，高高下下，疏川
导滞，钟水丰物，封崇九山，决汨九川，陂鄣九泽，丰殖九薮，汩越
九原，宅居九隩，合通四海。故天无伏阴，地无散阳，水无沉气，火
无灾燀，神无间行，民无淫心，时无逆数，物无害生。帅象禹之功，
度之于轨仪，莫非嘉绩，克厌帝心。皇天嘉之，祚以天下，赐姓曰姒，
氏曰有夏，谓其能以嘉祉殷富生物也。祚四岳国，命以侯伯，赐姓曰
姜，氏曰有吕，谓其能为禹股肱心膂，以养物丰民人也。"①

根据太子晋的观点，认为上古时代的统治者因为用恰当的方法治理洪水，所
以保有人民安宁的生活；而共工耽于享乐，背弃先贤治水的经验，从而导致
治水失败，为害人民，并最终导致共工的统治被颠覆；到了有崇氏诸侯鲧，
重蹈共工覆辙，后被尧在羽山惩罚。而鲧的儿子禹，吸取父亲雍堵治水的失
败教训，改以疏导的方法，顺应地形高低来疏通河流、除去壅塞，没有破坏
自然形成的河流山川，人民的生活得以安定。这样一来，天无反常气候，地
无阳气外散，万物也不受害。禹的做法顺应自然的法则，使得上帝很满意，
让禹统治天下以嘉奖他，赐姓为姒，称为有夏氏，以表彰他作福保民、生育
万物。"此一王四伯岂繄多宠？皆亡王之后也。唯能厘举嘉义，以有胤在下，
守祀不替其典。"② 所以，太子晋认为大禹的成功，以及辅佐大禹的四岳，尽
管是亡国之君的后裔，但正是由于他们能行大义，顺应自然、保护人民的利

---

① 上海书店编：《国语》，上海书店出版社 1987 年影印版，第 35—36 页。
② 上海书店编：《国语》，第 36 页。

益，所以才能够得到上天的眷顾，泽被后代子孙。

2. 地示神的崇拜与祭祀

一方面，周人认为敬天保民是维护统治的重要手段；另一方面，周人也注重对上天的祭祀。《周礼·春官·大宗伯》："大宗伯之职，掌建邦之天神、人鬼、地示之礼，以佐王建保邦国。"[①] 说明周代对自然神灵分类更详细、同时分类祭祀，如对日月星辰风雨雷等天神系统神祇的祭祀，和对社稷、山川等地示系统神祇是有所区分的。总之，与商代相比，周人对自然神灵的分类逐渐细化；对各类神祇进行分类祭祀，也更加制度化、仪式化，且定期举行。

周代对日月星辰风雨雷等神的祭祀，已经与商代祭祀性质有所不同，不再是将这些作为"上帝"的使臣来看待，虽然这些神祇在周人的观念中也很重要，但已经成为"自然崇拜在形式上的一种遗存"，更加仪式化，并且这些祭祀活动，越来越成为周天子政治统治中的特殊权力和身份象征。[②] 如《国语·鲁语》："天子大采朝日，与三公、九卿祖识地德。日中考政，与百官之政事。师尹维旅、牧、相宣序民事；少采夕月，与大史、司载纠虔天刑；日入监九御，使洁奉禘、郊之粢盛而后即安。"[③] 日月众神并不是因为对人民的生活起到直接的影响作用而受到周天子的祭祀和顶礼膜拜，而是因为对日月的祭祀已经成为权力的象征。

甚至包括雩祭，这一原本是由于旱灾而祈雨的祭祀活动，也逐渐成为一项规范化的活动而定期举行。《左传·桓公五年》记载："龙见而雩。"杜预注曰："龙见建巳之月，苍龙宿之体，昏见东方，万物始盛，待雨而大，故祭天远为百谷祈膏雨。"[④] 也就是说，夏历四月是周代定期举行雩祭的时间。

以上周人对"天"及天上诸自然神灵的祭祀，可以看出，周人对上天

---

① （清）阮元校刻：《十三经注疏·周礼注疏》，第 270 页上。

② 张鹤泉：《周代祭祀研究》，文津出版社 1993 年版，第 29—30 页。

③ 张永祥译注：《国语译注》，第 106 页。

④ （清）阮元校刻：《十三经注疏·春秋左传正义》，艺文印书馆股份有限公司 2001 年影印版，第 108 页下。

虽保有敬畏之心，但是采取的是"敬而远之"的态度，把对上天的祭祀看作周天子的职责所在。

不过，与前代相比，周代更加重视对"地"的祭祀。并且周天子祭地，诸侯也有祭祀地示系统诸神的权力。因为周代自天子以下封邦建国，将土地分封给诸侯、大夫，与之相应，在周人的观念中，这些诸侯、大夫等贵族也就拥有了祭祀所分封土地上诸神的权力。

(1) 社稷祭祀

社稷祭祀是周人对地示神祭祀活动中重要的内容之一。社，是社神，即土神。《礼记·郊特牲》："社，所以神地之道也。"① 《风俗通义·祀典》载："社，土地之主。土地广博，不可遍敬，故封土以为社而祀之。"② 而稷神，是谷神。《周礼·春官·大宗伯》："祭社稷、五祀、五岳。""社稷，后土及田正之神。"③ 社神是周人祭祀的主神，而稷神则与社神合祭。《淮南子·齐俗训》载："有虞氏之礼，其社用土。封土为社。……夏后氏之礼，其社用松。……殷人之礼，其社用石，以石为社主也。……周人之礼，其社用栗。"④ 可见从有虞氏到夏、商，都把社神当作"民族的守护神"⑤，对社神的崇拜与祭祀，最初具有原始属性，是为了祈求农业丰收及保护族群。但是到了周代，地方社会由血缘关系转变为地缘关系，因此社神的性质也已经演变为具有多种功能的"地域保护神"，⑥ 对社神的祭祀也就寄托着对整个国家的农业、政治、军事等多方面事务的希望。

周人相信，社神能够保佑人们免除天灾，如火灾、水灾、日食、月食等。《周礼·春官·小宗伯》载："凡天地之大灾，类社稷、宗庙，则为位。"《周礼·春官·大祝》也记载："国有大故天灾，弥祀社稷祷祠。"⑦《左传·昭公十八年》记载了郑国子产因为大火灾而大行祭祀社神，以除灾求福、保

① （清）阮元校刻：《十三经注疏·礼记注疏》，第 489 页下。
② （东汉）应劭撰，吴树平校释：《风俗通义校释》，天津人民出版社 1980 年版，第 295 页。
③ （清）阮元校刻：《十三经注疏·周礼注疏》，第 272 页。
④ （汉）高诱注：《淮南子注》，第 176 页。
⑤ 金景芳：《中国古代思想的渊源》，《社会科学战线》1984 年第 4 期。
⑥ 张鹤泉：《周代祭祀研究》，第 89—93 页。
⑦ （清）阮元校刻：《十三经注疏·周礼注疏》，第 295 页上、389 页上。

佑国家："大为社，祓禳于四方，振除火灾，礼也。"① 并且认为子产这样的
举动，是符合礼制的。《春秋·庄公二十五年》则记载了鲁国在夏季遇到日
食、秋季遇到水灾，也通过祭祀社神来趋福避祸："六月辛未，朔，日有食
之，鼓、用牲于社。""秋，大水，鼓、用牲于社。"虽然左丘明认为，"凡天
灾，有币无牲。非日月之眚，不鼓。"② 天灾时祭祀社稷应该用玉帛，而非牺
牲，只有日食、月食才能用鼓。

　　周代关于国土的分封、建立邦国、诸侯觐见天子等政治、社会活动都
会祭祀社神。周人相信，社神能够保护国家政治、军事等方面的活动顺利进
行。如《逸周书·克殷解》就记载周武王克商之后，首先要祭祀社稷："王
入，即位于社。太卒之左。群臣毕从毛叔郑奉明水，卫叔傅礼。召公奭赞
采，师尚父牵牲。"③《周礼·春官·大宗伯》："王大封，则先告后土。"《周
礼·春官·大祝》："建邦国，先告厚土用牲币。"郑玄注："后土，社神
也。"④ 而天子巡狩、诸侯朝见天子之前，都要"宜乎社"，即祭祀社稷。周
代的礼制中，自天子至大夫都可以祭祀社稷，但需遵循等级秩序。周天子
祭祀太社、王社，而诸侯则祭祀自己封国的社神。根据周代的礼制，周天
子封疆授土的同时，也赋予各诸侯国祭祀各自封国社神的权力。因此，在
《周礼·地官·小司徒》中，明确记载了社神的设立，意味着诸侯国的存在：
"凡建邦国，立其社稷，正其畿疆之封。"⑤ 所以，社稷就成为诸侯国的代称，
如《国语·晋语二》："君若惠顾社稷，不忘先君之好，辱没收逋裔胄而建立
之，以至其祭祀，且镇抚其国家及其民人，虽四邻诸侯之闻之也，其谁逋徼
惧于君之威，而欣喜于君之德。"⑥ 还有《左传》僖公四年载："君惠徼福于
敝邑之社稷，辱收寡君，寡君之愿也。"⑦ 可见，这两处例子中，社稷都指的

① （清）阮元校刻：《十三经注疏·春秋左传正义》，第 842 页下。
② （清）阮元校刻：《十三经注疏·春秋左传正义》，第 173 页卜、174 页卜。
③ 黄怀信、张懋镕、田旭东撰，黄怀信修订，李学勤审定：《逸周书汇校集注》上册，上海
　 古籍出版社 2007 年版，第 350—353 页。
④ （清）阮元校刻：《十三经注疏·周礼注疏》，第 285 页上、389 页下。
⑤ （清）阮元校刻：《十三经注疏·周礼注疏》，第 173 页下。
⑥ 张永祥译注：《国语译注》，第 188 页。
⑦ （清）阮元校刻：《十三经注疏·春秋左传正义》，第 203 页上。

是诸侯国。

另外，周代对社稷的信仰，还与保佑农业生产有关。这是与社稷在早期社会具有土地自然崇拜的原始意义有关："社所以神地之道也。地载万物，天垂象；取财于地，取法于天，是以宗天而亲地也。故教民美报焉。……社……所以报本反始也。"①《国语·鲁语》也记载："加之以社稷山川之神，皆有功烈于民者也。及前哲令德之人，所以为民质也；及天之三辰，民所以瞻仰也；及地之五行，所以生殖也；及九州名山川泽，所以出财用也。非是，不在祀典。"②《大戴礼记·公冠》："溥溥之土，承天之神，兴甘风雨，众卉百谷，莫不茂者，既安且宁。维予一人某，敬拜下土之灵。"③可见，社神作为地示之神，具有生殖百谷繁衍万物的功能，因此为周人所看重。

（2）山岳祭祀

在整个周代，山岳祭祀成为祭祀活动中的重要内容之一。例如武王伐纣成功之后，就进行了大规模的祭祀仪式，其中就包括对山川的祭祀："武王伐殷。……（四月）丁未，祀于周庙，邦甸、侯、卫，骏奔走，执豆、笾。越三日，庚戌，柴、望，大告武成。"④四月丁未日，武王在周庙举行祭祀，建国于甸服、侯服、卫服的诸侯都忙于奔走，陈设木豆、竹笾等祭器。庚戌日，武王又举行柴祭来祭天，举行望祭来祭山川，大力宣告伐商武功的成就。

山岳祭祀与其他祭祀一样，遵循周代政治上的等级制和分封制，天子和诸侯的祭祀范围也有所差异。《礼记·曲礼》："天子祭山川，岁遍。诸侯方祀，岁遍。"⑤《公羊传·僖公三十一年》："天子有方望之事，无所不通。诸侯山川有不在其封内者，则不祭也。"⑥天子有权力祭祀天下所有山川，而诸侯只祭祀其封国范围内的山川。如《左传·昭公二十六年》："至于夷王，

① （清）阮元校刻：《十三经注疏·周礼注疏》，第489页下。
② 张永祥译注：《国语译注》，第87—88页。
③ （清）王聘珍撰、王文锦点校：《大戴礼记解诂》，第250页。
④ （清）阮元校刻：《十三经注疏·尚书正义》，第159页下、160页上。
⑤ （清）阮元校刻：《十三经注疏·尚书正义》，第97页上。
⑥ 黄铭、曾亦译注：《春秋公羊传》，中华书局2018年版，第330页。

王愈于厥身，诸侯莫不并走其望，以祈王身。"《左传·哀公六年》："（楚昭）王曰：'三代命祀，祭不越望。江、汉、睢、漳'，楚之望也。"杜预注："诸侯望祀境内山川星辰，江、汉、睢、漳四水，在楚界。"①《尔雅·释山》："梁山，晋望也。"②

关于祭祀山川的方式，主要有以下两种：

一是望祀。即通过遥望的方式来祭祀山川。《左传·哀公六年》："三代命祀，祭不越望。"《尔雅·释山》："梁山，晋望也。"《史记·五帝本纪》中张守节《正义》曰："望者，遥望而祭山川也。"③《汉书·郊祀志》颜师古注释："望，谓在远者望而祭之。"④

国家使"有司将事于四望"的目的：一是在狩猎时，或有军事活动之前，祈求山川保佑。《春秋·僖公三十一年》："夏四月，四卜郊不从，乃免牲，犹三望。"⑤《大戴礼记·三正记》："郊后，必有望。"⑥《诗经·周颂·时迈序》："时迈，巡狩告祭柴望也。"⑦ 二是通过对山川祭祀，以祈福于山川神祇，免除疾病灾害。《左传·昭公七年》："寡君寝疾，于今三月矣。并走群望，有加而无瘳。"杜预注曰："晋所望祀山川，皆走往祈禳也。"又如《左传·僖公十九年》："秋……于是卫大旱，卜有事于山川，不吉。"甚至还有诸侯也通过祈祀山川的方法，来决定子嗣继承爵位，如《左传·昭公十三年》载："（楚）共王无冢适，有宠子五人，无适立焉，乃大有事于群望而祈曰：请神择于五人者，使主社稷。乃遍以璧见于群望，曰，当璧而拜者，神所立，谁敢违之。"⑧

---

① （清）阮元校刻：《十三经注疏·春秋左传正义》，第 903 页上、1007 页上。

② （清）邵晋涵撰，李嘉翼、祝鸿杰点校：《尔雅正义》（中），中华书局 2017 年版，第 654 页。

③ （西汉）司马迁撰、（宋）裴骃集解、（唐）司马贞索隐、（唐）张守节正义：《史记》，第 25 页。

④ （东汉）班固撰，（唐）颜师古注：《汉书》，第 1191—1192 页。

⑤ （清）阮元校刻：《十三经注疏·春秋左传正义》，第 286 页上。

⑥ 北京图书馆古籍出版编辑组：《礼书》，书目文献出版社 2000 年影印版，第 354 页上。

⑦ （清）阮元校刻：《十三经注疏·毛诗正义》，第 718 页上。

⑧ （清）阮元校刻：《十三经注疏·春秋左传正义》，第 762 页上、239—240、808 页上。

　　二是告祭。通常因国家有重大政治行为而举行的大规模山川祭祀的活动。如天子与诸侯之间的访问和朝见，以及诸侯之间的会盟，都会举行告祭。如《礼记·曾子问》载："诸侯适天子……命祝史告于社稷、宗庙、山川。……凡告，用牲币，反亦如之。""诸侯相见……命祝史，告于五庙，所过山川。反……乃命祝史，告至于前所告者。"①

　　还有在军队出征之前，或者战胜敌人之后，也有告祭山川的仪式。如《左传·昭公十七年》："九月丁卯，晋荀吴帅师，涉自棘津，使祭史先用牲于洛，陆浑人弗知，师从之，庚午遂灭陆浑。"《左传·宣公十二年》载，楚庄王败晋师于邲，于是"祀于河"，"告成事而还"。②

　　山岳之所以被周人视为祭祀对象，是由于山岳川泽为人民提供丰富的物质财富，对人民是有功劳的；而周人祭祀对象的选择标准是与其"敬天保民"思想保持一致的：《礼记·中庸》提到，山岳"草木生之，禽兽居之，宝藏兴焉。"③《国语·鲁语上》载，"社稷山川之神，皆有功烈于民者也……九州名山川泽，所以出财用也，非是不在祀典。"④ 所以周人祭祀山岳的主要原因，就在于其"出财用"，否则也不会被列在祭祀典礼中。

　　《诗经》中也有关于祭祀的记载，如《大雅·旱麓》一篇就有在周人在汉中郡南郑县旱山（旱麓），向上天和祖先表达感激之情和祈求祝福的场景，从侧面也可看出周人享受着的山岳川泽的自然恩赐⑤：

　　　　瞻彼旱麓，榛楛济济。岂弟君子，干禄岂弟。瑟彼玉瓒，黄流在中。岂弟君子，福禄攸降。鸢飞戾天，鱼跃于渊。岂弟君子，遐不作人？清酒既载，骍牡既备。以享以祀，以介景福。瑟彼柞棫，民所燎矣。岂弟君子，神所劳矣。莫莫葛藟，施于条枚。岂弟君子，求福不回。

---

① （清）阮元校刻：《十三经注疏·礼记注疏》，第 360 页。
② （清）阮元校刻：《十三经注疏·春秋左传正义》，第 838 页上、398 页下。
③ （清）阮元校刻：《十三经注疏·礼记注疏》，第 897 页。
④ 张永祥译注：《国语译注》，第 87—88 页。
⑤ 张怀通：《周代山川祭祀的民本精神与政治功能》，《殷都学刊》1994 年第 4 期。

毛传解曰："言阴阳和，山薮殖，故君子得以干禄乐易。"郑玄笺云："林木茂盛者，得山云雨之润泽也。喻周邦之民独丰乐者，被其君德教。"①

整篇诗歌的比兴之句，应都是对旱山的真实写照，其中榛楛、柞棫、葛藟、鸢、鱼等，除了构成旱麓的自然美景之外，这些植物和动物还为人们提供食物、柴枝等。如榛树、柞树的果实有榛子、橡实；棫、葛藟，则会结出浆果；还有川泽中的鱼类等。这些都可供食用。所以从这个角度来看，《旱麓》对旱山上这些植物的记载，不仅仅起到比兴的作用，而且也隐约反映出祭祀的对象也应当包括山岳之神，感恩它赐予人们生产和生活所需的各种资源。因此可以说，山岳祭祀其实是周人"敬天保民"思想的直接反映和具体体现。

总之，无论是殷商以来对上天的崇拜，还是周时对土地的信仰，都来自于最原始的自然崇拜，而崇拜的对象是神灵化了的自然现象、自然力和自然物。

二、中国古代行政法令体系中所体现的生态意识

（一）月令模式下中国古代行政制度中的生态意识

现存先秦至两汉时期的传世月令文献主要有《大戴礼记》中的《夏小正》，《逸周书》中的《时训解》，《管子》中的《幼官图》《四时》《五行》《轻重乙》诸篇，发展到秦汉时期形成了《吕氏春秋·十二月纪》《礼记·月令》《淮南子·时则训》等，大都记载政事安排、礼仪制度、农事活动等内容。这些月令文献内容风格较为类似，都是根据星象历法、阴阳节气等自然节律来安排社会活动及生产。

正如《逸周书·周书序》称："周公正三统之义，作《周月》，辩二十四气之应以明天时，作《时训》。周公制十二月赋政之法，作《月令》。"② 另

① （清）阮元校刻：《十三经注疏·毛诗正义》，第558—560页。
② 黄怀信等撰：《逸周书汇校集注》卷10《周书序》，上海古籍出版社1995年版，第1211—1212页。

外,《礼记》也提到:"天子建天官,先六大:曰大宰、大宗、大史、大祝、大士、大卜,典司六典。"① 后一"典"者即法典、法令,自然归属"政令"。显然,观察星象、计算历法、掌握阴阳、主持祭祀均属太史职责范围之内,这也与《月令》反映的内容吻合。《周礼》还说太史"掌正岁年以序事,颁之于官府及都鄙,颁告朔于邦国",孙诒让释"序事":"若《夏小正》《月令》四时所施行之事,使皆得其序。"②

正如当代学者葛志毅在《重论阴阳五行之学的形成》所总结:"《月令》的独特之处在于其不像其他先秦史籍及诸子偏重于权谋政术、道法名理的探讨,而是重在依据阴阳变化、四时流转、五行生克这些观念认识、构造一个相对完整的自然哲学体系,并指明其对社会人事的制约性影响作用,从而提出一个人法天、政顺时的天人合一政治理想模式。"③

由此可以看到,自先秦至两汉时期,以《礼记·月令》为代表的月令类文献,都以自然规律为依据来规划人类社会的事务,在中国古代行政制度中,如古代行政活动、礼仪制度及国事安排等方面,体现出丰富的生态意识。

1.《礼记·月令》中先秦时期政治活动根据时序季节安排

《月令》中有大量内容关于农业生产生活,对传统时代的农业和日常生活具有重要的指导意义;但是另外一方面,就其性质而言,月令是为天子提供施政的纲领,是先秦时期根据季节制定的政令。从内容上来看,它详细记载一年十二个月的季节变化、物候更替等自然现象,以及农人的农业生产生活,还包括天子和百官行政的诸多活动。这些内容的记载,都是天子治理国家、施政的准则,并且对后世君主治理天下提供政治借鉴。

同样,《逸周书·周月解》也有类似的表达:

> 万物春生夏长,秋收冬藏,天地之正,四时之极,不易之道,夏数得天,百王所同。其在商汤,用师于夏,除民之灾,顺天革命,改正朔,变服殊号,一文一质,示不相沿,以建丑之月为正。易民之视,

---

① （清）阮元校刻:《十三经注疏·礼记注疏》,第 81 页下。
② 孙诒让:《周礼正义》卷 51《春官·大史》,中华书局 1987 年版,第 2082—2083 页。
③ 葛志毅:《重论阴阳五行之学的形成》,《中华文化论坛》2003 年第 1 期。

若天时大变，亦一代之事。亦越我周王，致伐于商，改正异械，以垂三统。至于敬授民时，巡守祭享，犹自夏焉。①

西汉时董仲舒就总结出这样的规律：社会人事应该与自然四季的运行轨迹相呼应，即"副天之所行以为政"。《春秋繁露·四时之副》载：

> 天之道，春暖以生，夏暑以养，秋清以杀，冬寒以藏。暖暑清寒，异气而同功，皆天之所以成岁也。圣人副天之所行以为政，故以庆副暖而当春，以赏副暑而当夏，以罚副清而当秋，以刑副寒而当冬。庆赏罚刑，异事而同功，皆王者之所以成德也。庆赏罚刑与春夏秋冬，以类相应也，如合符。故曰王者配天，谓其道。天有四时，王有四政，四政若四时，通类也，天人所同有也。庆为春，赏为夏，罚为秋，刑为冬。庆赏罚刑之不可不具也，如春夏秋冬不可不备也。庆赏罚刑，当其处不可不发，若暖暑清寒，当其时不可不出也。庆赏罚刑各有正处，如春夏秋冬各有时也。四政者，不可以相干也，犹四时不可相干也。四政者，不可以易处也，扰四时不可易处也。故庆赏罚刑有不行于其正处者，《春秋》讥也。②

其实，《礼记·月令》的内容最早来源于《夏小正》的记载，两者都是为天子施政服务，是自上而下的政治活动的安排；而在《诗经·豳风·七月》中，也可以看到类似内容，不过是自下而上的反映：劳动者生产安排、劳动的成果，都是为了满足统治阶层在不同事务上的各种需求，同时也能体现出上层统治者对经济、社会乃至政治活动的安排。《豳风·七月》记载的是较为完整的一年农事安排，

> 七月流火，九月授衣。一之日觱发，二之日栗烈。无衣无褐，何

---

① 黄怀信等撰：《逸周书汇校集注》，第619—621页。
② （清）苏舆撰，钟哲点校：《春秋繁露义证》，《四时之副》第五十五，第353—354页。

以卒岁？三之日于耜，四之日举趾。同我妇子，馌彼南亩，田畯至喜！七月流火，九月授衣。春日载阳，有鸣仓庚。女执懿筐，遵彼微行，爰求柔桑。春日迟迟，采蘩祁祁。女心伤悲：殆及公子同归？七月流火，八月萑苇。蚕月条桑，取彼斧斨，以伐远扬，猗彼女桑。七月鸣鵙，八月载绩。载玄载黄，我朱孔阳，为公子裳。四月秀葽，五月鸣蜩。八月其获，十月陨箨。一之日于貉，取彼狐狸，为公子裘。二之日其同，载缵武功。言私其豵，献豜于公。五月斯螽动股，六月莎鸡振羽。七月在野，八月在宇，九月在户，十月蟋蟀，入我床下。穹窒熏鼠，塞向墐户。嗟我妇子，曰为改岁，入此室处。六月食郁及薁，七月亨葵及菽。八月剥枣，十月获稻。为此春酒，以介眉寿。七月食瓜，八月断壶，九月叔苴，采荼薪樗，食我农夫。九月筑场圃，十月纳禾稼。黍稷重穋，禾麻菽麦。嗟我农夫，我稼既同，上入执宫功。昼尔于茅，宵尔索綯；亟其乘屋，其始播百谷。二之日凿冰冲冲，三之日纳于凌阴，四之日其蚤，献羔祭韭。九月肃霜，十月涤场。朋酒斯飨，曰杀羔羊。跻彼公堂，称彼兕觥："万寿无疆"。①

(1) 礼仪活动安排的时间性

《月令》中详细记载了一年春夏秋冬四季十二个月，天子的礼仪活动安排，如祭祀、赏赐、宴饮、抚恤等。根据每个月都有不同的礼仪安排。如，孟春之月，天子率领群臣在立春这日举行"迎春"之礼：

是月也，以立春。先立春三日，大史谒之天子曰：某日立春，盛德在木。天子乃齐。立春之日，天子亲帅三公、九卿、诸侯、大夫以迎春于东郊。还反，赏公卿、诸侯、大夫于朝。命相布德和令，行庆施惠，下及兆民。庆赐遂行，毋有不当。乃命大史守典奉法，司天日月星辰之行，宿离不贷，毋失经纪，以初为常。

① (清) 阮元校刻：《十三经注疏·毛诗正义》，第276—287页。

这月还要进行祭祀山林川泽的活动：

> 孟春之月……乃修祭典。命祀山林川泽，牺牲毋用牝。

仲春之月：

> 择元日，命民社……祀不用牺牲，用圭璧，更皮币。

季春之月：

> 生气方盛，阳气发泄，句者毕出，萌者尽达，不可以内。天子布德行惠，命有司……勉诸侯，聘名士，礼贤者。

孟夏之月：

> 立夏之日，天子亲帅三公、九卿、大夫以迎夏于南郊。还反，行赏，封诸侯。庆赐遂行，无不欣说。乃命乐师，习合礼乐。命太尉，赞桀俊，遂贤良，举长大，行爵出禄，必当其位……农乃登麦，天子乃以彘尝麦，先荐寝庙……蚕事毕，后妃献茧。乃收茧税，以桑为均，贵贱长幼如一，以给郊庙之服。

孟夏这一月，蚕桑之事结束，按照分配给养蚕人的桑树来征收茧税。

仲夏之月：

> 命有司为民祈祀山川百源，大雩帝，用盛乐。乃命百县，雩祀百辟卿士有益于民者，以祈谷实。农乃登黍……游牝别群，则絷腾驹，班马政。

季夏之月：

是月也，命四监大合百县之秩刍，以养牺牲。令民无不咸出其力，以共皇天上帝名山大川四方之神，以祠宗庙社稷之灵，以为民祈福。是月也，命妇官染采，黼黻文章，必以法故，无或差贷。黑黄仓赤，莫不质良，毋敢诈伪，以给郊庙祭祀之服，以为旗章，以别贵贱等给之度。

孟秋之月：

立秋之日，天子亲帅三公、九卿、诸侯、大夫，以迎秋于西郊。还反，赏军帅武人于朝……是月也，毋以封诸侯、立大官。毋以割地、行大使、出大币。

仲秋之月：

是月也，养衰老，授几杖，行糜粥饮食。乃命司服，具饬衣裳，文绣有恒，制有小大，度有长短。衣服有量，必循其故，冠带有常。（优待老人）……是月也，乃命宰祝，循行牺牲，视全具，案刍豢，瞻肥瘠，察物色。必比类，量小大，视长短，皆中度。五者备当，上帝其飨。天子乃难，以达秋气。以犬尝麻，先荐寝庙。（检查祭祀用的牺牲）……是月也，日夜分，雷始收声。蛰虫坏户，杀气浸盛，阳气日衰，水始涸。日夜分，则同度量，平权衡，正钧石，角斗甬。（校正度量衡）

季秋之月：

是月也，申严号令。命百官贵贱无不务内，以会天地之藏，无有宣出。乃命冢宰，农事备收，举五谷之要，藏帝藉之收于神仓，祗敬必饬……是月也，霜始降，则百工休。乃命有司曰：寒气总至，民力不堪，其皆入室……是月也，大飨帝、尝，牺牲告备于天子。合诸侯，制百县，为来岁受朔日，与诸侯所税于民轻重之法，贡职之数，以远近土地所宜为度，以给郊庙之事，无有所私。(祭祀五帝，颁布下一年的正朔，规定诸侯国内税率的轻重，以及贡献物品的多寡，用以祭祀神灵、祖先。)

孟冬之月：

　　立冬之日，天子亲帅三公、九卿、大夫以迎冬于北郊，还反，赏死事，恤孤寡。

天子在立冬这天，赏赐为国捐躯者、抚恤其妻子儿女。

　　命有司曰：天气上腾，地气下降，天地不通，闭塞而成冬。命百官谨盖藏。命司徒循行积聚，无有不敛。坏城郭，戒门闾，修键闭，慎管籥，固封疆，备边竟，完要塞，谨关梁，塞蹊径。饬丧纪，辨衣裳，审棺椁之薄厚，茔丘垄之大小、高卑、厚薄之度，贵贱之等级。

仲冬之月：

　　乃命大酋，秫稻必齐，曲蘖必时，湛炽必洁，水泉必香，陶器必良，火齐必得，兼用六物。大酋监之，毋有差贷。天子命有司祈祀四海、大川、名源、渊泽、井泉。

酿酒并且祭祀与水有关的神祇。

季冬之月：

　　命有司大傩，旁磔出土牛，以送寒气……乃毕山川之祀，及帝之大臣，天子神只。

命典礼举行大傩，磔牲于国门之旁，并且制土牛来送寒气；一年中最后一次祭祀山川神鬼。并且在年终之月，命令上至太史、诸侯，下至天下人民，都要竭尽全力奉献牺牲等祭品，用以祭祀皇天上帝、社稷宗庙，以及山林川泽：

> 乃命太史次诸侯之列，赋之牺牲，以共皇天、上帝、社稷之飨。乃命同姓之邦，共寝庙之刍豢。命宰历卿大夫至于庶民土田之数，而赋牺牲，以共山林名川之祀。凡在天下九州岛之民者，无不咸献其力，以共皇天、上帝、社稷、寝庙、山林、名川之祀。①

（2）政府救济孤寡政策的时间性

政府的社会救济政策，对孤寡的照顾，在《月令》中有所体现："仲春之月"，"安萌芽，养幼少，存诸孤。"此外，先秦时对鳏寡孤独者的救济，在其他典籍中也有所记载，这也说明在国家政治活动中，针对鳏寡孤独者的社会救济是当时普遍施行的政策。《孟子·梁惠王下》载孟子语："昔者文王之治岐也，耕者九一，仕者世禄，关市讥而不征，泽梁无禁，罪人不孥。老而无妻曰鳏，老而无夫曰寡，老而无子曰独，幼而无父曰孤。此四者，天下之穷民而无告者。文王发政施仁，必先斯四者。"②《管子·四时》谈到春三月五政时，第一政即"论幼孤，舍有罪"，其后文谈到冬三月五政时第一政也是"论孤独，恤长老。"《管子·禁藏》说："当春三月……赐鳏寡，振孤独。贷无种，与无赋。所以劝弱民。"《管子·轻重己》一篇，谈到天子之"春令"时也说："民生而无父母谓之孤子，无妻无子谓之老鳏，无夫无子谓之老寡。此三人者皆就官而众，可事者不可事者食如言而勿遗。多者为功，寡者无罪。是以路无行乞者。路有行乞者，则相之罪也。天子之春令也。"③

季春之月，"是月也，生气方盛，阳气发泄，句者毕出，萌者尽达，不可以内。天子布德行惠，命有司发仓廪，赐贫穷，振乏绝；开府库，出币

---

① （清）阮元校刻：《十三经注疏·礼记注疏》，第278—357页。

② （汉）赵岐注，（宋）孙奭疏：《孟子注疏》，第36页下。

③ 戴望：《管子校正》，第238—240、289—293、417页。

帛，周天下。"①

(3) 国家安排农林生产生活的季节性

《礼记·月令》记载，孟春季节自然界生机勃发、草木萌生，在政事方面国家也根据节气变化，颁布相应的命令，安排春季的农业生产。命令田峻住在东郊，监督农夫整治田地的疆界，整修田埂和沟洫，并且根据不同地形的土壤来播种适宜的谷物：

孟春之月……是月也，天气下降，地气上腾，天地和同，草木萌动。王命布农事，命田舍东郊，皆修封疆，审端经术。善相丘陵阪险原隰土地所宜，五谷所殖，以教道民，必躬亲之。田事既饬，先定准直，农乃不惑……毋聚大众，毋置城郭。掩骼埋胔。

仲春之月，让农夫修整屋舍门户及宫室寝庙：

是月也，耕者少舍。乃修阖扇，寝庙毕备。

同时也要减少大规模劳役，以避免妨碍农事：

毋作大事，以妨农之事。

季春之月：

是月也，命司空曰：时雨将降，下水上腾。循行国邑，周视原野，修利堤防，道达沟渎，开通道路，毋有障塞……是月也，命野虞毋伐桑柘。鸣鸠拂其羽，戴胜降于桑。具曲植籧筐。后妃齐戒，亲东乡躬桑。禁妇女毋观，省妇使以劝蚕事。

---

① （清）阮元校刻：《十三经注疏·礼记注疏》，第 303 页上。

孟夏之月：

　　是月也，继长增高，毋有坏堕，毋起土功，毋发大众，毋伐大树……命野虞出行田原，为天子劳农劝民，毋或失时。命司徒巡行县鄙，命农勉作，毋休于都……是月也，驱兽毋害五谷，毋大田猎。……是月也，聚畜百药。靡草死，麦秋至。

仲夏之月：

　　令民毋艾蓝以染，毋烧灰，毋暴布；门闾毋闭，关市毋索。

季夏之月：

　　土润溽暑，大雨时行，烧薙行水，利以杀草，如以热汤。可以粪田畴，可以美土强。

　　土壤湿润、天气湿热，大雨不断，在这个时节芟除并晒干田中杂草，焚烧可作为肥料；同时，田地里的杂草被浸泡在温度较高的热雨水中，有利于除去杂草。

孟秋之月：

　　是月也，农乃登谷。天子尝新，先荐寝庙。命百官，始收敛。完堤防，谨壅塞，以备水潦。修宫室，坏墙垣，补城郭。

仲秋之月：

　　是月也，可以筑城郭，建都邑，穿窦窖，修囷仓。乃命有司，趣民收敛，务畜菜，多积聚。乃劝种麦，毋或失时。其有失时，行罪无疑……是月也，易关市，来商旅，纳货贿，以便民事。四方来集，远乡皆至，则财不匮，上无乏用，百事乃遂。凡举大事，毋逆大数，必顺其时，慎因其类。

仲冬之月：

　　命有司曰：土事毋作，慎毋发盖，毋发室屋，及起大众，以固而闭。地气且泄，是谓发天地之房，诸蛰则死，民必疾疫，又随以丧。

不要大兴土地之事、揭开盖藏、发动群众劳作，以免泄漏地气，给人民带来疾疫。

　　是月也，农有不收藏积聚者、马牛畜兽有放佚者，取之不诘。

农田中有没收的谷物、野外游荡的牛马等无主牲畜，则任人取获，不加追究。

季冬之月：

　　令告民，出五种。命农计耦耕事，修耒耜，具田器。

政府对山林川泽的管理与资源利用的季节性：

孟春之月：

　　禁止伐木。毋覆巢，毋杀孩虫、胎、夭、飞鸟。毋麑，毋卵。

仲春之月：

　　是月也，毋竭川泽，毋漉陂池，毋焚山林。

季春之月：

田猎罝罘、罗网、毕翳、喂兽之药，毋出九门。

孟夏之月：

是月也，驱兽毋害五谷，毋大田猎。

季夏之月：

命渔师伐蛟取鼍，登龟取鼋。命泽人纳材苇……是月也，树木方
盛，乃命虞人入山行木，毋有斩伐。

季秋之月：

草木黄落，乃伐薪为炭。蛰虫咸俯在内，皆墐其户。

孟冬之月：

是月也，乃命水虞渔师，收水泉池泽之赋。毋或敢侵削众庶兆民，
以为天子取怨于下。其有若此者，行罪无赦。

仲冬之月：

日短至，则伐木，取竹箭。

冬至这天到来，可以伐木，挖取竹笋。

山林薮泽，有能取蔬食、田猎禽兽者，野虞教道之；其有相侵夺
者，罪之不赦。

山林泽薮中有可以食用的蔬菜水果和鸟兽，主管山林的官吏应当指导人民去收获猎取，如有互相侵犯争夺的，则要论罪不赦。

季冬之月：

> 命渔师始渔，天子亲往，乃尝鱼，先荐寝庙。冰方盛，水泽腹坚。命取冰，冰以入……乃命四监收秩薪柴，以共郊庙及百祀之薪燎。

本月天子命令打鱼、藏冰，以及命令监管山林川泽的官吏，收缴向人民征收的薪柴用以祭祀。①

（4）政事安排需与时令相合

《月令》中提到，许多政令、国家利弊与季节时令也紧密结合。如"孟春行夏令，则雨水不时，草木蚤落，国时有恐；行秋令，则其民大疫，焱风暴雨总至，藜、莠、蓬、蒿并兴；行冬令，则水潦为败，雪霜大挚，首种不入"，仲春"行冬令，则阳气不胜，麦乃不熟，民多相掠。行夏令，则国乃大旱，暖气早来，虫螟为害"等，都是侧重在以"政令"形式来阐述物候农时，强调一旦违背农时则阴阳失调，引起农业受损甚至兵祸来临，给国家带来灾难：

> 孟春行夏令，则雨水不时，草木蚤落，国时有恐。行秋令则其民大疫，焱风暴雨总至，藜莠蓬蒿并兴。行冬令则水潦为败，雪霜大挚，首种不入。
>
> 仲春行秋令，则其国大水，寒气总至，寇戎来征。行冬令，则阳气不胜，麦乃不熟，民多相掠。行夏令，则国乃大旱，暖气早来，虫螟为害。
>
> 季春行冬令，则寒气时发，草木皆肃，国有大恐。行夏令，则民多疾疫，时雨不降，山林不收。行秋令，则天多沉阴，淫雨蚤降，兵革并起。

---

① （清）阮元校刻：《十三经注疏·礼记注疏》，第 278—357 页。

　　孟夏行秋令，则苦雨数来，五谷不滋，四鄙入保；行冬令，则草木蚤枯，后乃大水，败其城郭。行春令，则蝗虫为灾，暴风来格，秀草不实。

　　仲夏行冬令，则雹冻伤谷。道路不通，暴兵来至；行春令，则五谷晚熟，百螣时起，其国乃饥；行秋令，则草木零落，果实早成，民殃于疫。

　　季夏行春令，则谷实鲜落，国多风咳，民乃迁徙。行秋令，则丘隰水潦，禾稼不熟，乃多女灾。行冬令，则风寒不时，鹰隼蚤鸷，四鄙入保。

　　孟秋行冬令，则阴气大胜，介虫败谷，戎兵乃来。行春令，则其国乃旱，阳气复还，五谷无实。行夏令，则国多火灾，寒热不节，民多疟疾。

　　仲秋行春令，则秋雨不降，草木生荣，国乃有恐。行夏令，则其国乃旱，蛰虫不藏，五谷复生。行冬令，则风灾数起，收雷先行，草木蚤死。

　　季秋行夏令，则其国大水，冬藏殃败，民多鼽嚏。行冬令，则国多盗贼，边境不宁，土地分裂。行春令，则暖风来至，民气解惰，师兴不居。

　　孟冬行春令，则冻闭不密，地气上泄，民多流亡。行夏令，则国多暴风，方冬不寒，蛰虫复出。行秋令，则雪霜不时，小兵时起，土地侵削。

　　仲冬行夏令，则其国乃旱，氛雾冥冥，雷乃发声。行秋令，则天时雨汁，瓜瓠不成，国有大兵。行春令，则蝗虫为败，水泉咸竭，民多疥疠。

　　季冬行秋令，则白露早降，介虫为妖，四鄙入保。行春令，则胎夭多伤，国多痼疾，命之曰逆。行夏令，则水潦败国，时雪不降，冰冻消释。①

---

① （清）阮元校刻：《十三经注疏·礼记注疏》，第278—357页。

实际上，不仅是《礼记·月令》有这样的思想，在与其时代接近的先秦诸子中也有类似的观念。如《墨子·尚同》就认为，百姓应当遵从于天子，更应当与上天保持一致，否则上天则会降下灾异，来惩戒那些不与上天保持一致的人们："夫既尚同乎天子，而未上同乎天者，则天灾将犹未止也。故当若天降寒热不节，雪霜雨露不时，五谷不熟，六畜不遂，疾灾戾疫，飘风苦雨，荐臻而至者，此天之降罚也，将以罚下人之不尚同乎天者也。"①

（5）军事及刑罚需与时相宜

孟春之月不能发动战争，否则会遭到上天惩罚，会导致阴阳相犯、仁义违时：

> 不可以称兵，称兵必天殃。兵戎不起，不可从我始。毋变天之道，毋绝地之理，毋乱人之纪。

仲春之月：

> 命有司省囹圄，去桎梏，毋肆掠，止狱讼。

孟夏之月：

> 断薄刑，决小罪，出轻系。

仲夏之月：

> 挺重囚，益其食。

季夏之月：

---

① 孙诒让：《墨子闲诂》，第 52 页。

不可以兴土功，不可以合诸侯，不可以起兵动众，毋举大事，以摇养气。毋发令而待，以妨神农之事也。水潦盛昌，神农将持功，举大事则有天殃。

孟秋之月：

天子乃命将帅，选士厉兵，简练桀俊，专任有功，以征不义。诘诛暴慢，以明好恶，顺彼远方……命有司修法制，缮囹圄，具桎梏，禁止奸，慎罪邪，务搏执。命理瞻伤，察创，视折，审断。决狱讼，必端平。戮有罪，严断刑。天地始肃，不可以赢。

仲秋之月：

乃命有司，申严百刑，斩杀必当，毋或枉桡。枉桡不当，反受其殃。

季秋之月：

是月也，天子乃教于田猎，以习五戎，班马政。命仆及七驺咸驾，载旌旐，授车以级，整设于屏外。司徒搢扑，北面誓之。天子乃厉饰，执弓挟矢以猎，命主祠祭禽于四方……是月也……乃趣狱刑，毋留有罪。收禄秩之不当、供养之不宜者。

仲冬之月：

是月也，可以罢官之无事、去器之无用者。涂阙廷门间，筑囹圄，此所以助天地之闭藏也。①

---

① （清）阮元校刻：《十三经注疏·礼记注疏》，第278—357页。

本月可以罢免无事的官吏，关闭宫阙和门闾，修筑牢狱。

（二）先秦月令生态意识在秦汉律令中的体现

汉代继承先秦的传统，月令系统依然存在。这不仅体现在月令类文献中，而且在史书中也有记载。《汉书》载成帝阳朔二年春诏曰："昔在帝尧立羲、和之官，命以四时之事，令不失其序。故《书》云'黎民于蕃时雍'，明以阴阳为本也。今公卿大夫或不信阴阳，薄而小之，所奏请多违时政。传以不知，周行天下，而欲望阴阳和调，岂不谬哉！其务顺四时月令。"[①] 同时，在目前所发掘的考古材料中也有所展示。例如，战国时期青川秦牍、秦代睡虎地秦简秦律，汉代张家山出土的《二年律令》、敦煌悬泉置《四时月令诏条》等出土简牍资料，其内容都是战国末期秦国以及秦汉时期根据前代月令文献作出具体行政政策的落实。其中，敦煌悬泉置出土的西汉平帝元始五年（公元 5 年）《四时月令诏条》[②] 有完整的月令系统，是西汉中央政府对地方行政的指导。学者邢义田认为，两汉施行的月令"或渊源有自，或杂糅现实"[③]。说明汉代所实行的月令一方面是对秦及以前朝代的继承，另一方面也结合了汉代的现实情况，因此也具有可实践性。简而言之，先秦时期产生的月令模式，在秦汉时代的国家法律中有所实行，同样包含着丰富的生态意识。

1. 保护山林川泽资源的禁令

睡虎地秦简秦律《田律》：

> 春二月，毋敢伐材木山林及雍（壅）堤水。不夏月，毋夜草为灰，取生荔、鹰鳍（卵）彀，毋□□□□□毒鱼鳖，置穽罔（网），到七月而纵之。唯不幸死而伐绾（棺）享（椁）者，是不用时。邑之紤（近）皂及它禁苑者，麛时毋敢将犬以之田。百姓犬入禁苑中而不追兽

---

① （东汉）班固撰、（唐）颜师古注：《汉书》，第 312 页。

② 汤勤福：《〈月令〉祛疑——兼论政令、农书分离趋势》，《学术月刊》2016 年第 10 期。

③ 邢义田：《月令与西汉政治——从尹湾集簿中的"以春令成户"说起》，《新史学》（台北）1998 年第 1 期；杨振红：《月令与秦汉政治再探讨》，《历史研究》2004 年第 3 期。

及捕兽者，勿敢杀；其追兽及捕兽者，杀之。河（呵）禁所杀犬，皆完入公；其他禁苑杀者，食其肉而入皮。

张家山汉简《二年律令·田律》简249：

禁诸民吏徒隶，春夏毋敢伐材木山林，及进（壅）隄水泉，燔草为灰，取产麝卵鷇；毋杀其绳重者，毋毒鱼。①

悬泉置平帝元始五年《诏书四时月令五十条》：

孟春月令：禁止伐木。毋摘剿（巢）。毋杀□虫。毋杀孨。毋夭蜚鸟毋麑。毋卵。

中（仲）春月令：毋□水泽，□陂池、□□。毋焚山林。

季春月令：毋弹射蜚鸟，及张罗、为它巧以捕取之。

孟夏月令：毋大田猎。

中夏月令：毋□〔蓝〕以染。毋烧灰□。②

2. 劝课农桑的诏令

《汉书·文帝纪》载，文帝二年（前178）正月曾下诏"开藉田"：

"夫农，天下之本也，其开藉田，朕亲率耕，以给宗庙粢盛。民谪作县官及贷种食未入、入未备者，皆赦之。"当年九月又下诏："农，天下之大本也，民所恃以生也，而民或不务本而事末，故生不遂。朕忧其然，故今兹亲率群臣农以劝之。其赐天下民今年田租之半。"③

---

① 张连伟、李飞、周景勇编著：《中国古代林业文献选读》，北京燕山出版社2015年版，第64页。

② 何双全：《敦煌悬泉壁书〈诏书四时月令五十条〉考述》，《国际简牍学会会刊》2002年第3号。

③ （东汉）班固撰、（唐）颜师古注：《汉书》，第117—118页。

《汉书·景帝纪》记载景帝后三年（公元前 141 年）春正月诏：

> 农，天下之本也……间岁或不登，意为末者众，农民寡也。其令郡国务劝农桑，益种树，可得衣食物。吏发民若取庸采黄金珠玉者，坐臧为盗。二千石听者，与同罪。①

3. 修整田地疆界道路的律令

青川秦牍《更修为田律》：

> 以秋八月，修封捋（埒），正疆畔，及芟千（阡）百（陌）之大草……九月，大除道及阪险。②

修整道路，消除修建道路时遇到的高坡、险峻等路况。

> 张家山汉简《二年律令·田律》载：八月无"修封捋（埒），正疆畔"事，芟阡陌之大草系之七月，作"恒以秋七月除千（阡）佰（陌）之大草"；"九月大除道□（及）阪险。"③

悬泉置月令诏条载：

> 季春月令：开通道路，毋有障塞。●谓开通街巷，以□□便民，□□□从正月尽四月。④

---

① （东汉）班固撰、（唐）颜师古注：《汉书》，第 152—153 页。

② 青川县文物管理所编：《青川木牍：可移动文物普查集萃》，四川美术出版社 2017 年版，第 4 页。

③ 朱红林：《张家山汉简〈二年律令〉研究》，黑龙江人民出版社 2008 年版，第 210—211 页。

④ 何双全：《敦煌悬泉壁书〈诏书四时月令五十条〉考述》。

4. 修整桥梁沟洫以防水涝的政令

青川木牍《更修为田律》：

> 十月，为桥，脩波（陂）隄，利津梁，鲜草离。非除道之时而有陷败不可行，辄为之。①

张家山《二年律令·田律》：

> 十月为桥，脩波（陂）堤，利津梁。虽非除道之时而有陷败不可行，辄为之。乡部主邑中道，田主主道。道有陷败不可行者，罚其啬夫、吏主者黄金各二两。□□□□□□及□土，罚金二两。②

《悬泉置月令诏条》：

> 季春令"修利堤防。谓 [修筑] 堤防，利其水道也，从正月尽夏。道达沟渎。·谓□浚壅塞，开通水道也。从正月尽夏。"
>
> 孟秋令"[完堤] 防，谨壅 [塞] ……谓完坚堤……备秋水□"；孟冬令"毋治沟洫，决行水泉……尽冬。"③

5. 赈济孤寡的政令

西汉时期，董仲舒在其著作《春秋繁露·治水五行》中也提到在春冬二季要"存幼孤，矜寡独"④。而汉文帝所颁布的诏令则直接证明，西汉时期是将春季赈济老弱作为政府的政治措施来实施的。《汉书·文帝纪》载文帝元年三月：

---

① 青川县文物管理所编：《青川木牍：可移动文物普查集萃》，第4页。
② 朱红林：《张家山汉简〈二年律令〉研究》，第211页。
③ 何双全：《敦煌悬泉壁书〈诏书四时月令五十条〉考述》。
④ （清）苏舆撰，钟哲点校：《春秋繁露义证》，第381—383页。

诏曰："方春和时，草木群生之物皆有以自乐，而吾百姓鳏寡孤独穷困之人或阽于死亡，而莫之省忧。为民父母将何如？其议所以振贷之。"又曰："老者非帛不媛，非肉不饱。今岁首，不时使人存问长老，又无布帛酒肉之赐，将何以佐天下子孙孝养其亲？今闻吏禀当受鬻者，或以陈粟，岂称养老之意哉！具为令。"有司请令县道，年八十以上，赐米人月一石，肉二十斤，酒五斗。其九十已上，又赐帛人二匹，絮三斤。赐物及当禀鬻米者，长吏阅视，丞若尉致。不满九十，啬夫、令史致。二千石遣都吏循行，不称者督之。刑者及有罪耐以上，不用此令。①

总之，秦汉时期有关生态保护的法律诏令，其思想来自于《礼记·月令》系统，且对后世产生深远影响，虽然后世中央政府统治疆域范围的扩大，各地方气候和地理环境也有很大差异，并且随着历代各地农书的不断兴起，农业生产知识的积累日益繁盛，但是唐宋之后乃至明清的法律诏令，仍然可以找到类似的生态保护内容。

（三）后世法律诏令中的生态保护意识

1. 魏晋南北朝时期

由于魏晋南北朝时期社会经济发展受到割裂政局的影响，所以当时保护生态的政策比起大一统时代而言相对较少，但这一政策仍然延续了先秦秦汉的做法。

南朝时期就有政令对山川池泽的保护：宋孝武帝大明三年（459）七月："水陆采捕，各顺时月……其江海田池公家规固诏者，详所开弛。"宋孝武帝大明七年（463）七月再次下诏："前诏江海田地与民共利，历岁末久浸以弛替。名山大川往往占固。有司严加检纠，申明旧制。"②南朝四代也都很重视植树：宋、齐、梁、陈历代均重视农桑之书。如齐武帝永明三年（485）

---

① （东汉）班固撰、（唐）颜师古注：《汉书》，第113页。
② （梁）沈约：《宋书》，《孝武帝本纪》，中华书局2013年点校本，第112、132页。

正月诏："守宰亲民之要，刺史案部所先，宜严课农桑，相土揆时，必穷地利。"① 梁武帝天监十七年（518）春正月诏，"将使郡无旷土，邑靡游民，鸡犬相闻，桑柘交轸。"②

北朝时期，北魏在开国早期水灾频仍，路有饥馑，明元帝为恢复民生，下令百姓勤于农桑，同时也敦促负责管理山林川泽的官员保护自然资源，以便持续利用：

> 太宗永兴中，频有水旱……神瑞二年，又不熟，京畿之内，路有行馑。帝……敕有司劝课留农者曰："前志有之，人生在勤，勤则不匮。凡庶民之不畜者祭无牲，不耕者祭无盛，不树者死无椁，不蚕者衣无帛，不绩者丧无衰。教行三农，生殖九谷；教行园囿，毓长草木；教行虞衡，山泽作材；教行薮牧，养蕃鸟兽……"自是民皆力勤，故岁数丰穰，畜牧滋息。③

北魏中期，朝廷又曾几次下诏开放山林之禁，允许百姓在山林中渔猎樵采，如《魏书》中载献文帝拓跋弘在位时，"皇兴四年冬十有一月，诏弛山泽之禁。"④ 孝文帝元宏也分别于太和六年八月庚子"罢山泽之禁"、太和七年十二月"庚午，开林虑山禁，与民共之。"⑤ 说明平时的山林川泽仍然属于政府所有，但统治者为缓和阶级矛盾，会不定时下诏令解禁，让普通百姓入内樵采渔猎以维持生活，客观上起到保护自然资源的作用。此后，孝文帝的儿子宣武帝曾在永平二年十一月甲申，"诏禁屠杀含孕，以为永制。"⑥ 明确规定北魏一朝禁止屠杀已经怀孕的鸟兽，保护了动物资源。北齐一代也十分注意保护自然资源，高洋曾下诏令禁止在动物繁殖时期进行渔猎，如天保

---

① （梁）萧子显：《南齐书》，《武帝本纪》，中华书局 2013 年点校本，第 50 页。
② （唐）姚思廉：《梁书》，《武帝本纪》，中华书局 2013 年点校本，第 57 页。
③ （北齐）魏收：《魏书》卷 110《志第十五·食货六》，中华书局 2013 年点校本，第 2850 页。
④ （北齐）魏收：《魏书》卷 6《帝纪第六·显祖纪》，第 130 页。
⑤ （北齐）魏收：《魏书》卷 7《帝纪第七上·高祖纪》，第 152、153 页。
⑥ （北齐）魏收：《魏书》卷 8《帝纪第八·世宗纪》，第 209 页。

八年（557）夏四月诏："诸取虾蟹、蚬、蛤之类，悉令停断。诸公私鹰鹞亦禁断。"天保九年（559）二月诏："限仲冬一月燎野，不得他时行火，损昆虫草木。"①

2. 唐、五代十国时期

唐代对生态保护的法律政令，除了继承前代的内容，也有新的发展特点：更加重视城市生态环境，加强绿化措施，对道路进行保护，并且强化对自然资源的保护。另外，唐代官方对生态环境的保护不仅有历代皇帝的诏书、敕令，而且还有成体系的法律条文，作出更加细致、周密的规定。例如，针对侵占山林湖泊等的行为，《唐律疏议》作出具体规定和说明："诸占固山野陂湖之利者，杖六十。疏议曰：山泽陂湖，物产所植，所有利润，与众共之。其有占固者，杖六十。已施功取者，不追。"②唐律规定，对公共的生态资源，个人无权据为己有，但是在法律明确规定之前，已经占有山林川泽并在这些地方进行维护和耕种的，这些人则免于处罚。大致包括以下方面：

在保护动物资源方面，《唐大诏令集·禁弋猎敕》载，唐文宗太和四年（830）三月诏令："春夏之交，稼穑方茂……时属阳和，命禁麛卵，所以保滋怀生，下遂物性。如闻京畿之内及关辅近地，或有豪家，时务弋猎，放纵鹰犬，颇伤田苗，宜令长吏常切禁查。有敢违令者，捕系以闻。"③唐玄宗时期有《禁弋猎采捕诏》："阳和气布，庶类滋长。助天育物，须顺发生。宜令诸府郡，至春末已后，无得苅猎采捕，严力禁断，必资杜绝。"④太宗时期，因狩猎时看到獐鹿多有孕在身，以及年幼的小鹿无法在丧母之后存活，于是善心大发，下诏不再与当时为皇太子的李治猎鹿："吾昨见獐鹿怀孕者多，纵有空身，其子甚小，母亡而子存者，未之有也。吾与汝虽不复射，无仁心之人，得便终无放理。昆虫无知，须推己以及也。推己之孝于父母以及此

①　（唐）李百药：《北齐书》，《文宣帝纪》，中华书局 2013 年点校本，第 63、64 页。
②　（唐）长孙无忌等编修，刘俊文点校：《唐律疏议》卷 26《占山野陂湖利》，中华书局 1996 年版，第 1824 页。
③　（北宋）宋敏求：《唐大诏令集》，商务印书馆 1959 年版，第 462 页。
④　（清）董诰等编：《全唐文》，中华书局 1983 年版，第 369 页。

类，则天下有识者怀之；推己之恶死以及虫豸，含生之属，何有不赖？所以明日不行。"①

《唐会要》中则专门有《断屠钓》的内容："开元十八年三月二十八日敕。诸州有广造篅沪取鱼，并宜禁断。""（开元）二十三年八月十四日敕：两京五百里内，宜禁捕猎。如犯者，王公以下录奏，余委所司，量罪决责。"② 也就是说，当时的西安、洛阳一带，禁止捕猎，如果有人违反禁令，则会依法定罪，即使是王公贵族也会被上报给朝廷。

另外，《唐大诏令集补编》收集了《全唐文》《唐会要》等著作中关于禁止进贡鹰犬的诏令，如唐代宗大历十四年六月己亥："诸州府祥瑞珍禽异兽鹰犬之类奇器异服锦绣珠玉等，并不得辄有进献。"③ 唐敬宗于长庆四年三月壬子也颁布诏书，禁止各州府大量进贡鹰犬："鹰犬之流，本备狩猎，委所有司量留多少，其余并解放，仍勒州府更不用进来。"④ 这些诏令一方面防止地方为进贡鹰犬而劳民伤财，另一方面也保护了动物资源。

在保护植物资源、预防火灾方面，《唐律疏议》记载：

> 诸盗园陵内草木者，徒二年半。若盗他人墓茔内树者，杖一百。疏议曰……园陵草木而合芟刈，而有盗者，徒二年半。若盗他人墓茔内树者，杖一百。若赃重者，准下条"以凡盗论加一等"。若其非盗，唯止斫伐者，准杂律："毁伐树木稼穑，各准盗论。"园陵内，徒二年半；他人墓茔内树，杖一百。⑤

这条律令虽然是针对偷盗皇家园林以及他人墓地内所植树木而制定的，但是客观上也起到保护树木的作用。《唐会要》也记载对乱砍滥伐的法律约

---

① 李希泌：《唐大诏令集补编》（三）《赐皇太子手诏》，上海古籍出版社 2003 年版，第 839—840 页。

② （北宋）王溥：《唐会要》卷 41《断屠钓》，上海古籍出版社 1955 年版，第 856—857 页。

③ 李希泌：《唐大诏令集补编》（三）《禁诸州府进献珍禽等诏》，第 828 页。

④ 李希泌：《唐大诏令集补编》（三）《长庆四年却贡献诏》，第 830 页。

⑤ （唐）长孙无忌等编修，刘俊文点校：《唐律疏议》卷 19《盗园陵内草木》，第 1369 页。

束："大历八年七月敕，诸谨官路，不得令有耕种及砍伐树木，其有官处，勾当填料。"① 特别是对官用道路上所栽种的树木，是更加严格保护的，也不许在官道上砍伐树木，进行耕种。

除对偷盗树木、乱砍滥伐的行为明令禁止外，唐代法律对于陵园墓地中的树林及森林防火也十分重视。《唐律疏议》云：

> 诸于山陵兆域内失火者徒二年，延烧林木者流二千里。其在外失火而延烧者，各减一等。疏议曰：……山陵兆域之所，皆有宿卫之人，而于此内失火者，徒二年。延烧兆域内林木者，流二千里。"其在外失火"，谓于兆域外失火，延烧兆域内及林木者，"各减一等"，谓延烧兆域内，徒二年上减一等；若延烧林木者，流二千里上减一等。②

从这条唐律可以看出，园陵因栽种树木较多，很容易失火，进而引发更大火灾，造成更多损失，因此唐代法律便制定较为严格的规定，以防范大规模火灾的发生。

在维护城镇环境卫生方面，唐代法律规定，私人侵占街巷、道路，破坏公共道路卫生，都属于触犯法律的行为，犯罪者为此受到较重的肉体惩罚：《唐律疏议》载，"诸侵巷街、阡陌者，杖七十。"但是如果侵占街巷以种植树木或庄稼，则处罚稍轻，若没有妨碍公共交通，则不定罪：

> 若种植垦食者，笞五十。各令复故。虽种植，无所妨废者，不坐……疏议曰："侵巷街、阡陌"，谓公行之所，若许私侵，便有所废，故杖七十。"若种植垦食"，谓于巷街阡陌种物及垦食者，笞五十。各令依旧。若巷陌宽闲，虽有种植，无所妨废者，不坐。③

有居民凿自家墙壁将污秽物流入街道的行为，也会受到惩罚，并且如

① （北宋）王溥：《唐会要》卷41《断屠钓》，第1865页。
② （唐）长孙无忌等编修，刘俊文点校：《唐律疏议》卷27《山陵兆域内失火》，第1889页。
③ （唐）长孙无忌等编修，刘俊文点校：《唐律疏议》卷26《侵巷街阡陌》，第1822页。

果相应的主管官员知道而不加劝诫，那么此官员也与犯罪者同样受到惩罚，而仅倒水于街面，则不属于违法行为：

> 其穿垣出秽污者，杖六十；出水者，勿论。主司不禁，与同罪。疏议曰：其有穿穴垣墙，以出秽污之物于街巷，杖六十。直出水者，无罪。"主司不禁，与同罪"，谓"侵巷街"以下，主司并合禁约，不禁者，与犯罪人同坐。[1]

针对长安、洛阳的环境卫生问题规定：

> 京洛两都，是唯帝宅，街衢坊市，固须修整。比闻取穿掘，因作秽污阬堑，四方远近，何以瞻瞩？顷虽处分，仍或有违，宜令所司，申明前敕，更不得于街巷穿坑取土。[2]

还有为维护水利设施，定期维护河岸堤防的措施，唐律也作出明确规定：

> 诸不修堤防及修而失时者，主司杖七十；毁害人家、漂失财物者，坐赃论减五等；以故杀伤人者，减斗杀伤罪三等。谓水流漂害于人。即人自涉而死者，非。即水雨过常，非人力所防者，勿论。疏议曰：依营缮令："近河及大水有堤防之处，刺史、县令以时检校。若须修理，每秋收讫，量功多少，差人夫修理。若暴水泛溢，损怀堤防，交为人患者，先即修营，不拘时限。"若有损坏，当时不即修补，或修而失时者，主司杖七十。"毁害人家"，谓因不修补及修而失时，为水毁害人家，漂失财物者，"坐赃论减五等"，谓失十疋杖六十，罪止杖一百；若失众人之物，亦合倍论。"以故杀伤人者，减斗杀伤罪三等"，谓杀人

---

① （唐）长孙无忌等编修，刘俊文点校：《唐律疏议》卷 26《侵巷街阡陌》，第 1822 页。
② （北宋）王溥：《唐会要》卷 86《街巷》，第 1867 页。

者，徒二年半；折一支者，徒一年半之类。注云"谓水流漂害于人"，谓由不修理堤防，而损害人家及行旅被水漂流，而致死伤者。"即人自涉而死者，非"，所司不坐。即水雨过常，非人力所防者，无罪。①

这一法律主要是针对负责管理堤防的官员如当地县令、刺史而言，失期不修则官员会按照唐律受到处罚。而定期维护修缮堤防，不仅是为了防止发生水灾导致百姓的财产、生命受到威胁，同时也是为了便于农业灌溉。唐律中还提到盗决堤防的情况，也与农业灌溉时争水有一定关系：

> 诸盗决堤防者，杖一百；谓盗水以供私用。若为官检校，虽供官用，亦是。若毁害人家及漂失财物，赃重者，坐赃论；以故杀伤人者，减斗杀伤罪一等。若通水入人家，致毁害者，亦如之。疏议曰：有人盗决堤防，取水供用，无问公私，各杖一百。故注云"谓盗水以供私用。若为官检校，虽供官用，亦同"。水若为官，即是公坐。"若毁害人家"，谓因盗水泛溢，以害人家，漂失财物，计赃罪重于杖一百者，〔二〕即计所失财物，"坐赃论"，谓十疋徒一年，十疋加一等。"以故杀伤人者"，〔三〕谓以决水之故杀伤者，减斗杀伤罪一等。若通水入人家，致毁害、杀伤者，一同盗决之罪，故云"亦如之"。②

五代时期，后梁太祖下诏：

> 宜令两京及诸州府，夏季内禁断屠宰及采捕……所在鳏寡孤独、废疾不济者，委长吏量加赈恤……应兵戈之地，有暴露骸骨，委所在长吏差人专功收瘗……凡有疫之处，委长吏检寻医方，于要路晓示。如有家无骨肉兼困穷不济者，即仰长吏差医给药救疗之。③

---

① （唐）长孙无忌等编修，刘俊文点校：《唐律疏议》卷27《失时不修堤防》，第1877页。
② （唐）长孙无忌等编修，刘俊文点校：《唐律疏议》卷27《失时不修堤防》，第1877页。
③ （北宋）薛居正：《旧五代史》，《梁太祖本纪七》，中华书局2013年点校本，第107—108页。

后唐庄宗曾于同光元年（923）十二月下诏"禁屠牛马"；明宗曾于长兴三年（932）五月"诏禁网罗、弹射、弋猎"①；后汉隐帝也曾在乾祐元年（948）七月因"鹳鹆食蝗"而"禁捕鹳鹆"②。

3. 宋代

宋代的诏令、法律中继承了唐代政治中的环境保护理念，这些措施在《宋刑统》《宋大诏令集》《宋会要》等资料中有所反映，而环境保护的理念，则主要体现在保护野生动植物、保护林木、保护水源等方面。

与以往朝代相比，宋代对矿产资源的控制进一步加强，从法律上将金银铜铁铅锡盐矾等重要的矿产资源列入国家环境资源管理的范围，并且《宋史》中提到工部下属虞部的职责范围进一步明确，监管全国的矿业开采事宜："虞部郎中、员外郎……掌山泽、苑囿、场冶之事，办其地产而为厉禁，凡金银铜铁铅锡盐矾，皆计其所入登耗，以诏尝罚。"后来为明清所沿袭。

在保护野生动植物方面，主要是皇帝下达诏令，禁止在春季捕猎、砍伐。如，宋太祖建隆二年（961）曾经下诏，春季保护野生动植物：

> 王考稽古临民，顺时布政，属阳春在候，品汇咸亨，鸟兽虫鱼，俾各安于物性，置罘罗网，宜不出国门，庶无胎卵之伤，用助阴阳之气，其黎民无得采捕鱼虫，弹射飞鸟。仍永为定式，每岁有司具申明之。③（《禁采捕诏》）

而当时此《禁采捕诏》的颁布，还处在宋太祖尚未完全统一国家之时，可见宋朝开国时便很重视对野生动植物资源的保护。此后宋代的多位统治者，在春季大都保持了这一环境保护传统。如，宋太宗于太平兴国三年（978）下《二月至九月禁捕诏》："禁民二月至九月，无得捕猎及持竿挟弹，探巢摘卵"，"州县吏严饬里胥伺察擒捕，重置其罪，仍令州县于要害处粉

---

① （北宋）薛居正：《旧五代史》，第 421、591 页。

② （北宋）欧阳修撰，（北宋）徐无党注：《新五代史》，中华书局 2013 年点校本，第 103 页。

③ （北宋）宋绶：《宋大诏令集》，中华书局 1962 年版，第 731 页。

壁，揭诏书示之。"①

还有皇帝下诏禁止进献珍禽异兽，一方面为防止劳民伤财，另一方面也对野生动物起到保护作用：宋太祖于公元971年下诏停止在南海采捞珍珠以进贡朝廷："开宝四年罢海南采珠。"② 这其实也对海洋环境的维护起到积极的作用。太宗端拱元年（987）"二月丙申，禁诸州献珍禽异兽"；"三年冬十月辛酉朔，折御卿进白花鹰，放之，诏无复献"③。

此外，对野生动物资源的保护，还通过禁止民间为满足娱乐、服饰等需求而采捕、杀害野生动物的诏令体现出来。如，天禧三年（1019）二月，宋真宗下《禁采捕山鹧诏》以保护山鹧鸪，防止人们利用其好斗的习性而用以观赏玩乐：

> 山薮之广，羽族寔繁，眷彼微禽，本乎善斗。致婴羁绁之患，以为玩好之资。悦目则多，违性斯甚。载念有生之类，务敦咸若之仁。属以阳春戒时，动植叶序，特申科禁，俾遂熙宁。自今诸色人，不得采捕山鹧。所在长吏，常加禁察。④

还有宋仁宗景祐三年（1036）的《禁鹿胎诏》：

> 冠冕有制，盖戒于侈心。麛卵无伤，用蕃于庶类。惟兹麀鹿，伏在中林。宜安濯濯之游，勿失呦呦之乐。而习俗所贵，猎捕居多，资其皮存，用诸首饰，兢刳胎而是取，曾走险之莫逃。既浇民风，且暴天物。特申明诏，仍立严科，绝其尚异之求，一此好生之德。宜令刑部遍牒三京及诸路转运司辖下州府军监县等，应臣僚士庶之家，不得戴鹿胎冠子，及今后诸色人，不得采捕鹿胎，并制造冠子。如有违犯，并许诸色人陈告。其本犯人严行断遣。告事人、如采捕鹿胎人支赏钱

---

① （北宋）宋绶：《宋大诏令集》，第731页。
② （清）毕沅：《续资治通鉴》，中华书局1957年版，第162页。
③ （元）脱脱等：《宋史》，中华书局2013年点校本，第81、90页。
④ （北宋）宋绶：《宋大诏令集》，第736页。

二十贯文，陈告戴鹿胎冠子并制造人，支赏钱五十贯文，以犯事人家财充。①

可以看到，当时上层社会以戴鹿胎冠为风尚，但鹿胎冠是用尚在雌鹿腹中的鹿胎剥皮制成，不仅残忍，且伤害的是正在怀孕的雌鹿以及尚未出生的幼鹿，因此无论从性善的角度，还是从保护野生动物资源的角度而言，宋仁宗下诏禁止这些行为，具有非常积极的意义。

宋代还大力推行植树造林的政策。自宋太祖开始，颁布诏令要求地方官吏督促百姓在田间地头种植经济类树木，如桑树、枣树等，不仅解决了人们的衣食需要，同时还实现人口聚居地区的绿化。乾德元年（963）四月，宋太祖赵匡胤下劝农诏："……有司具具赏格，当议旌酬，其或陂池不修，田野不辟，桑枣不植，户口流亡，慢政堕官，亦行降黜……"②如官吏有失职，则会被严惩，百姓也会受到法律追责："户内永业田课桓桑五十根以上，榆、枣各十根以上……应课植而不课者，每一事有失，合笞四十。""诸级伐树木，稼穑者，准盗论。""心生蛊害，剥人桑树，枯死至三工绞。不三工及不估死者等第科断。"③宋神宗王安石变法时，亦大力发展林业："农桑，衣食之本，民不敢自力者，正以州县约以为赀，升其户等再宜申条禁。"熙宁六年，神宗再次下诏"立法劝民栽农桑，有不趋令，则仿屋粟，里布为之罚。"南宋时期，也继续推行北宋的林业政策，鼓励军民种植桑树，如孝宗乾道元年（1156）下发诏令："准民复业，宜先劝课农桑，令丞植桑 3 万株至 6 万株，守卒部内植 20 万以上，论赏。"④而对那些砍伐偷盗树木及庄稼的人，也处以严厉的法律惩治："诸弃毁官私器物及毁伐树木，稼穑者，准盗论……"⑤

另外，由于宋代水患较多，而植树造林对巩固河堤有着重要作用，所

---

① （北宋）宋绶：《宋大诏令集》，第 737 页。

② （北宋）宋绶：《宋大诏令集》，第 661 页。

③ （宋）窦仪等撰：《宋刑统》卷 13《户婚律·课农桑》，中华书局 1984 年版，第 209 页。

④ （元）脱脱等：《宋史》卷 173《志第 126·食货志》，第 4167、4168、4174 页。

⑤ （宋）窦仪等：《宋刑统》卷 19《盗贼律》，第 442 页。

以有宋一代皇帝多次下诏在河堤、海塘沿岸植树以预防水患：宋太祖建隆三年（963）十月，下诏："缘汴河州县长吏，常以春首课民灾岸植榆、柳，以固堤防。"宋徽宗重和元年（1118）三月下诏："滑州、道州界万年堤，全籍林木固护堤岸，其广行种植以壮地势。"强调树木对于河堤的保护作用。南宋孝宗时，也"令所筑华亭捍海塘堰，趁时栽种芦苇，不准樵采。"① 严令禁止樵采，并为了海塘的巩固而栽种芦苇。

4.元代

有元一代，因其统治者具有游牧民族的文化背景，对珍禽异兽的保护较为重视，这是元代在生态环境保护政策方面的特色。元世祖至元九年下诏："冬十月己亥，叙自七月至十一月终听猎捕，余月禁之"② 至元二十五年二月（1289），元世祖下诏："敕江、淮勿捕天鹅"；同年三月，"禁捕鹿羔"③。元仁宗即位后即下诏："禁民弹射飞鸟，杀马牛羊当乳者。"④ 除了历朝诏令之外，在元代的法律《大元通制条格》中，还曾将保护珍禽异兽列入法律条文，被保护的动物有海东青、天鹅、秃鹫、鸬鹚、鸦类："真定路打捕总管府捉获贷卖兔鹊隼鹰人等，都省奏串圣旨，有海青啊，休教货卖，送将来者。其余鹰鹊，不须禁断。"⑤ "……这飞禽行休打捕者，好生禁了者。"⑥ "……只禁打捕天鹅、鹚、鸦者。"对于白花毒蛇也有一段时间禁止捕猎，但正是禁捕而造成此类蛇的数量增多，危害百姓生命及财产安全，于是又重新允许捕猎以上贡，及民间任意捕猎："罗田县峪生育白花毒蛇，近因禁捕，以致滋多伤人害畜。今后除每岁额贡依例办纳，余从民便。"⑦

在河渠道路绿化方面，元世祖至元三年（1265）下《道路栽植榆柳槐树诏》："钦奉圣旨谕……据大司农司奏，'自大都、随路州县城廓周围并河渠两岸、急递铺、道店侧畔，各随地宜，官民栽植榆、柳、槐树，令本处正

① （元）脱脱等：《宋史》，第 2317、2315、2415 页。
② （明）宋濂等：《元史》，中华书局 2013 年点校本，第 143 页。
③ （明）宋濂等：《元史》，第 309、310 页。
④ （明）宋濂等：《元史》，第 546 页。
⑤ 郭成伟点校：《大元通制条格》第 27 卷《杂令》，法律出版社 2000 年版，第 287 页。
⑥ 郭成伟点校：《大元通制条格》第 27 卷《杂令》，第 288 页。
⑦ 郭成伟点校：《大元通制条格》第 27 卷《杂令》，第 288 页。

官提点本地分人，护长成树。系官栽道者，营修堤岸、桥道等用度，百姓自力栽到者，各家使用；似为官民两益。'准奏。仰随路委自州州县正官提点，春首栽植，务要生成。仍禁约蒙古、汉军、探马赤、权势诸色人等，不得恣纵头匹啃咬，亦不得非理斫伐。违者仰各路达鲁花赤、管民官，依例治罪。本处官司却不得因而骚扰违错。"① 《马可·波罗行纪》中也记述了相似的内容："大汗（元世祖忽必烈）曾命人在使臣及他人所经过之一切要道上种植大树，各树相距二三步，傅此种道旁皆有密接之极大树木；远处可以望见，傅行人日夜不致迷途。盖在荒道之上，沿途皆见此种大树，颇有利于行人也。所以一切通道之旁，视其必要，皆种植树木。……并任命官吏保持路途，使之不至损坏。"② 元朝从元世祖开始颁布明确的行道树保护法令，并且不断重申，即"世祖皇帝以来，累降诏条"。

在农业用树的保护方面，自元代世祖时，朝廷就频频下诏对农业类树木进行保护：如中统四年（1263）正月，钦奉圣旨："道与阿术都元帅等，在先为军马于百姓处取要诸物，或纵放头匹，踏践麦苗、田种，及啃咬桑菜等树，这般骚扰上，已曾禁约去来。"③ 至元十五年（1278）三月，"管军官员严切禁治各管军马屯驻并出征经过去处，除近里地面先有圣旨禁治外，但系新附地面，不得牧放头匹，踏践田禾，啃咬花果桑树。"④ 至元十七年（1280），元世祖又下诏"禁伐橘橙果树"⑤。元成宗时，也继续执行世祖时期的政策，至元三十一年（1294）四月下诏，"仍禁约军马不以是何诸色人等，毋得纵放头匹，食践损坏桑果田禾，违者断罪倍还。"⑥ 大德五年（1301）"禁斫伐桑果树"⑦；大德十年（1306）五月十八日又下诏，"喂养马驼，并经过

---

① （元）佚名：《元典章》，《户部》，"台北故宫博物院"1972年影印版，叶12a，叶12b—3a。

② MOULEAC, PELLIOTP.MarcoPolo: Thedescriptionoftheworld, vol.1, London: G.Routledge & SonsLimited, 1938, pp.248—249, 210—211.

③ 方龄贵：《通制条格校注》，《田令》，中华书局2001年版，第481、473页。

④ （元）佚名：《元典章》，《兵部》，叶7b。

⑤ （元）佚名：《元典章》，《户部》，叶12a，叶12b—3a。

⑥ （元）佚名：《元典章》，《圣政》，叶12，叶16。

⑦ （元）佚名：《元典章》，《户部》，叶12a，叶12b—3a。

军马营寨权豪势要人等，悠纵头匹，食践田禾桑果树株者，照依已降圣旨，断罪赔偿。仰各处达鲁花赤、长官常加禁约。违者，廉访司体察究治。"① 武宗至大三年（1310）时，亦下诏"毋令百姓斫伐桑枣送纳及街市贷卖"②。

由以上史料可以看到，元代律令中有关生态环境保护，与其他朝代类似，都包括保护野生动物、保护农作物及经济树种、绿化道路河渠等方面，但与唐宋、明清等朝代亦存在显著差别：由于元代的建立是游牧民族入主中原，元代的贵族仍然保留很多原来的生产生活习惯，如放养牲畜、狩猎等，而这些行为干扰了中原地区农耕的生产生活方式，因此在元代的诏令及律法里，随处可见统治者屡次下达约束贵族豪强禁止放纵马匹、骆驼等牲畜随意践踏、啃食庄稼及果树的禁令；而由于元朝统治阶层依然保留了狩猎的习俗，特别是利用海东青来捕猎天鹅，曾持续要求女真族上贡海东青，进而造成海东青和天鹅数量急剧减少，因此统治者下令禁止捕猎海东青、天鹅等鸟类。此外，元代还是中国古代大一统的王朝中唯一一个没有设置"虞部"或类似环境保护机构的朝代，而且帝王频繁发布"弛禁"的诏令。据《元史·世祖本纪》记载，元世祖忽必烈至元"十九年（1282）害三月丙戌禁益都东乎沿淮诸郡军民捕猎。冬十月庚寅以岁事不登，听诸军捕猎于汴梁之南。""二十五年（1288）春正月戊戌救弛辽阳渔猎之禁。二月壬戌赈江淮勿捕天鹅，弛鱼泺禁，三月甲午禁捕鹿羔。"如此一来，在野生动物资源保护方面，元代统治者对当时人们行为的有效约束，实在是较少的。

5. 明代

明代有关保护生态环境的法律条文及诏令，都是在吸收前代法律的基础上形成的。明代诏令和立法规定每年栽种树木的数量并要求造册回奏、严厉惩治破坏林木的罪犯，同时在维护城市环境、保护农业生产以及治理水患及维护水利工程、桥梁、道路等方面，都作出具体的规定，这些有利于生态环境发展的法律法规一直延续到清代。

在植树造林方面，明代建立之初，为了解决农民生计问题，明太祖朱

---

① （元）佚名：《元典章》，《圣政》，叶12，叶16。

② （元）佚名：《元典章》，《户部》，叶12a，叶12b—3a。

元璋下令百姓栽种桑麻木棉："天下农民，凡有四五亩至十亩者，栽桑麻木棉各半亩，十亩以上倍之。"明太祖洪武二十五年（1392），再次强调要百姓种植树木，下令凤阳、滁州、泸州、利州等地"每户种桑二百株，枣二百株，柿二百株。"洪武二十七年（1394）下令"天下百姓务要多栽桑枣，每一里种二亩秧，每一百户内共出人力，挑运柴草烧地，耕过再烧，耕烧三遍下种，待秧高三尺然后分栽，每五尺阔一垅。每一户，初年二百株，次年四百株，三年六百株，栽种过数目，造册回奏，违者发云南金齿充军。"①

《大明律》还规定百姓不许无故荒废田地，田地周边也应当种植桑麻，否则里长由于没有尽到监督的责任，会遭到严厉处罚："凡里长部内已入籍纳粮当役田地，无故荒芜及应配种桑麻之类而不种者，俱以十分为率，一分笞二十，每一分加一等，罪止杖八十。"另外，如果毁坏别人家的庄稼及树木，则按照盗窃论罪，"凡弃毁人器物，及毁伐树木稼穑者，计赃，准盗窃论，免刺，官物加二等。"②同时《大明律》也明确记载毁坏树木、纵火山林，都属于重罪："凡毁伐树木稼穑者计赃准盗论。""若于山陵兆域内失火者杖八十，徒二年，延烧林木者杖一百，流二千里。"③这些诏令和举措，客观上都增加了树木种植的面积和数量，从现代角度来看，有利于绿化环境和保护生态资源。

此外，明代的法律也与前朝政府所制定的内容类似，注意维护城市环境。具体措施是保护道路，对侵占道路、污染道路、损坏城脚、破坏城市排水系统等行为处以刑罚："凡侵占街巷道路而起房盖屋及为园圃者，杖六十，各令复旧，其穿墙而出秽污之物于街巷者，笞四十。"④"京城内外街道若有作践掘成坑坝淤塞沟渠，盖房侵占，或傍城使军车撒牲口损坏城脚……御道基盘者问其罪，枷号一个月。"⑤

同时，明太祖时特别重视水利工程的建设，曾专门派中央官员到各地

---

① 张晋光：《明代关于林木资源种植与保护的法令论述》，《林业经济》2011年第10期。
② 怀效锋点校：《大明律·户律·田宅》，法律出版社1999年版，第54页。
③ 怀效锋点校：《大明律·刑律·杂犯》，第203页。
④ 怀效锋点校：《大明律·工律·河防》，第230页。
⑤ 怀效锋点校：《大明律·问刑条例·工律·河防》，第443页。

方去监修水利工程：洪武二十七年（1394）特谕工部，"陂塘湖堰可蓄泄以备旱潦者，皆因其地势修治之。乃分遣国子生及人材，遍诸天下，督修水利。"① 明成祖永乐八年（1410），"河决开封，坏城二百余丈，民被患者万四千余户，没田五百余顷。……帝乃发民丁十万（治水）。"②

实际上，综观《明史·河渠志》有关治理黄河的政令、政策及派遣官员等活动，一直持续到明朝末年，甚至明亡前仍在继续，毕竟这关系到黄河流域百姓的生命和财产以及政府的统治，因此对黄河的治理是明代最为重视的环境治理内容，但由于战争频繁对黄河产生扰动，使得有明一代治理黄河的效果并不明显。

6. 清代

清代法典《大清律例》中有关生态环境保护的内容更加细化，并且规定了惩罚的具体细则。在保护森林资源方面，《大清律例》中有关禁止乱砍滥伐的规定，对擅自入山违禁砍伐者，重则发配充军，轻则受刑、服劳役：

> 近边分守武职并府州县官员禁约，该管军民人等，不许擅自入山，将应禁林木砍伐贩卖，若砍伐已得者，问发云贵两广烟瘴稍轻地方充军，未得者，杖一百徒三年；若前项官员有犯俱革职，计赃重者，俱照监守盗律治罪；其经过关隘河道，守把官军知情纵放者，依知罪人不捕律治罪，分守武职并府州县官交部分别议处。③

《大清律令》中还提及实际案例以供判决参考，即盛京（清代留都，今辽宁沈阳）各处山场违禁伐木的情况：

> 盛京各处，山场两人领票砍伐木植，如有夹带偷砍果松者，按照株数多寡定罪：砍至数十根者，笞五十；百报考，杖六十；每百根加一

---

① （清）张廷玉等：《明史》，中华书局 2013 年点校本，第 2145 页。

② （清）张廷玉等：《明史》，第 2014 页。

③ 张荣铮、刘勇强、金懋初点校：《大清律例》卷 9《户律·田宅·条例 371》，天津古籍出版社 1993 年版，第 210 页。

等罪，止杖一百，徒三年，所砍木植变价入官。①

主要是防止合法进入山场的伐木者，偷伐果松。而果松作为非常重要的多用途经济林木，无论在现代还是在清代，都具有较高经济价值。因此，这些律令及实际案例，其目的主要是禁止私人窃取国家财产，但客观上也保护了林木，一定程度上维护了地方的生态环境。

对于河道的维护、禁止侵占街道方面，《大清律例》亦有详细规定：

> 凡不［先事］修［筑］河防及［虽］修而失时者，提调官吏各笞五十；若毁害人家漂失财物者，杖六十；因而致伤人命者，杖八十。若不［先事］修［筑］圩岸及［虽］修而失时者，笞三十；因而淹没田禾者，笞五十；其暴水连两损坏堤防，非人力所致者，勿论。②

另外，清代延续了元、明时代对城市环境的治理和维护：

> 凡侵占街巷通路而起盖房屋及为园圃者，杖六十，各令［拆毁修筑］复旧，其［所居自己房屋］穿墙而出秽污之物于街巷者，笞四十，［穿墙］出水者，勿论。
> 在京内外街道，若有作践掘成坑坎，淤塞沟渠，盖房侵占，或傍城使车，撒放牲口，损坏城脚，及大清门前御道、基盘并护门栅栏、正阳门外御桥南北本门月城……等处，作践损坏者，俱问罪，枷号一个月发落。③

修筑堤防、整治沟渠、街道等，都被《大清律例》列入河防事务，对防止洪水泛滥、维护道路交通等居住环境，起到相当大的作用。

---

① 张荣铮、刘勇强、金懋初点校：《大清律例》卷24《刑律·盗贼中·条例898》，第402页。
② 张荣铮、刘勇强、金懋初点校：《大清律例》卷39《河防·失时不修堤防》，第664页。
③ 张荣铮、刘勇强、金懋初点校：《大清律例》卷39《河防·侵占街道》，第665页。

（四）中国古代行政法令体系中生态意识的历史贡献与局限性

1.历史贡献

中国传统政治观念中包含了许多先进的生态意识，这主要是与当时的环境问题有密切的关系。古代社会与现代工业社会相比，环境问题主要集中在不适当的农牧业活动对森林、水源、动植物资源及局部自然环境的破坏；还有人口密度增加所引起的局部环境污染。因此相应的，古代中国有关生态环境保护的法律也都是针对上述问题而产生的。这些法律政令具有丰富的内容和可贵的思想，部分内容甚至可以为我国当代生态文明建设提供宝贵的经验。例如有关"四时之禁"的法规；有关于设立园囿禁止捕猎的法令，类似于今天的自然保护区；有关于维护城市环境的法律；关于保护水源、河堤、道路的法律；关于植树造林的法令等等。这些律令在主观上一方面体现了古人顺应自然、泽被万物的观念，另一方面则是为了"子子孙孙无穷匮"，也就是维持生态资源的可持续利用；在具体实践中，确实在一定程度上实现了保护野生动植物资源、增加人工绿化面积、维护城市卫生、保护水资源等。特别是有关"四时之禁"的法令，自先秦至明清可谓代代沿袭，其中体现了丰富的生态内涵：一是尊重动植物生长、繁衍的权力，即"不夭其生、不绝其长"；二是按照四时节气和动植物生长发育的规律，来获取动植物资源，即"养之有道，取之有时"；三是强调在合理适度的范围内，开发和利用自然资源，即"取之有度，用之有节"。实际上，古代统治者所立法的"四时之禁"，不仅针对的是动植物资源，还包括对人类劳动力资源的使用态度，因此这也是中国古代治理社会和国家的重要法则。这些内容都可以直接转化为当代生态环境保护原则和规范，以指导我们今天的生态文明建设。

2.局限性

唐宋以后人口不断增多，人口密度超过生态环境的承载力，过度农业开垦使得生态环境不断破坏，森林逐渐减少，相应的野生动植物资源也不断减少，导致人地关系紧张的状况愈演愈烈。然而面对这些生态危机，历代政府所制定的法律和颁布的政令，并未很好地解决这些问题，因而也存在一定的局限性。例如唐代至元年间，人口不低于三千万，农垦面积扩大，导致水土流失严重；宋代江南地区的围湖造田曾经非常盛行，用以扩大耕地面积，养活更多的人口，但是随着对太湖围湖造田面积的增加，使得湖泊面积缩小，蓄水能力也逐渐变差，遇到大雨时无法蓄积更多雨水，遇到干旱天气也容易干枯，不能浇地，因此其祸无穷。然而这一行为虽然违背自然规律，但并未得到统治者在立法层面的重视，人为造成水资源的枯竭和水土流失。再有，明清以来对山林川泽的弛禁政策，即在自然灾害频发时期，允许老百姓进入皇庄、湖泊等地寻觅食物，维持生计，但客观上却造成大量生态资源无序利用而破坏了生态平衡，许多湖泊因无序造田而泛滥成灾，反而损害了百姓的生产生活。还有清代由于人口增长过快，朝廷不得不在行政法令上允许百姓在东北、西北地区的许多草原及江南的山地任意开垦种田，许多森林遭到毁灭性破坏，大量流民进入山林成为棚户，过度开垦，进而造成草原退化、沙漠扩展，以及森林破坏和水土流失等一系列较为严重的生态危机。

以上因朝廷决策或法律上的局限，除了造成生态环境的破坏之外，还有在人口密集的地区还出现了生态环境的污染问题，也不容忽视。例如自汉代以来长安的地下水污染，导致当地居民的饮水问题一直困扰几千年。这是中国古代历朝政府都无法解决的生态难题。

三、中国古代政治观念中的生态职官设置

(一)《周礼》中的生态职官设置

《周礼·天官·大宰》开篇便记载了国家以对不同资源的利用来安排人民的职业：

> 以九职任万民：一曰三农，生九谷。二曰园圃，毓草木。三曰虞衡，作山泽之材。四曰薮牧，养蕃鸟兽。五曰百工，饬化八材。六曰商贾，阜通货贿。七曰嫔妇，化治丝枲。八曰臣妾，聚敛疏材。九曰闲民，无常职，转移执事。[1]

---

[1]　李学勤主编：《十三经注疏·周礼注疏》，北京大学出版社 1999 年版，第 32 页。

可见《周礼》记载了以九类职业任用民众：第一是在三种不同地形从事农业，生产各种谷物。第二是园圃之业，培育瓜果。第三是虞衡之业，开发利用山林川泽的材物。第四是薮牧之业，蕃养鸟兽。第五是百工之业，利用各种原材料制造器物。第六是商贾之业，使财物大流通。第七是嫔妇之业，治理丝麻。第八是臣妾之业，采集草木果实。第九是闲民，没有固定职业，经常更换雇主为人做工。

早期社会职官的设置，与《礼记·月令》所载的国家政事安排保持一致，在督促农业生产、掌管国家赋税和生态保护方面，并没有很严格的区分，因此在《周礼》的职官设置中，我们可以看到这些官员的职责，使生态保护和督促农业生产、掌管国家赋税紧密联系在一起。到了后世，官职的分工才逐渐明晰。

例如在《周礼·地官·司徒》中，司徒的职责，原本是"掌建邦之土地之图，与其人民之数"，即是根据土地和人口来征收赋税。但他还需要掌握国家范围内的土地情况，包括地形及所产资源："以天下土地之图，周知九州之地域广轮之数，辨其山林、川泽、丘陵、坟衍、原隰之名物。"并且要用到"土会之法"："以土会之法，辨五地之物生。一曰山林，其动物宜毛物，其植物宜皂物……二曰川泽，其动物宜鳞物，其植物宜膏物……三曰丘陵，其动物宜羽物，其植物宜覈物……四曰坟衍，其动物宜介物，其植物宜荚物……五曰原隰，其动物宜裸物，其植物宜丛物。"虽然"土会之法"的根本目的在于根据地形、土壤，以及自然、人文的综合因素，来核定缴纳赋税的方法，但只有充分了解动植物的生存环境，才能够指导人们在不同的地区培育和收获不同的物种，因地制宜。所以，这其中的生态意识和知识经验，都是非常珍贵的内容："以土宜之法，辨十有二土之名物，以相民宅，而知其利害，以阜人民，以蕃鸟兽，以毓草木，以任土事。辨是有二壤之物，而知其种，以教稼穑树艺。"①

在司徒的统摄之下，还有几位官员从事与当时生态环境的管理和利用有关的职责：

---

① （清）阮元校刻：《十三经注疏·周礼注疏》卷10，第149—152页。

遂人的职责是掌管王国京城百里以外二百里以内的区域，这一区域被称为"遂"，周代有六遂，直接隶属于周王：

> 遂人掌邦之野。以土地之图经田野，造县鄙，形体之法。……皆有地域，沟树之，使各掌其政令刑禁。以岁时稽其人民，而授之田野，简其兵器，教之稼穑。凡治野，以下剂致氓，以田里安氓，以乐昏扰氓，以土宜教氓稼穑，以兴锄利氓，以时器劝氓，以疆予任氓，以土均平政。辨其野之土：上地、中地、下地，以颁田里。①

遂人的工作主要是负责"遂"内居民的人数户口、征收赋税、划分田地、教民稼穑。但同时他还负责本辖区内的疆域划分、道路沟洫的整修：

> 凡治野，夫间有遂，遂上有径，十夫有沟，沟上有畛，百夫有洫，洫上有涂，千夫有浍，浍上有道，万夫有川，川上有路，以达于几。②

这一执掌与《礼记·月令》中所提到定期整修道路、沟洫的内容是相符合的。

草人掌管的是土地利用，特别是教给人民增强土壤肥力的方法：

> 草人掌土化之法以物地，相其宜而为之种。凡粪种，骍刚用牛，赤缇用羊，坟壤用麋，渴泽用鹿，咸潟用貆，勃壤用狐，埴垆用豕，疆㙐用蕡。轻㯂用犬。③

稻人的职责是为稼穑时兴水之利，防水之害：

> 掌稼下地，以潴畜水，以防止水，以沟荡水，以遂均水，以列舍

---

① （清）阮元校刻：《十三经注疏·周礼注疏》卷15，第232—233页。
② （清）阮元校刻：《十三经注疏·周礼注疏》卷15，第233页下。
③ （清）阮元校刻：《十三经注疏·周礼注疏》卷16，第246页上。

水，以浍泄水，以涉扬其芟，作田。凡稼泽，夏以水殄草而芟夷之。泽草所生，种之芒种。旱暵，共其雩敛。丧纪，共其苫事。①

除了以上与农业生产生活密切相关的生态保护官职，还有保护山林川泽自然资源，适度开发、持续利用的官职，就是虞衡，包括山虞、泽虞、川衡、林衡等官职。实际上，从郑玄和贾公彦的注疏可知，虞衡的官职名称本身就具有度知山泽及其物产、保护山林川泽平衡的含义。

山虞的职责是负责以春秋时禁守护山林。《周礼·地官·司徒·山虞》：

> 掌山林之政令，物为之厉，而为之守禁。仲冬斩阳木，仲夏斩阴木。凡服耜，斩季材，以时入之。令万民时斩材，有期日。凡邦工入山林而抡材，不禁。春秋之斩木不入禁。凡窃木者有刑罚。②

人民进入山林砍伐树木是有季节限制的，冬季可以砍伐山南的树木，仲夏可以砍伐山北的树木，而春秋两季为禁止砍伐的时节。如果国家因工程需要适当的木材，则没有季节的限制。同时如果人民不按照时禁而盗砍树木，则要受到刑罚处置。

林衡的职责主要是巡视平地及山脚下生长的林木，并执行有关禁令，"林衡掌巡林麓之禁令而平其守，以时计林麓而赏罚之。若斩木材，则受法于山虞，而掌其政令。"根据贾公彦的注疏可知，"林麓在平地，盗窃林木者多，故须巡行者众，以是胥徒特多。"③ 可见林衡一职之下有众多胥徒巡逻林木，按照保护林木是否有成绩来进行奖惩。

川衡的职责与林衡的职责相类似，但巡视的地域有所不同，川衡巡视川泽，执行相关禁令："川衡掌巡川泽之禁令而平其守。以时舍其守，犯禁者，执而诛罚之。祭祀、宾客，共川奠。"④ 一旦抓住违反时禁的人，则会抓

---

① （清）阮元校刻：《十三经注疏·周礼注疏》卷16，第246页下。
② （清）阮元校刻：《十三经注疏·周礼注疏》卷16，第247页下、248页上。
③ （清）阮元校刻：《十三经注疏·周礼注疏》卷16，第248页下。
④ （清）阮元校刻：《十三经注疏·周礼注疏》卷16，第249页上。

捕并加以惩罚。同时，为满足国家在一些特殊的场合需要，如祭祀或者招待宾客，则会供给川泽物产如鱼类、蛤类等水产。

泽虞是掌管湖泽的职官，为湖泽划分藩界，制定禁令，促使当地居民保护湖泽出产物资，按时交纳湖泽所出珠贝之类以抵充赋税，剩余部分可归人民自己所有："泽虞掌国泽之政令，为之厉禁。使其地之人守其财物，以时入之于玉府，颁其余于万民。凡祭祀、宾客，共泽物之奠。丧纪，共其苇蒲之事。若大田猎，则莱泽野。及弊田，植虞旌以属禽。"①

还有迹人，主要掌管山林中王国田猎的场所，设置藩界以保护苑囿及其中的动物："迹人掌邦田之地政，为之厉禁而守之。凡田猎者受令焉，禁麛卵者，与其毒矢射者。"②凡是参加田猎的人都要受到迹人的安排，且需遵守四时的禁令，并且迹人颁布法令，禁止猎取孕兽、幼兽和盗取鸟卵、倾覆鸟巢，以及使用毒箭等行为。

实际上，根据《尚书·舜典》的记载，比《周礼》所反映时代更早的五帝时期，舜即位后，便有了世界上最早的生态职官——虞："帝曰：'畴若予上下草木鸟兽？'佥曰：'益哉！'帝曰：俞，咨！益，汝作朕虞。'益拜稽首，让于朱虎，熊罴。帝曰：'俞，往哉！汝谐。"③《汉书·地理志》记载："伯益知禽兽。"④《后汉书·蔡邕传》称伯益能"综声于鸟。"⑤《史记·秦本纪》载："与禹平水土，已成，佐舜调驯鸟兽，鸟兽多驯服。"大禹避舜之后，伯益仍旧担任虞官，"昔者禹任益虞，而上下和，草木茂。"⑥

《管子·立政》中提到虞师职责，"修火宪，敬山泽林薮积草，夫财之所出，以时禁发焉。使民足于宫室之用，薪蒸之所积，虞师之事也。"⑦

《荀子·王制》："修火宪，养山林薮泽草木、鱼鳖、百索，以时禁发，

① （清）阮元校刻：《十三经注疏·周礼注疏》卷16，第249页上。
② （清）阮元校刻：《十三经注疏·周礼注疏》卷16，第249页下。
③ 李学勤主编：《十三经注疏·尚书正义》，北京大学出版社1999年版，第77—78页。
④ （东汉）班固撰、（唐）颜师古注：《汉书》卷28《地理志》，第1641页。
⑤ （后晋）刘昫等撰：《后汉书》卷60下《蔡邕列传第五十下》，第1987页。
⑥ （西汉）司马迁撰、（宋）裴骃集解、（唐）司马贞索隐、（唐）张守节正义：《史记》卷5《秦本纪》，第173页。
⑦ 耿振东译注：《管子译注》，第47页。

使国家足用，而财物不屈，虞师之事也。"①

《国语·周语》："虞人入材，甸人积薪。"②

《左传·昭公二十年》："山林之木，衡鹿守之；泽之萑蒲，舟鲛守之；薮之薪蒸，虞候守之。海之盐蜃，祈望守之。"孔颖达所作正义曰："《周礼》，司徒之属，有林衡之官，掌巡林麓之禁。郑玄云：'衡，平也。平林麓之大小及所生者。竹木生平地曰林，山足曰麓。'此置衡鹿之官，守山林之木，是其宜也。舟是行水之器，鲛是大鱼之名。泽中有水有鱼，故以舟鲛为官名也。《周礼》山泽之官皆名为虞，'每大泽大薮，中士四人'。郑玄云，虞，度也。度知山之大小及所生者。泽，水所锺也，水希曰薮。则薮是少水之泽，立官使之候望，故以虞候为名也。海是水之大神，有时祈望祭之，因以祈望为主海之官也。此皆齐自立名，故与《周礼》不同。山泽之利当与民共之，言公立此官，使之守掌，专山泽之利，不与民共，故鬼神怒而加病也。"③根据东汉郑玄和唐代孔颖达的解释，在齐国掌管山林川泽、鱼盐之力的官员，有齐国专门的名称，与《月令》中的官职名称有所不同，但职责相近。

总之，先秦时期的国家机构设置中，部分职官起到了生态资源管理和开发的作用，这在《尚书》《周礼》《国语》《左传》和其他先秦诸子的作品中都多次出现，特别是虞衡，不仅是较早出现的官职，并且在后代很长一段时间，都以其作为掌管自然资源的官职，虽然其执掌范围发生变化，但都体现出国家对自然资源管理保护和持续利用的生态意识。

（二）秦汉及后世的生态职官设置

1. 秦汉时期的生态职官设置

秦汉两代都设置有少府一职，负责对国家自然资源的管理和利用。据《汉书·百官公卿表》，"少府，秦官，掌山海池泽之税，以给供养，有六丞。"汉承秦制，也设置少府官职，但其属官甚多，仅有上林令、尉管皇帝

---

① 王先谦撰：《荀子集解》，第 168 页。

② 张永祥译注：《国语译注》，第 37 页。

③ 李学勤主编：《十三经注疏·春秋左传正义》，第 1398—1399 页。

苑囿，钩盾主管近苑囿。少府虽然主管全国的自然资源，却侧重掌管税收，且仅供皇室之用。

西汉武帝时设水衡都尉，"武帝元鼎二年初置，掌上林苑，有五丞。属官有上林、均输、御羞、禁圃、辑濯、钟官、技巧、六厩、辩铜九官令丞。又衡官、水司空、都水、农仓，又甘泉上林、都水七官长丞皆属焉。上林有八丞十二尉，均输四丞，御羞两丞，都水三丞。禁圃两尉，甘泉上林四丞。成帝建始二年省技巧、六厩官。王莽改水衡都尉曰予虞。初，御羞、上林、衡官及铸钱皆属少府。"[1] 据《汉书·食货志》，"初大农盐铁官布多，置水衡，欲以主盐铁；及杨可告缗，上林财物众，乃令水衡主上林。"[2]

可见汉代武帝时期设置的水衡都尉一职，最早是为了监管盐铁，后来职能范围扩大，掌管上林苑、铸造钱币等，主要目的是减少少府的收入，削弱少府的税收权力。但同时起到维护上林苑的水资源（管理上林苑内泉水、疏浚河道修桥梁等）、管理苑囿的作用。

东汉时司空一职，其职责更贴近生态环境的维护："掌水土事。凡营城起邑，浚沟洫，修堤防之事，则议其利，建其功。凡四方水土功课，岁尽则奏其殿而行赏罚。"[3] 司空主要是负责营建城邑、疏通沟渠和修筑堤防。

2.魏晋隋唐时期的生态职官设置

魏晋南北朝至隋唐时代，设有专门负责保护山川池泽，以及管理樵采渔猎等事宜的职官，延续了周代的职官名称：

> 《周礼·地官》有山虞、泽虞，盖虞部之职也。魏始有虞曹郎中一人，晋因之，宋、齐省，梁、陈为侍郎。后魏、北齐并有虞曹郎中，后周冬官有虞部下大夫一人，隋虞部侍郎，炀帝但曰虞部郎。梁、陈、后魏、北齐并祠部尚书领之，隋工部尚书领之，皇朝因为。

唐代时，这一官职被称为虞部郎中，及其属官虞部员外郎：

---

[1] （东汉）班固撰、（唐）颜师古注：《汉书》卷19《百官公卿表》，第731—732页。

[2] （东汉）班固撰、（唐）颜师古注：《汉书》卷24《食货志》，第270页。

[3] （后晋）刘昫等撰：《后汉书》卷24《百官志》，第3561—3562页。

虞部郎中一人，从五品上；（武德三年加"中"字。龙朔二年改为司虞大夫，咸亨元年复故。）员外郎一人，从六品阳上；（后周依《周官》，有山虞、泽虞中士，盖今虞部员外郎之任也。隋开皇六年置，炀帝改曰承务郎，皇朝复改为虞部员外郎。龙朔、咸亨随曹改复。）主事二人，从九品上。虞部郎中、员外郎掌天下虞衡、山泽之事，而辨其时禁。凡采捕、畋猎，必以其时。冬、春之交，水虫孕育，捕鱼之器，不施川泽；春、夏之交，陆禽孕育，饣柔兽之药，不入原野；夏苗之盛，不得踩藉；秋实之登、不得焚燎。若虎豹豺狼之害，则不拘其时，听为槛阱，获则赏之，大小有差。（诸有猛兽处，听作槛阱，射窠等，得即于官，每一赏绢四匹；杀豹及狼，每一赏绢一匹。若在牧监内获豺，亦每一赏绢一匹。子各半匹。）凡京兆、河南二都，其近为四郊，三百里皆不得弋猎、采捕。（每年五月、正月、九月皆禁屠杀、采捕。）凡五岳及名山能蕴灵产异，兴云致雨，有利于人者，皆禁其樵采，时祷祭焉。①

唐代除了虞部郎中，在其所属的尚书工部，还下设有水部郎中及其属下水部员外郎，职责是掌管与水利、灌溉等与用水有关的事宜："水部郎中、员外郎掌天下川渎、陂池之政令，以导达沟洫，堰决河渠。凡舟楫、溉灌之利，咸总而举之。""凡水有溉灌者，碾硙不得与争其利；（自季夏及于仲春，皆闭斗门，有余乃得听用之。）溉灌者又不得浸人庐舍，坏人坟隧。仲春乃命通沟渎，立堤防，孟冬而毕。若秋、夏霖潦，泛溢冲坏者，则不待其时而修葺。凡用水自下始。"②

3.宋代的生态职官设置

宋代则延续并加强了唐以来六部的生态职能，其中工部有关生态的职责范围较为广泛："工部，掌天下城郭、宫室、舟车、器械、符印、钱币、山泽、苑囿、河渠之政。"工部下设三个机构：屯田、虞部和水部："其属三：曰屯田，曰虞部，曰水部。"屯田负责掌管与耕地有关的事宜，如屯田、职田、

---

① （唐）李林甫等撰、陈仲夫点校：《唐六典》，中华书局1992年版，第224页。

② （唐）李林甫等撰、陈仲夫点校：《唐六典》，第224、225页。

营田、学田、官庄等方面的政令和政务；"虞部郎中、员外郎：掌山泽、苑囿、场冶之事，辨其地产而为之厉禁。凡金、银、铜、铁、铅、锡、盐、矾，皆计其所入登耗以诏赏罚。""水部郎中、员外郎：掌沟洫、津梁、舟楫、漕连之事。凡堤防决溢，疏导壅底，以时约束而计度其岁用之物。修治不如法者，罚之；规画措置为民利者，赏之。"① 这些工部下属机构负责较多的生态职责。

4.明清时期的生态职官设置

明代沿袭宋代成制，以虞衡作为掌管生态事务的主要机构，其主要设置目的是为了掌管自然资源，以供给朝廷所需：

> 虞衡，典山泽采捕、陶冶之事。凡鸟兽之肉、皮革、骨角、羽毛，可以供祭祀、宾客、膳羞之需，礼器、军实之用，岁下诸司采捕。水课禽十八、兽十二，陆课兽十八、禽十二，皆以其时。冬春之交，置罘不施川泽；春夏之交，毒药不施原野。苗盛禁蹂躏，谷登禁焚燎。若害兽，听为陷阱获之，赏有差。凡诸陵山麓，不得入斧斤、开窑冶、置墓坟。凡帝王、圣贤、忠义、名山、岳镇、陵墓、祠庙有功德于民者，禁樵牧。凡山场、园林之利，听民取而薄征之。凡军装、兵械，下所司造，同兵部省之，必程其坚致。凡陶甄之事，有岁供，有暂供，有停减，籍其数，会其入，毋轻毁以费民。凡诸冶，饬其材，审其模范，付有司。钱必准铢两，进于内府而颁之。牌符、火器，铸于内府，禁其以法式泄于外。凡颜料，非其土产不以征。②

明代还在工部下设都水司，其职责是管理与河流、湖泊、桥梁道路及船舶等事务，适时修筑防洪堤坝，按时修整道路和渡口，以保证旱涝无灾，避免房屋、坟墓、庄稼受到洪水侵袭：

> 都水，典川泽、陂池、桥道、舟车、织造、券契、量衡之事。水

---

① （元）脱脱等：《宋史》卷63《职官》，第3862—3865页。
② 《明史》，《职官志》，中华书局1974年版，第1759页。

利日转漕，日灌田。岁储其金石、竹木、卷埽，以时修其闸坝、洪浅、堰圩、堤防，谨蓄泄以备旱潦，无使坏田庐、坟隧、禾稼。舟楫、砲碾者不得与灌田争利，灌田者不得与转漕争利。凡诸水要会，遣京朝官专理，以督有司。役民必以农隙，不能至农隙，则僝功成之。凡道路、津梁，时其葺治。有巡幸及大丧、大礼，则修除而较比之。凡舟车之制，日黄船，以供御用，日遮洋船，以转漕于海，日浅船，以转漕于河，日马船、日风快船，以供送官物，日备倭船、日战船，以御寇贼，日大车，日独辕车，日战车，皆会其财用，酌其多寡、久近、劳逸而均剂之。凡织造冕服、诰敕、制帛、祭服、净衣诸币布，移内府、南京、浙江诸处，周知其数而慎节之。凡公、侯、伯铁券，差其高广。制式详《礼志》。凡祭器、册宝、乘舆、符牌、杂器皆会则于内府。凡度量、权衡，谨其校勘而颁之，悬式于市，而罪其不中度者。①

明代还有上林苑，是来负责园囿和园林，以及动植物的繁育和培养：

> 监正掌苑囿、园池、牧畜、树种之事。凡禽兽、草木、蔬果，率其属督其养户、栽户，以时经理其养地、栽地而畜植之，以供祭祀、宾客、宫府之膳羞。凡苑地，东至白河，西至西山，南至武清，北至居庸关，西南至浑河，并禁围猎。良牧，牧牛羊豕，蕃育，育鹅鸭鸡，皆籍其牝牡之数，而课孳卵焉。林衡，典果实、花木，嘉蔬，典莳艺瓜菜，皆计其町畦、树植之数，而以时苞进焉。②

另外，明代的五城兵马指挥司，其职责除了军事活动外，还负责疏通街道沟渠等事宜："疏理街道沟渠……火禁之事。"③ 以及"工部有虞衡清吏司，即中一员、员外员二员，内一员管街道沟渠。"④

---

① 《明史》，《职官志》，第 1761 页。

② 《明史》，《职官志》，第 1813 页。

③ 《明史》，《职官志》，第 1814 页。

④ （明）申时行等：《明会典》，商务印书馆 1936 年版，第 27 页。

清代时朝廷具有生态职能的机构依然以虞衡所负责较多，但主要目的在于为朝廷提供可采捕的动植物资源："（工部）尚书掌工虞器用、辨物庀（治理，管理）材，以饬邦事。""虞衡掌山泽采捕，陶冶器用。凡军装军火，各按营额例价，计会覈销，京营则给部制。颁权量程式，办东珠等差。都水掌河渠舟航，道路关梁，公私水事。岁十有二月，伐冰纳窖，仲夏颁之；并典坛庙殿廷器用。"①

（三）中国古代政治观念中生态职官设置的历史贡献及局限性

1. 历史贡献

生态职官的职责，维系着经济社会的持续发展。从中国古代经济社会发展的历史来看，人口增加、土地的开发利用，都是朝着上升的趋势发展。历代的生态职官设置，一方面在保护生态环境、保持自然资源的可持续利用；另一方面，则是为了满足政府和君主的各种物质需求，同时还需要兼顾百姓的生产生活，因此正如前文所说，生态官职所兼具的责任是社会治理、生态管理、维护可持续发展等项行政内容结合在一起的。当然，我们也要看到，中央生态管理机构的职责，以利用为主，兼顾保护，但并不突出保护的职责，而是通过对自然资源的开发利用，特别是通过征收赋税来行使其生态管理职能。历代王朝大都通过鼓励开荒，重视水利工程建设，以促进农业发展，来增加税收。通过税收来调节对自然资源的分配和利用，同时注重保护农业发展所需的土地、水及生物等资源，维持资源的可持续发展。

2. 局限性

生态保护意识与生态管理实践之间，尚有较大实现空间。我国自先秦以来就提倡对生态环境的保护，主要是来自于顺应自然、人与自然和谐相处的生态意识，但是在实际的生态管理实践中，有许多现实矛盾需要解决，特别是在人口急剧增加与土地较少的现实问题下，朝廷不得不舍弃对自然环境的保护，首先要满足当时人们的生产生活。例如宋神宗时期，环境管理机构形同虚设，环境保护法规松弛，以至于著名理学家程颢惊呼"林木所资，天

---

① （清）赵尔巽：《清史稿》卷 114《职官志》，中华书局 1977 年版。

下皆已童赭，斧斤焚荡，尚且侵寻不禁。而川泽渔猎之繁，暴殄天物，亦已耗竭，则将若之何？"① 这样的矛盾受到当时生产力发展水平、农业技术水平的局限，但也为我们今天发展生态农业，解决人口与环境之间的矛盾，提供了历史的经验与教训。

四、中国古代政治思想中人类社会与自然界关系的本质认识

（一）人类社会是自然界在现实世界中的投影

在中国古代政治思想中，认为人类社会是自然界的投影，从人类自身的身体构造，到人类社会的运行规律，无一不是对自然界的复制。董仲舒《春秋繁露·卷第十三·人副天数第五十六》中写道：

> 人有三百六十节，偶天之数也；形体骨肉，偶地之厚也；上有耳目聪明，日月之象也；体有空窍理脉，川谷之象也；心有哀乐喜怒，神气之类也；观人之体，一何高物之甚，而类于天也。天以终岁之数，成人之身，故小节三百六十六，副日数也；大节十二分，副月数也；内有五脏，副五行数也；外有四肢，副四时数也；占视占瞑，副昼夜也；占刚占柔，副冬夏也；占哀占乐，副阴阳也；心有计虑，副度数也；行有伦理，副天地也；此皆暗肤着身，与人俱生，比而偶之弇合，于其可数也，副数，不可数者，副类，皆当同而副天一也。是故陈其有形，以着无形者，拘其可数，以着其不可数者，以此言道之亦宜以类相应，犹其形也，以数相中也。②

这一观点吸收了《黄帝内经》对人体与自然之间关系的描述，也来自于更早的战国时期阴阳五行家的思想。

政治上，早在战国时期邹衍便将王朝更替与自然之气密切联系起来，

---

① 程颐、程颢撰、王云五主编：《二程文集》，商务印书馆正谊堂全书本排印版，第7页。
② （清）苏舆撰，钟哲点校：《春秋繁露义证》，第354—357页。

这在《吕氏春秋·应同》一篇中对邹衍的"五德终始说"记载得更为具体：

> 凡帝王之将兴也，天必先见祥乎下民。黄帝之时，天先见大螾大蝼。黄帝曰："土气胜！"土气胜，故其色尚黄，其事则土。及禹之时，天先见草木秋冬不杀。禹曰："木气胜！"木气胜，故其色尚青，其事则木。及汤之时，天先见金刃生于水。汤曰，"金气胜！"金气胜，故其色尚白，其事则金。及文王之时，天先见火，赤乌衔丹书集于周社。文王曰；"火气胜！"火气胜，故其色尚赤，其事则火。代火者必将水，天且先见水气胜。水气胜，故其色尚黑，其事则水。①

《春秋繁露·卷十一·王道通三第四十四》还论证了人类社会中，父子人伦、君主行为与自然界四时变化之间相互对应的关系：

> 人之受命于天也，取仁于天而仁也，是故人之受命天之尊，父兄子弟之亲，有忠信慈惠之心，有礼义廉让之行，有是非逆顺之治，文理灿然而厚，知广大有而博，唯人道为可以参天。天常以爱利为意，以养长为事，春秋冬夏皆其用也；王者亦常以爱利天下为意，以安乐一世为事，好恶喜怒而备用也；然而主之好恶喜怒，乃天之春夏秋冬也，其俱暖清寒暑，而以变化成功也；天出此物者，时则岁美，不时则岁恶；人主出此四者，义则世治，不义则世乱，是故治世与美岁同数，乱世与恶岁同数，以此见人理之副天道也。天有寒有暑，夫喜怒哀乐之发，与清暖寒暑其实一贯也，喜气为暖而当春，怒气为清而当秋，乐气为太阳而当夏，哀气为太阴而当冬，四气者，天与人所同有也，非人所能蓄也，故可节而不可止也，节之而顺，止之而乱。②

（二）人类社会的行为规范应当遵守自然界的规律

自上古时代起，我国政治观念中就提出，社会兴亡、王朝更替与自然

---

① 王利器：《吕氏春秋注疏》，第 1277—1280 页。
② （清）苏舆撰，钟哲点校：《春秋繁露义证》，第 329—330 页。

变化存在某种联系。商周时期，人们已经产生对"上帝"、上天的崇拜，这本质上都是对自然力量的崇拜和敬畏，乃至神化。《尚书·周书·洪范》载武王克商后与箕子的一番政治言论，就表现出统治者对上天、上帝的敬畏，治理天下当以上天的旨意、遵循自然规律来行事："王乃言曰：'呜呼！箕子。惟天阴骘下民，相协厥居，我不知其彝伦攸叙。'箕子乃言曰：'我闻在昔，鲧堙洪水，汨陈其五行。帝乃震怒，不畀《洪范》九畴，彝伦攸斁。鲧则殛死，禹乃嗣兴，天乃锡禹《洪范》九畴，彝伦攸叙。'"①

同样，自然灾害还会导致王朝灭亡的危机出现。如《国语》中记载伯阳父论地震一事，认为西周将亡是因为天地秩序混乱，导致地震发生，使得自然界出现混乱，进而导致老百姓的生产生活资料匮乏，生活不安定，最终使王朝衰落。《国语·卷一周语上·西周三川皆震伯阳父论周将亡》载：

> 幽王二年，西周三川皆震。伯阳父曰：周将亡矣！夫天地之气，不失其序；若过其序，民乱之也。阳伏而不能出，阴迫而不能烝，于是有地震。今三川实震，是阳失其所而镇阴也。阳失而在阴，川源必塞；源塞，国必亡。夫水土演而民用也。水土无所演，民乏财用，不亡何待？昔伊、洛竭而夏亡，河竭而商亡。今周德若二代之季矣，其川源又塞，塞必竭。夫国必依山川，山崩川竭，亡之征也。川竭，山必崩。若国亡不过十年，数之纪也。夫天之所弃，不过其纪。是岁也，三川竭，岐山崩。十一年，幽王乃灭，周乃东迁。②

由此，人们认为统治者在处理政事时，应当顺应自然。董仲舒在《春秋繁露·卷第十三·四时之副》中明确指出，以圣人为代表的统治者在处理政治事务时，应当顺应春夏秋冬四时的变化来施行庆赏罚刑：

> 圣人副天之所行以为政，故以庆副暖而当春，以赏副暑而当夏，以罚副清而当秋，以刑副寒而当冬，庆赏罚刑，异事而同功，皆王者之所

---

① （清）阮元校刻：《十三经注疏·尚书正义》卷12，第167页下、168页上。

② 张永祥译注：《国语译注》，第23页。

以成德也。庆赏罚刑，与春夏秋冬，以类相应也，如合符，故曰：王者配天，谓其道。天有四时，王有四政，若四时，通类也，天人所同有也。庆为春，赏为夏，罚为秋，刑为冬。庆赏罚刑之不可不具也，如春夏秋冬不可不备也；庆赏罚刑，当其处不可不发，若暖暑清寒，当其时不可不出也；庆赏罚刑各有正处，如春夏秋冬各有时也；四政者不可以相干也，犹四时不可相干也；四政者不可以易处也，犹四时不可易处也。①

而另一方面，成功的政治统治反过来也可以导致自然界某些良好、奇异的生物现象出现，即"祥瑞"的产生，以表明上天对人事顺遂的嘉奖。如在东汉班固所撰《白虎通》卷六《封禅》记载："天下太平，福瑞所以来至者，以为王者承天统理，调和阴阳。阴阳合，万物序，休气充塞，故符瑞并臻，皆应德而至。……德至草木，则朱草生，木连理。德至鸟兽，则凤凰翔，鸾鸟舞，麒麟臻，白虎到，狐九尾，白雉降，白鹿见，白鸟下。"②祥瑞的产生，是由于天下太平，统治者施行德政、阴阳协调的结果，因此一些祥瑞征兆，例如连理木、凤凰、鸾鸟、麒麟、白虎、九尾狐、白雉、白鹿等鸟兽瑞木都出现在世间，以示上帝对统治者的嘉奖。

当然，在中国古代社会到了唐宋以后，部分学者已经开始对灾异论提出质疑，认为灾异论的观念并不能真正解释社会问题，但对上天的敬畏，可以对自身行为进行反思，从而来警示统治阶层的政治行为。欧阳修在《新唐书·五行志》开篇便提到：

盖王者之有天下也，顺天地以治人，而取材于万物以足用。若政得其道，而取不过度，则天地顺成，万物茂盛，而民以安乐，谓之至治。若政失其道，用物伤天，民被其害而愁苦，则天地之气沴，三光错行，阴阳寒暑失节，以为水旱、蝗螟、风雹、雷火、山崩、水溢、泉竭、雪霜不时、雨非其物，或发为氛雾、虹蜺、光怪之类，此天地

① （清）苏舆撰，钟哲点校：《春秋繁露义证》，第353页。
② （清）陈立疏证，吴则虞注解：《白虎通疏证》，中华书局1994年版，第283—284页。

> 灾异之大者，皆生于乱政……盖君子之畏天也，见物有反常而为变者，失其本性，则思其有以致而为之戒惧，虽微而不敢忽而已。

而前代学者自孔子始，虽然承认灾异论的观念，但并不详细记载具体相应事件，也是为了劝诫统治者：

> 以谓天道远，非谆谆以谕人，而君子见其变，则知天之所以谴告，恐惧脩省而已。若推其事应，则有合有不合，有同有不同。至于不合不同，则将使君子怠焉。以为偶然而不惧。此其深意也。①

还有王安石在其《临川先生文集》中，对自然界的灾异现象和人类社会的关系，作出进一步思考和阐述：

> 孔子曰：见贤思齐，见不贤而内自省也。君子于人也，固常思齐其贤，而以其不肖为戒。况天者，固人君之所当法象也，则质诸彼以验此，固其宜也。然则世之言灾异者非乎？曰：人君固辅相天地以理万物者也。天地万物不得其常，则恐惧修省，固亦其宜也。今或以为天有是变，必由我有是罪以致之；或以为灾异自天事耳，何豫于我？我知修人事而已。盖由前之说，则蔽而葸；由后之说，则固而怠。不蔽不葸，不固不怠者，亦以天变为己惧。不曰天之有某变，必以我为其事而至也，亦以天下之正理考吾之失而已矣。②

可以看到，随着古代中国人认识自然的能力不断提升，自然知识越来越丰富，传统政治观念已经不断研究社会发展与自然变化之间的关系，虽然有时无法完全正确解释两者之间的互动及联系，但这是对自然与社会两者关系的认识逐渐从神秘到科学的发展过程，也为我们后世认识到社会秩序的维

---

① （北宋）欧阳修、宋祁：《新唐书》，中华书局1975年版，第872页。
② （北宋）王安石：《临川先生文集》，《四部丛刊初编》，上海古籍出版社1984年影印版。

护需要以尊重自然界规律为前提，提供了良好的思想开端。

五、中国传统政治观念中生态意识的当代价值

从商周时代直到明清之际，随着中国古代对自然的认识逐渐深化，中国古代政治观念中对人类社会与自然的关系的认识，也在相应地不断深化。人们不断观察、思考自然变化对人类社会所带来的影响，从刚开始对自然的崇拜、敬畏，到认为人类社会是自然界的投影，再到意识到人类社会的行为规范应当遵守自然界的规律，这不仅是古人对人类社会与自然关系认识不断深入发展的过程，也是古人对人类社会与自然之间关系认识逐渐深入的三个层次。同时也反映出一个事实，即随着生产力的不断发展，古代中国人经历了从不得不服从自然，到认识自然、利用自然，乃至改变自然这样的转变过程。尽管如此，在中国古代的政治观念中，人们依然要遵从自然界的规律，以其作为政治生活、社会生活的准则，古代中国人上自政事活动、官职设置、制度建设，下至农业生产、日常生活的安排，无一不渗透着这种顺应自然的生态意识。

从现代角度来看，这些政治观念中的积极意义与符合现代科学知识的内容，仍然在当今社会发展过程中，特别对我们建设社会主义生态文明，提供了宝贵的历史资源和思想财富。

例如，自先秦至清朝，历代统治者所提倡的取用有度的观念，对于我们今天建设资源节约型社会具有重要的借鉴意义。如《礼记·王制》："诸侯无故不杀牛，大夫无故不杀羊，士无故不杀犬豕，庶人无故不食珍。"《礼记·曲礼下》："国君春田不围泽，大夫不掩群，士不取麛卵。"[①]

还有和而不同的思想，在《国语·卷第十六·郑语》中有所论述：

公曰：周其弊乎？对曰：殆于必弊者也。《泰誓》曰：民之所欲，天必从之。今王弃高明昭显，而好谗慝暗昧；恶角犀丰盈，而近顽童穷固。去和而取同。夫和实生物，同则不继。以他平他谓之和，故能丰

---

① （清）阮元校刻：《十三经注疏·礼记注疏》卷12、卷4，第245页上、77页上。

长而物归之；若以同裨同，尽乃弃矣。故先王以土与金木水火杂，以
成百物。是以和五味以调口，刚四支以卫体，和六律以聪耳，正七体
以役心，平八索以成人，建九纪以立纯德，合十数以训百体。出千品，
具万方，计亿事，材兆物，收经入，行姟极。故王者居九畡之田，收
经入以食兆民，周训而能用之，和乐如一。夫如是，和之至也。于是
乎先王聘后于异姓，求财于有方，择臣取谏工而讲以多物，务和同也。
声一无听，物一无文，味一无果，物一不讲。王将弃是类也而与剖同。
天夺之明，欲无弊，得乎？①

这些具体思想，都是以尊重自然、借鉴自然为前提的，至今也为我们现代社
会所提倡和使用。

在党的十九大报告中，习近平总书记就特别指出："建设生态文明，首先
要从改变自然、征服自然转向调整人的行为、纠正人的错误行为。要做到人
与自然和谐，天人合一，不要试图征服老天爷……人类只有遵循自然规律才
能有效防止在开发利用自然上走弯路，人类对大自然的伤害最终会伤及人类
自身，这是无法抗拒的规律。'天人合一'、'道法自然'等质朴睿智的自然观，
至今仍给人们以深刻的警示和启迪。"② 天人合一、道法自然等命题，就是来
自于古代中国的思想财富；而取用有节的思想，则一直贯穿几乎古代中国的
历代王朝，在现代社会依然有其积极的作用："'地力之生物有大数，人力之
成物有大限。取之有度，用之有节，则常足；取之无度，用之不节，则常不
足。'依靠自然力量的生长之物是有限的，人力创造之物也是有限的。取用它
们要有限度、有节制，就经常能充足；反之，就经常不能满足。我们要有节
制地、合理地利用和消费自然资源，从爱惜每滴水、节约每粒粮食做起，身
体力行推动资源节约型、环境友好型社会建设，推动人与自然的和谐发展。"③

① 张永祥译注：《国语译注》，第 322 页。
② 中共中央文献研究室：《习近平关于社会主义生态文明建设论述摘编》，中央文献出版社
2017 年版。
③ 《决胜全面建成小康社会 夺取新时代中国特色社会主义伟大胜利——在中国共产党第
十九次全国代表大会上的报告》，人民出版社 2017 年版。

第三章 中国传统农业生产的生态理念及当代价值

中国传统农业包括农田耕作、农时掌握、土地利用、土壤改良、山林资源开发、水利建设、动植物保护等。几千年来已经形成完整的体系，对于今天生态文明建设有着重要借鉴作用。

一、传统生态农业的当代价值概述

近年来，农业污染和食品安全成为困扰中国农业生产、城乡居民生活的两个重要问题。农业污染是农村地区在农业生产和生活过程中产生的未经合理处置的污染物对水体、土壤、空气及农产品造成的污染，主要来源于农村居民生活废物和农作物生产废物，包括农业生产过程中过量化肥使用造成的化肥流失、农药残留、人畜粪便、不科学的水产养殖等造成的各类污染。农业污染又间接引起了一系列食品安全问题，严重影响居民生活质量和农业现代化建设。因此，如何解决农业污染问题，创造良好的生存生活环境，提供优质、安全的农副产品，成为当前要解决的一个大问题。

中国有悠久的农业耕作历史，一家一户的小农经济是中国农业生产的最主要组织形式，受制于独特的地理环境和日益庞大的人口规模，农作物增产始终是中国农业生产中的核心问题，而肥料缺乏则严重限制农作物产量提升。化肥大量推广使用之前，如何解决肥料问题，为农业生产提供源源不断的能源支撑，则成为核心问题中的关键因素。对于此，中国农民在长期农业生产活动中总结出了一套应对能源严重匮乏状态下的循环经济生产模式，有效利用作物间能量传递规律，通过轮作、休耕、种植绿肥等方式解决肥料缺乏问题，并智慧地将各种生产生活废弃物转化为肥料，既在一定程度上解决了肥料短缺问题，又减少了农业污染规模，实现了农作物产量的持续提高。

相较于传统时代，现代的农业生产方式发生了剧烈变化，由自给自足的小农生产方式转变为工业化生产方式，农业生产的主要目的已经不单单是为了满足农户自己的日常需求，追逐更多的经济利益成为其主要目的，在此背景下，农业科学技术获得更大范围普及使用，化肥、农药等大量生产解决了传统时代肥料短缺和病虫害防治问题，传统的以解决肥料短缺为核心的循环生产模式受到冲击，原有的循环链条中断，由此也造成了农业生产过程中的废弃物难以处置，成为农业污染的重要来源；同时，化工产品的大量使用也引起了食品安全问题，影响了城乡居民的生活质量。鉴于此，主要论述中国传统农业生产中的生态成就，在此基础上阐释这些成就对当代农业发展的启示，为解决现代农业生产过程中的系列问题提供参考。

中国农业的核心是"三才"理论，奠定了传统农业发展的基础。在"三才"理论指导下，中国农业形成了自己独特的生产体系，一方面要求顺应自然，尊重自然界的规律生产过程中要因时、因地、因物制宜；另一方面又十分重视发挥人类的作用，要将三者合而为一，由此产生了中国传统农业的精耕细作化。中国农业的精耕细作，其本质就是发挥人的作用，在顺应自然环境的同时利用其优势，克服其弊端，尽力采取措施提高作物产量。

在漫长的农业生产中，中国人民积累了丰富的农业生产知识和经验，继而由先贤们整理成系统的农书，给世界留下了一笔宝贵的财富。这些农书的理论基础是"三才"，核心内容是有效利用各类物质资源，形成循环农业生产模式。在这一模式中，尊重作物生长的时间，"勿失农时"位列首位。这与农业的季节性生产方式有关。历史时期，中国农民和农学家主要通过自然界生物和非生物对气候变化的不同反应掌握气候的季节变化，从而演化成为农事活动安排的依据，此为物候指时。物候指时虽然能反映气候变化，但是却缺少稳定性，不能精确计算时间，所以人们又将目光转向天象观测。古代天文学者发现恒星的不同方位恰好与季节变化相符，所以就用这种方式观测季节变化。但是，以恒星计时适于较长时段，并不能准确反映短时间的变化，于是又结合了回归年和朔望月，形成以后广泛使用的阴阳历，在此基础上又提炼出了二十四节气。这种指时方式至今在农业生产中起着重要作用。

土地利用是农业生产的基础，任何作物都需要生长在土地上，因此，如何提高土地产出，以便收获更多粮食，是中国农民和农学家一直关注的问题。发展农业生产，增加粮食产量的途径有两条：一是增加土地面积，二是提高单位面积产量。随着人口增加，历朝历代都在积极拓展耕地面积，以期在更多土地上从事农业生产；与此同时，受到土地面积和劳作距离等因素的限制，人们基本是将重点放在提高单位面积产量上，采取多种措施实现"尽地利"的目的。

在这一目标的指引下，中国农业发展趋向是集约化程度日益提高，在实践中形成了一整套体系严密的土地利用制度，真正实现了农业的集约化发展。当前，我们正在建设社会主义现代化农业，科技成为推动现代农业发展的主导力量，但也因此造成一些严峻的问题，因此有必要将传统经验与当代科技相结合，推广和发展集约化农业生产方式，实现多生物共存共生，以此大幅提高资源利用率，实现绿色发展、循环发展。

中国古代农学将土地视为万物之所由生，财富之所由出，在长期的农业生产实践中，古代农民积累了丰富的土壤知识，同时也在实践中尝试改变土壤的特性，提高土地自身产出，这些实践经由农学家总结提升为中国传统农学的土壤改良体系。这一体系主要包括土宜论和土脉论两种理论。在两者的指导下，中国农民主要通过耕作、施肥、排灌、农田结构改良和合理安排耕作制度等多举措开展对土地环境的整治与改良。

总之，在中国农民的实践基础上，农学家总结提升出了"三才"理论，强调"天时""地利""人和"融会贯通，既要尊重季节变化、温度升降、地区差异，了解土地的重要性，又要竭尽全力发挥人的主观能动性，顺应气候变化，及时安排合理的农业生产，同时在适应自然环境的条件下采取措施改良土壤，营造可以提高单位面积产量的农业生产小环境，真正实现农业生产的有机循环。

除了重视种植业生产，中国古代先贤们还特别注重山林资源的开发与利用。春秋时期，众多思想家讨论了山林资源的开发与利用，其中尤以管仲和儒家论述较多。春秋之后，历代政府都非常重视山林资源的持续开发，在思想层面和实践层面形成了山林开发的经验与知识，可以为今天的山林可持续发展提供历史依据。

《管子》是从经济、社会大局出发来认识山林资源，并提出了保护和利用这些资源的方法。目前，人类已经掌握了更多改造自然的技术，但是有关山林资源的保护仍显薄弱，需要吸取前贤们的经验智慧，而《管子》的这些思想恰好可以为我们解决当前问题提供借鉴。

魏晋南北朝和宋代是我国历史上山林开发程度较高的两个时期，人们在实践中获得了有关这一问题的新认知，可以为当今的山林资源开发与利用提供观察视角。魏晋南北朝时期有关山林资源保护、开发、利用的思想和实践也较为成熟，辨析该时期的各种山林保护思想，也可为当前的生态文明建设提供理论借鉴。这一时期，佛教开始全面融入中国文化，思想家们便在儒家思想基础上融合了佛教思想，形成饶有特色的山林保护思想体系，并在政府主导下做了大量实践工作。

宋代的山林资源开发程度较高，带来的问题也最多，随之的解决方案也多元化。通过阐述当时的山林生态危机，可以发现，随着人口的增长和人类生活质量的提高，需要向自然界索取更多资源时，便会更新生产技术，加强互助合作，从而实现物质资源生产的大规模提升，但是另一方面却会导致资源过度开发，给原有的资源体系带来破坏性影响。事实上，我们今日的生态危机，其本质与当时的生态危机是相同的，都是由人类需求增大促使技术进步，进而导致生态系统紊乱，然后出现生态问题。这些问题的解决，一方面有赖于今天的完备技术体系，另一方面则可以从历代实践经验中获取灵感与启发。

二、传统农学中"三才"理论

"三才"是中国哲学中的一种宇宙模式，将天、地、人看成是宇宙组成的三个要素，三者有机结合才能维护农业生产正常进行。"三才"理论集中体现了中国传统的"有机统一"自然观，代表了古代劳动人民的人地关系认识。这种观点在中国传统农学中获得了典型表现。

《吕氏春秋·审时》中提到了"天、地、人"的关系，可谓是中国传统农学中的有关这一问题的经典表述：

夫稼，为之者人也，生之者地也，养之者天也。①

稼是指农作物，广义上应该包括人们培育和利用的所有生物，是历史时期农业生产的对象。人类具有主观能动性，承担了从事农业生产的主要任务；"地"是自然之地，它起着为人类生产活动提供自然资源和生活资料的作用，同时也是农作物生长的载体，所有的财富都由土地产出；而"天"则指自然界中气候的变化，以及由此带来的温度升降、日照长短，体现了气候变化的时序性。

所以，上述引文是对农业生产中人类劳动、自然环境和农业生物之间紧密关系的一种高度概括，说明时人将农业生产视作由气候、土壤、人类共同作用完成的过程，由此，其与天、地、人诸要素组成了互相作用的有机整体，形成了天时、地利、人和的概念。②

关于"时"，中国传统文化中有较为详尽的描述。《说文》中提到"时，四时也。"说明了春夏秋冬一年四季的变化规律，同时也提到了太阳的运行是逐日变化的。这说明很早时古人便已观察到太阳运行可以引起日照长短的变化，进而导致季节变迁，因而将其称为"时"。

黄河流域地处北温带，植物生长发育与气候变迁规律基本吻合，因而农业生产过程中需要关注和顺应气候的这种变化，及时安排适合当时气候情况的农作物，也需要调整农作物的中耕管理。这种思想体现在《尚书·尧典》中提到的"食哉唯时"③，即农业生产的核心问题是顺应时间变化，合理安排生产顺序，不违农时，充分说明了顺应"时"在农业生产中的重要性。

至春秋时期，人们开始将"气"视为"天"的本质，把"时"视为

① 王利器注疏：《吕氏春秋注疏》，第3148页。
② 李根蟠：《中国古代农业》，商务印书馆1998年版，第160页。
③ 李根蟠：《中国古代农业》，第123页。

"气"运行的秩序。关于这一点，《左传》昭公元年提到：

> 六气，曰阴、阳、风、雨、晦、明也，分为四时，序为五节，过则为灾。①

自此，"天"与"时"相互联系形成"天时"的概念，其核心思想便是将气候变化的时序性作为"天"中的最重要内容和特征，并导致以后的历朝历代均将"观天授时"作为统治的首要任务，这一点在历代颁布的农业生产指导书籍中有明显体现。

关于"地"，古代人们很早就认识到土地的重要性，《管子·水地》将土地看成"万物之本原，诸生之根菀"，是农业生产的基础资料。同时也意识到特定土壤气候与相应植物和生物群落之间的关系，不同的生物品种需要的环境不尽相同。这一思想逐渐演变成后来的风土论，即元代王祯在《农书》中总结的"风行地上，各有方位，土性所宜，因随气化"，表明气候和土壤的差异导致各地物产差别极大，同时也说明物产是在一定自然环境基础上形成的。② 至清代，这一思想获得更为具体的表述：

> 生草木之天地既殊，则草木之性情焉得不异？③

地利这一概念则完全是从农业生产中产生的。今人多从"利益""锋利"等意思上理解"利"字，事实上，这个字与农业生产息息相关，在甲骨文中，"利"字的早期书写所表明的即是收割粮食。关于这一点，清代俞樾提到："盖利之本义谓土地所出者，土地所出莫重于利，以刀乂禾，利无大于此者矣。"④ "利"字完全可以代指土地产出。与"地利"相关的还有"地宜"或"土宜"，如《左传·成公二年》："先王疆理天下，物（视也）土之宜而

---

① （清）阮元校刻：《十三经注疏·春秋左传正义》卷41，第709页上。
② 李根蟠：《中国古代农业》，第162页。
③ （清）陈淏子：《花镜》卷2，清刻本。
④ （清）桑灵直：《字触补》卷6《说部》，光绪刻本。

布其利。"① 讲究土宜的目的就是为了尽地利，以求获得更多的土地产出。

与"天时""地利"并列的是"人力"或"人和"，他们三者相互融合构成了"三才"理论。"力"的起源非常早，在甲骨文中其形状类似于古农具耒，应该是从事农业生产需要花力气之意的延伸。上古时期的历史文献对此有过记载，如《左传》襄公十三年："小人劳力以事其上。"《尚书·盘庚》："若服田力穑，亦乃有秋。"由此可见，人们很早就注意到劳动力对于农业生产的重要性。

需要指出的是，虽然农业生产离不开人类劳动，但在与自然相处的过程中，独立个人的力量非常薄弱，需要举全社会群体之力才能变为强大的"合力"，这就要求随时处理好群体中的个人关系，引导群体和谐一致，由此便产生了"人和"的概念。②

在"三才"理论中，"人"与"天""地"是并列的，人既不是自然的主宰，又不是自然的附属，而是以参与者的身份展现出来的。最能反映人类参与其中的解释是《荀子·天论》中提到的"天有其时，地有其财，人有其治，是之谓能参"。在天地人三者的统一体中，人类和自然能够和谐相处，互存共生，由此，中国古代也产生了保护和合理利用自然资源的思想，其中的一部分逐渐演化为农业生产过程中的生态平衡思想，如《荀子·告子上》提到的"苟得其养，无物不长；苟失其养，无物不消"。这里的"养"已经包含了自然界各种生物之间互养共生的意义在内，强调人们不要人为切断这种互养共生的自然生产过程，而应该去辅助和促进它发展，并且有秩序地逐次利用，达到和谐发展的目的。③

在"三才"理论指导下，中国农业形成了自己独特的生产体系。一方面要求顺应自然，尊重自然界的规律，生产过程中要因时、因地、因物制宜；另一方面又十分重视发挥人类的作用，要将三者合而为一，由此产生了中国传统农业的精耕细作化。中国农业的精耕细作，其本质就是发挥人的作用，在顺应自然环境的同时利用其优势，克服其弊端，尽力采取措施提高作

---

① （清）阮元校刻：《十三经注疏·春秋左传正义》卷25，第425页下。
② 李根蟠：《中国古代农业》，第168页。
③ 李根蟠：《中国古代农业》，第166—167页。

物产量。

"三才"理论并不认为自然环境固定不变，也不认为农业生物特性及其与周围环境的关系一成不变，这为人们在农业生产中充分发挥主观能动性提供了广阔空间。即使是面对那些人们无法左右的"天时"，人们也没有消极等待，而是采取措施改变小环境，突破自然和气候的限制，大幅提高了农作物产量，不断解决由巨大人口压力带来的食物短缺问题。中国传统农业之所以能取得辉煌历史成就，就是因为合理地融合了"天时""地利""人和"三要素。

三、古代农书中的循环农业生产模式

受到"三才"理论的影响，古代中国农业呈现精耕细作化趋势，农民通过辛勤劳作在较为复杂的生态环境下不断提高生产技术，实现了粮食产量的逐步增长，不断解决人口大规模增长带来的危机，这些技术的演化被历代中国古代农学家吸收、梳理，形成专门思想，辑录成一系列农书。本部分以这些农书为分析对象，阐释中国农业的循环生产模式。

（一）"勿失农时"的思想

据上文所述，在"三才"理论中，"天时"是最重要的农业生产因素，历代农学家都非常重视"天时"问题，政府也一直将"敬授民时"作为施政的第一要务，以此作为推动农业增产的首要条件。因此，先秦时期诸子百家都共同主张按照时间安排农业生产活动。

之所以出现这种情况，与农业生产受气候影响巨大有很大关系。中国的气候季节性明显，由此需要人们在较短时间内完成本季节的农业生产活动，否则会造成大面积减产。关于这一点，中国农民和农学家有着强烈认识，他们认为顺天时是进行农业生产的关键。《吕氏春秋·审时》中便总结出"凡农之道，厚之为宝"的规律，同时以粮食作物为例解释了顺应天时和违逆天时对农作物产生的影响，认为顺应天时则作物长势良好，籽粒饱满，品质好，有益健康，远胜过违逆天时的农产品。①《氾胜之书》在讲述旱地作物栽培原理时也是以"趋时"为首。受到农时观念影响，中国特有的月令体裁农书随之产生，其主要特点是根据每个月物象、节气等的变化安排农业生产活动，月令物候规律的总结和流传提高了政府和农民的农时意识，保障了农业生产的顺利进行。②

黄河流域的气候特点是造成古代中国农民具备强烈农时意识的基础。黄河流域地处北温带，一年四季温差较大，农作物的生长与气候周期相一致，在科学技术没有发展到足以改变自然环境的背景下，农事活动安排需要取决于气候变化的时间，每个季节的工作成为定例，世代相传。

春天的黄河流域，干旱多风，因此需要在春天温度升高解冻后抓紧时间翻耕土地抢栽播种，这一程序成为整个农业生产的关键环节。夏天气温升高，杂草丛生，需要及时耕耘，除草疏松土壤，帮助作物快速成长。对于小麦而言，夏季晴雨不定，极易造成"龙口夺食"的情况出现。作物秋收时，经常会遇到温度骤降和霜降等天气，往往造成作物受到冻害影响，因而古人有"收获如盗寇之至"之说。③

黄河流域的动物生长和规律也受到季节变化制约。上古时代，畜禽驯化不久，依然保留某些野生时代的习性，通常于春天发情交配，古人也深知此项，非常强调畜禽孳乳"不失其时"。大牲畜方面，当时实行圈养和放牧相结合，一般是春天放出，等待秋分后再归养，这与自然界草木的荣枯一脉相承，是顺应天时的表现。④

农时的安排并不是一成不变的，而是随着农业技术的变迁发生变化。在特定的时期，一些新技术的应用会极大改变原有的农时安排。战国时期，耕牛的广泛使用将土地耕作和播种的间隔时间拉长，人们获得了更长时间的播种期，所以会不失时机选择最佳的播种时间，充分考虑到了农作物生长的习性，所以才有了《氾胜之书》中记载的"种禾无期，因地为时"。贾

---

① 李根蟠：《中国古代农业》，第 123 页。
② 李根蟠：《中国古代农业》，第 124 页。
③ 李根蟠：《中国古代农业》，第 124—125 页。
④ 李根蟠：《中国古代农业》，第 125 页。

思勰在《齐民要术》中则根据作物生长的各种要素提出了作物播种的"上时""中时"和"下时"。① 不只是耕种如此，施肥和灌溉也要讲究"时宜"，因此，灵活安排作物生长期，按照自然界的规律组织各种生产活动是农民所必须要掌握的一项技能。南宋陈旉对此做了较为细致的总结：

> 种莳之事，各有攸叙，能知时宜，不违先后之叙，则相继以生成，相资以利用，种无虚日，收无虚月，一岁所资，绵绵相继。②

他认为农业生产就是利用一切办法巧妙利用天时、地利，只有如此，才能实现连续的生产，达到增产的目的。自陈氏之后，明清时期的一些地方性农书也非常注重农时的安排，不同季节安排不同的生产活动，可以充分实现劳动力的最大价值。

古代社会，中国农民和农学家主要通过自然界生物和非生物对气候变化的不同反应掌握气候的季节变化，从而演化成为农事活动安排的依据，此为物候指时。物候指时虽然能反映气候变化，但却较不稳定，不能有效判断短时间内的时间变化，所以人们又将目光转向天象的观测。古代天文学者发现恒星的不同方位恰好与季节变化相符，所以就用这种方式观测季节变化。但以恒星计时适于较长时段，并不能准确反映短时间的变化，于是又结合了回归年和朔望月，形成以后广泛使用的阴阳历，在此基础上又提炼出了二十四节气。这种指时方式至今在农业生产中起着重要作用。

中国农学对农时的把握并不简单依靠一种方式，而是综合运用多种手段形成一个指时体系。二十四节气的形成并没有排斥其他指时方式，相反，在其形成的同时，人们又在物候知识积累的基础上，整理出与之配合的七十二候。甚至在春秋战国时期，人们还在长期天文观测的基础上，试图对长时间段的气候变化规律以及其所导致的农业丰歉作出预测。③ 对此，王祯

---

① 李根蟠：《中国古代农业》，第 125 页。

② （南宋）陈旉著，万国鼎校注：《陈旉农书校注》，《六种之宜》第五，农业出版社 1965 年版，第 30 页。

③ 李根蟠：《中国古代农业》，第 129—130 页。

在《农书》中有详细说明：

> 二十八宿周天之度，十二辰日月之会，二十四气之推移，七十二候之变迁，如循之环，如轮之转，农桑之节，以此占之。①

王祯还制作了"授时指掌活法图"，将节气、物候归纳于一图，将月份按照二十四节气固定下来②，指导每月农时安排，同时也指出各地需要根据实际情况灵活调整运用，这是对中国农学指时体系的一个总结。

（二）"尽地利"的思想

土地利用是农业生产的基础，任何作物都需要生长在土地上，因此，如何提高土地产出，以便收获更多粮食，是中国农民和农学家一直关注的问题。发展农业生产，增加粮食产量的途径有两条：一是增加土地面积，二是提高单位面积产量。随着人口增加，历朝历代都在积极拓展耕地面积，以期在更多土地上从事农业生产；与此同时，受到土地面积和劳作距离等因素的限制，人们基本是将重点放在提高单位面积产量上，采取多种措施实现"尽地利"的目的。

不仅农民如此，政府和农学家也持此种观念，因此，提高土地生产率实现粮食增产成为自古至今中国农业发展的永恒主题。战国初年李悝担任魏相，颁布"尽地利"的教令，指出如果耕作勤恳，每亩土地将会增产3斗，在方百里可垦田600万亩的范围内，可以增产粮食180万石，增幅达到20%。荀子也认为，如果认真耕种，可以大幅提高亩产量，相当于一年收获两次，如此则可大幅提高总产量。③

在劳动力缺乏和技术较为落后的形势下，盲目扩大经营规模非但不能提到粮食总产量，还会因为延误农时和疏于耕耘导致作物产量下降，因此历代农学家无不提倡集约化经营，批评广种薄收的粗放经营模式。贾思勰认为

---

① （元）王祯著，缪启愉、缪桂龙译注：《农书译注》，齐鲁书社2009年版，第10页。
② 李根蟠：《中国古代农业》，第130页。
③ 李根蟠：《中国古代农业》，第116页。

"凡人家营田，须量己力；宁可少好，不可多恶。"① 陈旉则主张"多虚不如少实，广种不如狭收"②，并提出耕作规模要与财力相称，不能随便扩大耕种面积，以致造成不必要的损失。明代《沈氏农书》也主张"宁可少而精密，不可多而草率"③。

除了意识到劳动力短缺、小农经济薄弱、可耕地面积较小等因素外，人们还因为在长期实践过程中认识到集约经营、少种多收，较之粗放经营和广种薄收，在对自然资源和人物力的利用上更为节省。④ 如以描述江南农业为主的《沈氏农书》便举桑地经营为例，指出深垦细管，多施肥料，可以"一亩兼二亩之息，而工力、钱粮、地本，仍只一亩"；又引用江南农民的谚语："三担也是田，两担也是田，担五也是田，多种不如少种好，又省力气又省田。"⑤ 这些提高土地单位面积产量的思想，在提高粮食产量，应对人口增长方面起了重大作用，至今还在影响着中国农业的增产措施制定。

土地利用率的提高是土地生产率上升的一个重要表现，前者的提高是"尽地力"思想的主要结果。中国古代的土地利用率随着人口的增加和先进技术发明与推广获得持续提高，这集中体现在以种植制度为中心的耕作制度安排上。我国从原始农业的生荒耕作制转为熟荒耕作制，又在战国时期从休闲制转为连种制，并在此基础上创造了许多出色的种植制度发明，综合而言，大体可以分为轮作倒茬、间作套种和多熟种植三类。

轮作倒茬的发明与实施。如果连续在一块土地上种植一种作物，因为长期吸收同种养分，可能会造成土地中含有的某种营养元素匮乏和某些病虫害和杂草的滋生，此时需要适当换作其他作物进行换茬和倒茬，以此可以调节和加强地力，减轻病虫害与杂草的危害。⑥ 根据古农书的记载，我国主要

---

① （北魏）贾思勰著，石声汉译注：《齐民要术》，中华书局 2015 年版，第 11 页。
② （南宋）陈旉著，万国鼎校注：《陈旉农书校注》，《财力之宜》第一，第 23 页。
③ 钱尔复订正：《沈氏农书》，中华书局 1985 年版，第 13 页。
④ 李根蟠：《中国古代农业》，第 117 页。
⑤ 钱尔复订正：《沈氏农书》，中华书局 1985 年版，第 15 页。
⑥ 李根蟠：《中国古代农业》，第 118 页。

采取有肥地作用的大小豆等豆类作物或者绿肥作物与禾谷类作物轮作倒茬，采取的方式较为灵活，各地根据自己的实际情况发明出诸多轮作制度安排。

间作套种的实现。在同一块土地上成行或带状相间地种植两种或两种以上作物的方式称为间种。套种是指在前季作物收获之前于其行间播种下另外一种下季作物，收获前季作物后，后季作物继续生长，这样可以避免有效积温不足造成的作物生长时间不够，充分发挥耕地的效用。套种过程中，要求喜阳与喜阴、高秆与矮秆、深根与浅根以及生育期和对养分需求不同安排各种作物搭配，起到互相不妨碍，并能够互相促进生长的效果。①

中国农学家很早就认识到间作套种的重要性，并提炼出一整套操作方案。《氾胜之书》介绍了在瓜地中间种植薤或小豆，在瓜熟之前收获其籽或豆叶出售的办法。《齐民要术》中的记载更为详细，其中提到于桑田间种植小豆、芜菁、绿豆，在大麻间种植芜菁，于大豆间种植粟等作物。陈旉《农书》总结桑园间种苎麻的方式，并在书中大力推荐。② 至明清时期，耕作技术和肥料种类的增多，促进了水稻套种、棉麦套种等方法的推行，美洲作物的大量引进也扩大了间作套种的作物品种和种植规模。

广泛实行多熟制。中原地区早期的多熟制，其出现的主要目的是解决肥料短缺问题，由于粟、黍、麦等作物对肥料的需求量较大，为了提高单位面积产量，农民尝试采用主要作物收获后种植一季豆科作物的方法实现养分的供给，这里的关键因素是豆科作物在生长过程中可以吸收空气中的氮，进而于其根系产生氮素，从而解决主要粮食作物氮素缺乏的问题。江南地区的情况与北方不同，随着人口的增加，为了应对人口增长带来的粮食需求，需要通过种植多茬作物获取更多粮食，因而复种制获得发展。据农史研究，岭南部分地区双季稻种植不晚于汉代，但这些都较为零星，没有形成大规模复种。③

宋代以后，随着中国经济中心的南移，江南地区农民开始在水稻收获后种植小麦、豆类、油菜等旱作物，多熟制种植制度的普及程度提高。至明

---

① 李根蟠：《中国古代农业》，第 119 页。

② 李根蟠：《中国古代农业》，第 119 页。

③ 李根蟠：《中国古代农业》，第 119—120 页。

清时期，江南稻麦复种制进一步发展，双季稻的种植成为江南增加粮食产量的主要途径之一，部分地区甚至出现了二稻一麦的一年三熟制。至于华北，经过了养地作物的两年三熟制，以增加收入为主要目的的两年三熟制于清代成型，典型形式是秋收后种冬麦，麦后种豆，次年豆后种玉米、粟、高粱等，收获后再行种植冬麦，这样，既能保证粮食供给，又可以最大限度利用黄豆的经济价值。

中国古代农民和农学家在实践中总结出了轮作倒茬、间作套种、多熟种植等耕作制度，这种制度充分利用农业是依靠绿色植物吸收太阳光能转化为有机物质的特点，一方面尽量扩大绿色植物的覆盖面积，另一方面尽量延长土地里绿色植物的覆盖时间，使太阳能和地力得到充分利用，以达到提高单位面积产量的目的。这种耕作方式直到现在仍在使用，是未来我国发展有机农业的重要方法。

轮作复种和间作套种是一种多物种、多层次的立体布局，中国农民和农学家又将其从大田推广到水体，从种植业扩展到多种经营，立体农业雏形初显。考古学已经发现诸多汉代陂塘水田模型，说明当时已初显利用陂塘灌溉水稻，塘内养鱼种莲，堤上植树的综合土地利用方式。至南宋，陈旉《农书》提炼了高处开池塘种稻，在堤上种植桑蚕的经验。明清时期，珠江三角洲和长江下游等大量采取低洼地挖池，堆土为基，水池中养鱼，大堤上种植水果、桑树、甘蔗等经济作物的生产方式，实现桑叶饲蚕，蚕屎喂鱼，池泥护桑树循环利用。[①] 有些地区甚至加进了大田生产和畜禽生产的内容。据《补农书》记载，明末清初杭嘉湖地区形成"农—桑—鱼—畜"相结合的生产方式，在圩田外养鱼，圩上种植桑树，圩内种植水稻，同时又以桑叶饲羊，用羊粪做桑树的肥料，或者以大田作物的副产品或废料饲养畜禽，畜禽粪便再用作肥料或饲鱼，形成了合理的物质流和食物链，打造了具有极高经济效益和生产能力的生态系统，大幅提高了土地集约化，提高了土地利用率。[②]

---

① 李根蟠：《中国古代农业》，第 121 页。
② 李根蟠：《中国古代农业》，第 121 页。

　　总之，中国传统农业以提高土地利用率为主要方向，在实践中形成了一整套体系严密的土地利用制度，真正实现了农业的集约化发展。当前，我们正在建设社会主义现代化农业，科技成为推动现代农业发展的主导力量，但也因此造成一些严峻的问题，因此有必要将传统经验与当代科技相结合，推广和发展集约化农业生产方式，实现多生物共存共生，以此大幅提高资源利用率，实现绿色发展、循环发展。

（三）土地环境的改良体系

　　中国古代农学将土地视为万物之所由生，财富之所由出，在长期的农业生产实践中，古代农民积累了丰富的土壤知识，同时也在实践中尝试改变土壤的特性，提高土地自身产出，这些实践经由农学家总结提升为中国传统农学的土壤改良体系。

　　以辨别土壤性质为核心的土宜论是土地环境改良体系的首要内容。从春秋战国各类古书中可以发现，"相高下、视肥饶、序五种"已成为当时农民的基本常识，也是政府官员施政的基本职责。[①] 土宜的第一个具体内容是分析农业额度地区性，根据地区特点安排生产与生活；第二层含义则是在同一地区内按照不同土地类型安排农牧林渔各项生产；第三层含义则是根据不同的土壤性质，安排不同的农作物。事实上，土宜的概念与含义在历代农业发展中均有继承与融合，逐渐形成了以辨别土壤安排种植制度为核心的土宜论。以现代科学分析，这种土宜论实质上是一种土壤生态学。[②]

　　作物生长过程中，人们很难改变气候，却可以根据自己需要适当改变土壤性质，也可以根据实际需要通过修筑梯田等方式改变作物生长的地形地貌，这种改善农业生产环境的实践，经由农学家改造凝练为土脉论。如陈旉言："土壤气脉，其类不一，肥沃硗埆，美恶不同，治之各有宜也。"[③]

　　如果说土壤有气脉，气脉有盛衰，那么土壤的肥力就可以在人力作用下发生变化。《吕氏春秋·任地》便提到"地可使肥，又可使瘠"。即是言通

---

① 李根蟠：《中国古代农业》，第 133 页。

② 李根蟠：《中国古代农业》，第 133—134 页。

③ （南宋）陈旉著，万国鼎校注：《陈旉农书校注》，《地势之宜》第二，第 25 页。

过人类劳动，自然界的土壤性质产生变化，可以更好满足农作物种植的需要。东汉王充则更明确指出了让土地变肥沃的方法：

> 夫肥沃墝埆，土地之本性也。肥而沃者性美，树稼丰茂；墝而埆者性恶，深耕细锄，厚加粪壤，勉致人功，以助地力，其树稼与彼肥沃者相似类也。[1]

王充提出了衡量土地肥沃与否的主要指标就是作物产量的高低，同时指出人在土壤贫瘠转化中起重要作用，如果人们辛勤劳作，土壤的肥力会持续增强。在此基础上，产生了"地力常新壮"的理论。陈旉于批评"地久耕则耗"观点基础上提出如果能够经常添加新的肥沃土壤，配合施用肥料，那么土地会越来越肥沃，并不会出现地力递减的问题，这是中国传统农学中的重要思想之一。[2]

综合而言，土宜论和土脉论构成了中国传统农学土地认知和土壤改良的基本理论，在两者的指导下，中国农民主要通过耕作、施肥、排灌、农田结构改良和合理安排耕作制度等多举措开展对土地环境的整治与改良。

在耕作方面。《吕氏春秋·任地》提到"凡耕之大方，力者欲柔，柔者欲力；息者欲劳，劳者欲息；棘者欲肥，肥者欲棘；急者欲缓，缓者欲急；湿者欲燥，燥者欲湿。"[3] 提出了土壤性质的五对矛盾，其中力柔是指土质的软硬，急缓是指土壤肥力释放的快慢，处理这些矛盾，需要注意适度原则。氾胜之则将其概括为"和土"的总原则，即力求土壤达到肥瘠、刚柔、燥湿适中的最佳状态，最终形成团粒结构。虽然古人没有团粒结构的概念，但在实践中却懂得何种土壤最利于作物生长，只要达到"和"，便是最好的土壤。[4]

黄河流域的自然环境对土壤改良的需求更大一些。面对黄河流域春旱多风的气候，古人很早就知道播种后需要立即覆土。春秋时期又出现"深耕

---

① （东汉）王充：《论衡·率性篇》卷2，四部丛刊景津草堂本。
② 李根蟠：《中国古代农业》，第136—137页。
③ 王利器：《吕氏春秋注疏》卷26，第3077—3080页。
④ 李根蟠：《中国古代农业》，第138页。

疾檴"的技术方案，当局限于各类条件，当时的耕作只是在即将播种的土地上进行简单松土。汉代以后，牛耕技术的推广为耕作的反复进行提供了技术支撑，通过畜力耙，就可以在播种之前反复耕耘土地，切断土壤毛细血管，避免水分蒸发，使土壤形成上虚下实、保水保肥性能良好的耕层结构。通过这套技术方案，人们可以秋耕蓄秋雨以济春旱，秋耕因而受到人们重视。播种以后要及时按压，将土壤中的水分提上来，以利出苗。禾苗发出后，还要及时进行中耕，既能提高作物抗旱能力，又能提高地温促进作物成长，在一定程度上缓解了春旱造成的危害。[①]

施用肥料是改良土壤环境的另一重要措施。在远古撂荒制下，人们主要依靠自然环境完成农作物的种植与生长，采取较为野蛮的手段开辟新的土地，待新垦土地肥力消耗殆尽后，再另行寻找其他新垦土地。进入农业种植休闲制后，已开始有人工干预措施出现，例如芟除土地上的草木，并采取水淹或火烧的方法使之变为肥料。战国时期，人们开始有目的地开展施肥，韩非子提出农业生产必须"积力于田畴，必且粪（施肥）灌"，《荀子》中也提到普通农民的日常任务就是多往田里施肥。宋代以后，复种制的广泛推行对肥料数量的需求极大，人们也认识到肥料是维持地力的最重要因素，甚至到了王祯提到的"惜粪如惜金"的地步，施肥量成为农作物产量增减的决定性因素。这也成为传统农业发展的基本原则。[②]一直到现在，如何解决肥料问题依然是考验中国农业发展的核心议题。

为应对日益增长的人口，中国农业的需肥量持续增大，至明清时期已呈现"氮约束"形态，人们想尽一切办法增加肥料。据明清农书记载，当时的肥料种类已达130多种，古老中国的农民将一切废弃材料变为能够增加粮食产量的有机肥。早在战国时期，人们就利用青草、树叶等烧灰作肥，以后又广泛利用河泥、塘泥、草皮泥等原材料，更多制肥材料则来自于生产和生活中的废弃物，人畜粪便、垃圾、炕土、残茬、老叶、动物皮毛骨羽、秸秆、糠秕、旧墙土都可以充作肥料。[③]至于绿肥，汉代时人们已知道将青草

①　李根蟠：《中国古代农业》，第 139 页。

②　李根蟠：《中国古代农业》，第 140—142 页。

③　李根蟠：《中国古代农业》，第 141 页。

翻耕烂在地里做肥料，之后被广泛应用于夏闲地，这样农田施肥的规模大幅扩展。饼肥应该是古代最好的肥料，这种榨油后形成的枯饼含有丰富的有机物，可以满足农作物日常生长需求，以至于肥饼成为经济作物，进而引起了更大范围的种植制度变革。①

在培育高产田、改造低产田方面，中国古代农业也有丰富经验。西汉时，赵过创造了代田法，将六尺宽的地做成三沟三垄，种植播种在沟里，待出苗后锄垄上的土护苗，这样可以抗旱，减少干旱带来的危害。与此同时，西汉时还采取耦犁作垄、楼车条播等措施，大大提高劳动生产率。在代田法中，垄和沟的位置每年变换，土里利用部分和闲暇部分轮番交替，可以做到用养兼顾。② 这种方法曾经在关中地区大规模推广，增产效果明显，之后随着牛耕的普及，新型保墒耕作体系形成，代田法逐渐被废弃。

《氾胜之书》中提到的区田法，其目的也是培植高产田，其方法是将农田分成若干方形小区，采取深耕、等距离播种、及时灌溉多施肥的方式，提高其土地产出。这种方法不要求连片土地，对耕牛的使用也没有硬性要求，仅要求投入大量劳动力，就可以达到"亩产百石"的目标。虽然如此，这里需要指出的是区田法确实能够抗旱提产，但是产量却未必有那么高；再者此方法需要劳动力极大，难以在大田内推广，只有遇到旱灾时，才可以成为救急的良方。

古代农民在改造低产田方面也用力较多，总结出了一套较为完整的改造体系。在华北盐碱地，农民广泛采取沟洫排盐、种稻洗盐、放淤压盐、种植苜蓿和耐盐树、深翻窝盐等办法改良盐碱地。南方则采取多冷浸田、犁冬晒垡、开沟烤田、熏土暖田和施用石灰、骨灰、煤灰等办法进行改良。在那些较为贫瘠的沙地，当地人也发明了改良土壤的办法，例如甘肃贫瘠山区创造了一种"砂田"，土地耕后施肥，然后分层铺上砂石，造成保温、保水、压盐的土壤环境，可以有效提高作物产量，但是成本却较高，没有大范围推广。③

① 李根蟠：《中国古代农业》，第141—142页。
② 李根蟠：《中国古代农业》，第144页。
③ 李根蟠：《中国古代农业》，第145页。

合理排灌是改良土壤环境的又一途径。战国以后，农田灌溉发展起来，人们采取引水灌溉并种植水稻的方法洗盐，或者利用河沙灌淤压碱。西汉贾让曾对此有过专门总结："若有渠灌，则盐卤下湿，填淤加肥，故种禾麦，更种秔稻，高土五倍，下田十倍。"[①] 在南方水田，人们也采取适当排灌、改善土壤水分，既满足水稻生长各阶段对水的需求，又避免稻田长期浸水而出现温度不足、通气不良的弊病。陈旉介绍江南水稻耘田采取"旋干旋耘"的方法，在耘过的田上中间和四旁开又大又深的沟，将水放干后至田面干裂，然后再灌水，以此提高地温，促进氧化。[②] 这种方法现在仍在使用。

总之，在中国农民的实践基础上，农学家总结提炼出了"三才"理论，强调"天时""地利""人和"融会贯通，既要尊重季节变化、温度升降、地区差异，了解土地的重要性，又要竭尽全力发挥人的主观能动性，顺应气候变化，及时安排合理的农业生产，同时在适应自然环境的条件下采取措施改良土壤，营造可以提高单位面积产量的农业生产小环境，真正实现农业生产的有机循环。

（四）传统循环农业生产模式的当代价值

当前正处于我国农业现代化建设的关键时期，需要用先进的科技手段提升作物产量，但也应看到农业科技是一把双刃剑，会导致环境污染、水土流失、投入产出比下降等问题。与之相比，中国传统农业科学技术比较注意适应和利用农业生态系统中农业生物、自然环境等各种因素之间的相互依存和相互制约，能够在符合农业本性的基础上发挥人的能动作用，实现人和环境的和谐发展，这代表了未来农业的发展方向。

尽管如此，由于传统时代循环农业产生的背景与当前农业发展面临的大形势迥然不同，因而也不能完全照搬传统时代的农业生态实践方式，而是需要结合当前农业发展形势辩证吸收消化提升。如果不加分析盲目照搬，则不但不会减少当前的污染程度，增强食品安全性，还可能进一步导致中国出

---

① （东汉）班固撰、（唐）颜师古注：《汉书》卷29《沟渠志》，第1695页。

② 李根蟠：《中国古代农业》，第143页。

现非常严重的粮食短缺，进而引起粮食安全问题。简言之，中国需要在食品安全和粮食安全之间作出有效平衡，不能顾此失彼，一味追求农业的循环经济和生态效应，影响整个现代化进程。

传统时代中国的农业循环是在特定背景下产生的，与今日我们正在提倡的生态农业有着截然不同的目标诉求和发展路径。根据中国农史的基本发展脉络，增产是传统时代农业生产的最主要目标，也是整个农业生产过程中的核心问题，为了实现增产目标，中国农民可以竭尽所能调动所有资源。

在化肥获得普及使用之前，中国农业生产长期处于"氮约束"状态及农业生产中时刻面临肥料短缺的困境。面对日益增长的人口压力，中国农业逐渐走上精耕细作道路，并形成一套完善的集约化耕作体系。在这一体系中，中国农民将一切可以利用的农业生活废弃物和生产废弃物重新加工为肥料，按照一定标准还田，从而做到废弃物资源化和再利用，为农业增产提供强大资源支撑。

如果将传统时代的循环农业置于长时间的历史背景下观察，则会发现中国农民是在一种完全被动的情况下发展了循环农业生产模式，其基本动力来自于持续不断的人口增长。事实上，在阐释传统时代生态农业成就的同时，也应该清楚了解至清代末年，随着人口的持续增加，中国农村已经面临非常严峻的生态环境压力，当时的农民已经处于肥料、饲料、燃料共同作用组成的"三料危机"中，面临生态环境崩溃的险境。简言之，清代末年，严重的生态危机已经影响到中国的粮食安全，有限的循环农业已经不足以支撑整个农业生产的正常进行。

这种情况一直持续到20世纪60年代。1949年后，中央政府曾几次希望破除生态危机，增加粮食产量，从而为城市化和工业化提供更多农作物，但是由于肥料的持续短缺，这种努力收效甚小。自60年代中期开始，化学工业初步建立，化肥开始应用于农业生产，粮食产量逐年提高，从而减少了传统有机肥的使用数量，改善了濒于崩溃的生态环境，也终结了传统时代的循环农业生产模式，中国农业开始进入现代科技推动模式，另一层面的生态危机由此而产生，过量化肥和农药引起的农业污染和食品安全问题日益严峻，废弃秸秆焚烧导致的空气污染也有增无减，中国农业又需要重新启动循环生产模式。

　　每个时间段内面临的困境不同，农业生产过程亦是如此。当前中国农业生产面临着与以往迥然不同的处境，需要在详细分析当前背景基础上厘定未来的发展路径和目标，并从传统生态农业实践中提炼相关信息，有效结合当前问题与历史经验，逐步解决污染问题和食品安全问题，保证农业现代化顺利进行，从而实现粮食安全。

　　随着城镇化程度的日益提高，不断实现农业产量，满足日益增长的城乡居民食品需求将是很长一段时间内中国农业的基本功能。因此，增产依然是现阶段的主要任务，任何生产方式的改变与采纳都需要围绕增产展开，否则将影响中国的粮食安全，造成社会不稳定，阻碍中国特色社会主义现代化建设进程。

　　据上述，中国传统时代的生态农业是在特殊背景下形成的，其主要目的是为了将一切农业废弃物转化为肥料，解决"氮约束"状态，而这种生态农业的产出率却较低，至民国年间已不能满足当时的粮食需求，而且还引起了非常严重的生态危机，因此，那些片面理解传统生态农业，认为其实现了农作物增产和生态平衡的观点和看法是值得商榷的，不加提炼，将传统农业生产方式完全推广普及到现代农业生产的做法也存在着相当大的粮食安全隐患。因此，如何利用现代技术手段恢复传统生态农业，使得两者有效结合，是中国未来既实现农业增产，又实现生态农业，减少面源污染，降低秸秆焚烧率，达到良性生态环境的有效路径。

　　集约化和资本化是建立农业循环产业链的催化剂。改革开放后，家庭承包制提高了农民积极性，推动了农作物产量提升，也为农民构筑了一道维持基本生活的防护网。一家一户小农经营与现代农业科技相结合，在不断提高农作物产量的同时，也加大了农业环境污染程度。小农经营的弊端是难以最大效能利用科学技术，某种程度上造成了化肥流失、农药使用不合理、秸秆处理难度大等问题。农业产业化则可以提供相关技术和资本，建立循环链条，有效调配使用各类化工生物制品，实现秸秆综合利用，既能增加农作物产量，又能保护生态环境，是重振循环农业的核心载体。因此，中国未来生态农业与传统生态农业有着本质区别，其能否实现的关键因素在农业经营制度改革和资本化的实施程度。

四、山林资源的开发与利用

人类的所有物质生产生活活动都依托于自然界，当人类的索取超过自然界的承受能力时，生态危机便会出现。关于这一点，中国传统农业思想也有较大篇幅的论述，可以为当前的资源开发与利用提供有益借鉴。春秋时期，众多思想家讨论了山林资源的开发与利用，其中尤以管仲和儒家论述较多。春秋之后，历代政府都非常重视山林资源的持续开发，在思想层面和实践层面形成了山林开发的经验与知识，可以为今天的山林可持续发展提供历史依据。

（一）《管子》的山林资源开发思想

上古时期，先民以采集和渔猎为生。进入农业社会后，先民积累了丰富的农作物种植和动物驯养知识，在扩大生产范围获取更多物质资源的同时也对环境产生了一定影响，导致区域性生物资源缺乏，危及人类生存环境。对于此，《管子》一书中有多处论述。《管子·国准》中记载："有虞之王，枯泽童山；夏后之王，烧增薮，焚沛泽，不益民之利。"[1] 认为之所以出现环境破坏，最主要的原因是夏朝统治集团没有合理开发利用生态资源。鉴于此，《管子》特别强调如果人君不懂得守护山林，那么就没有资格当天下的大王。

在林木生态认知方面，《管子》也有独到见解。由于《管子》主要记述齐国的事情，齐国的气候和地貌又比较适合树木生长繁衍，因此齐民积累的众多林木知识被记录了下来，从而形成我们今日看到的林木生态观念。[2] 例如《管子·地员》中就有多处相关记载，"五粟之土，若在陵在山，在□在衍，在阴在阳，尽宜桐柞，莫不秀长；其榆其柳，其□其桑，其柘其栎，其

---

[1]　戴望：《管子校正》，第 388 页。

[2]　戴吾三：《略论〈管子〉对山林资源的认识和保护》，《管子学刊》2001 年第 1 期。

槐其杨，群木蕃滋，数大，条直以长。"类似的记载还有很多，综合而言，这些记载体现出当时人对林木生长环境的认知，具备了因地制宜的能力。

在森林保护方面，《管子》也有系统论述。人们的生活离不开森林，既需要从中获得生产和生活物资，也需要通过森林调节气候、稳定雨量和温度。在保护森林方面，《管子》认为首要的是根据不同季节的特点安排林木种植和管护。从季节而言，春夏是生长季节，因此不能随意砍伐树木，更不能损伤树苗，其目的是为了保证万物能够获得生长。由于干旱季节容易引起火灾，为了防患于未然，《管子》要求君主注意："山泽不救于火，草木不殖成，国之贫也。"[1] 这就很好说明了其中的关键点。进一步而言，如果能够做到防范，那么便会草木繁殖，国家富足。为了有效做到这一点，齐国甚至制定"火宪"这一法令，要求随时注意树木与火的关系。根据记载，当时的"火宪"和自然资源保护活动都由"虞衡"负责，而且这一官职在《尚书》《夏小正》等书中屡有提及。[2]

为合理利用山林资源，《管子》强调"山林虽广，草木虽美，禁发必有时。"[3] 这是由于不断更新是山林资源的一个重要特点，只要按时给予其充分生长时间和空间，便会很快恢复发展，这样就可以继续开采利用。除此之外，《管子》也重视植树造林，认为这是一项功在当代、利在千秋的好事，所以提出"一年之计，莫如树谷；十年之计，莫如树木。"根据此观点，管仲向齐桓公提议凡是有植树技艺的，就可以奖励一斤黄金，以这种高物质奖励的方法推动齐国林业发展，使其成为本国有序发展的宝藏。[4]

上述《管子》中关于山林资源的保护与合理利用，属于其生态观的一部分。管子的生态观包括对天时、地利、人和的认识，以及对于基本自然规律的认知。如果说山林资源破坏会影响人们的生活，那么生态的破坏则会导致农业歉收，危及国家安全和社会稳定。关于这一点，《管子》认为应该重视天时与地利，做到"顺天之时，约地之宜，忠人之和，故风雨时，五谷

---

[1]　耿振东译注：《管子译注》，第 40 页。

[2]　戴吾三：《略论〈管子〉对山林资源的认识和保护》。

[3]　戴望：《管子校正》，第 75 页。

[4]　戴吾三：《略论〈管子〉对山林资源的认识和保护》。

实，草木美多，六畜蕃息，国富民强。"《管子》中又进一步提醒君王和臣子都要注意这一点，做到不违逆整个生态系统。[①]

基于生态观，《管子》提出春天不能杀伐，不要开展各类开采行为，夏天则不阻止水流方向，捕猎鸟兽，秋天没有赦过、缓刑、释罪等行为，冬天要注意保藏，不随便破坏既有成就。如果不这样做，便会导致"春政不禁则百长不生，夏政不禁则五谷不成，秋政不禁则奸邪不胜，冬政不禁则地气不藏，四者俱犯，则阴阳不和，风雨不时，大水漂州流邑，大风飘屋折树，暴风焚地焦草。"[②]

由此可见，《管子》是从经济、社会大局出发来认识山林资源，并提出了保护和利用这些资源的方法。目前，人类已经掌握了更多改造自然的技术，但是有关山林资源的保护仍显薄弱，需要吸取前贤们的经验智慧，而《管子》的这些思想恰好可以为我们解决当前问题提供借鉴。

（二）魏晋南北朝时期的山林资源保护

魏晋南北朝时期有关山林资源保护、开发、利用的思想和实践也较为成熟，辨析该时期的各种山林保护思想，也可为当前的生态文明建设提供理论借鉴。本时期的一大特点是佛教传入中国，思想家们在儒家思想基础上融合了佛教思想，形成饶有特色的山林保护思想体系，并在政府主导下做了大量实践工作。

先秦时期，儒家一直倡导政府向平民百姓开放山泽资源，同时批评有些国君和贵族豪强占据山泽，没有与民共享的行为。晋朝时，有一些山林仍归政府所有，百姓不允许私自利用其中的资源。有一部分人反对这种做法，例如刘弘在荆州做刺史时就提到："旧制，岘、方二山泽中，不听百姓捕鱼。弘下教曰：《礼》，名山大泽不封，与共其利。今公私并兼，百姓无复厝手地，当何谓邪！速改此法。"[③] 明显继承了先秦儒家的观点。

在生态保护方面，该时期仍有一部分人继承先秦儒家的"取之有时，

---

① 戴望：《管子校正》，第 292 页。

② 戴吾三：《略论〈管子〉对山林资源的认识和保护》。

③ （唐）房玄龄等：《晋书》卷 66《列传第三十六》，中华书局 1974 年版，第 1765 页。

取之有度"思想，但是具体论述反而不多。此时期的学者更多将注意力放在了儒家经典的解释上，从中表达对生态保护的观点。例如魏代何晏将"子钓而不纲，弋不射宿"中的"宿"解释成"宿鸟"，意思是射宿鸟会伤害更多的鸟，可见其资源保护思想更为突出。①

南北朝时期，佛教对上流社会影响较大，因此在杀戒方面颇为注重。梁武帝倡导信仰佛教者不能食用荤腥，所以朝廷上下不食用肉类、不使用皮革制品，并且颁布了众多放生类的命令。② 关于这一点，南北朝时期有众多论述，虽然佛教的戒杀、断肉等是出于自身修行，或者出于关爱众生，和自觉的生态意识扯不上关系，但是这些意识和行为却对保护山林资源具有重要意义。

（三）宋代的山林资源开发

宋朝时，商品化经济持续发展，人口大规模增加，出现了一批大城市，增加了资源消耗量，给生态环境带来一定程度的压力。在资源供给方面，农田主要为人们提供最基本的物质生活资料，即传统意义上的衣服和食物，山林则会为人们提供更多较为高端的物质生活资料，并且会经过工业加工和贸易传递给消费者。在人口激增，城市规模日益扩大，资源消耗量持续增大的背景下，单纯的农田资源已经不能满足社会的多元化需求，作为公共资源的山林自然成为人们开发利用的对象。③

现有多条宋朝政府向普通民众开放山川林泽资源的资料，可以证明当时的政策较为开明，允许百姓利用那些鸟兽等小资源。

> 诸处鱼池，旧皆省司管系，与民争利，非朕素怀。自今后池塘河湖鱼鸭之类，任民采取。如经市货卖，乃收税。④

---

① 赵杏银：《中国古代生态思想史》，第78页。
② 赵杏银：《中国古代生态思想史》，第79页。
③ 赵杏银：《中国古代生态思想史》，第100页。
④ （清）严可均辑：《全宋文》卷72，上海辞书出版社2006年版，第4册，第266页。

这是宋太宗于淳化元年下的一道命令，表明当时政府已经放开这些资源给普通民众，仅是从中收税。当年的十月，宋太宗又下了关于放开资源的命令，内云："婺州金华、东阳两县陂湖，岁取鱼税，并除之，纵民采捕，吏勿禁。"① 由此可见，北宋初年不断放开相关资源，政府通过收税获得财政收入，而民众则凭此获取相应资源。

宋真宗年间，政府继续发布弛禁政策，大中祥符四年真宗颁布命令"雄霸州民，因水坏田而艰食者，多捕鱼自给，官复收其市算，宜除之。"② 南宋时，政府也颁布了类似政策，淳熙十六年政府规定："沿江并海深水取鱼之处，乞许令民户舟楫往来，从便渔业，勿有所问，不得容令巨室妄作指占，仍旧勒取租钱。虽昔系耕种之地塌落，今为深水，亦不在占据之限。豪强倘敢违戾，州县倘或纵容，即许人户越诉，择其首倡，重作戒惩。"③

即使如此，政府也不会毫无原则放开这些资源，而是在弛禁的同时做了一些新规定。宋太祖年间即规定："王者稽古临民，顺时布政。属阳春在候，品汇成享，鸟兽虫鱼，俾各安于物性，罝罘罗网，宜不出于国门，庶无胎卵之伤，用助阴阳之气。其禁民无得采捕虫鱼，弹射飞鸟。仍定为定式，每岁有司具申明之。"④ 宋真宗也颁令："方春阳和，庶物茂遂，爰申邦禁，以顺天时，俾无伤夭之忧，以助发生之气。诸州粘竿弹弓罝网猎捕之物，于春夏月悉禁断之。犯者委长吏严行决罚。"⑤

政府的本意是允许民众获得山林川泽中的自然资源，但是又要注意获取时间，保证可持续利用。不过，这些资源放开后，商业化发展扩大了对各类物质资源的需求规模，导致对自然资源的索取程度远大于贡献程度，因此一定程度上导致了部分地区生态环境的持续恶化。正如陆游所讲的"先王盛时，山泽有虞，山林有衡，渔猎有时，数罟有禁。洋洋乎，浩浩乎，物各遂其生养之宜。"但后来却变成"德化弗行，厉禁弗施，广杀厚味，暴殄天物，

---

① （清）严可均辑：《全宋文》卷73，第4册，第275页。

② （清）严可均辑：《全宋文》卷242，第12册，第127页。

③ （清）严可均辑：《全宋文》卷4994，第225册，第136页。

④ （清）严可均辑：《全宋文》卷1，第1册，第16页。

⑤ （清）严可均辑：《全宋文》卷238，第12册，第30页。

放而不知止。舍耒耜而事网罟者，日以益众。"① 由此可见生态变迁之大。

　　针对此问题，当时有人提出了解决方案，时人的论述可以为我们今日的可持续发展提供一定借鉴。宋代鄱阳旁边的土湖是一个物产丰富、位置优越的地方，周边既有江河，又有陆地和山皁，盛产水稻与各类水生资源，周边居民春天时开始在湖里生产，秋天采集菱角出售，冬天捕鱼，以此维持一年的生计。起初人们的生产条件较为落后，捕鱼手段单一，因此采集菱角和捕猎鱼类后，土湖里的自然资源可以实现自我修复，来年再供人们获取使用，随着需求量扩大，人们开始采用新技术放水挖渠扩大水稻种植面积，大规模利用水中动植物，于是，虽然农产品产量增加，但是生态系统却遭到破坏，动植物资源没有像以前那样实现自我修复，民众的收获量逐年减少，最终导致日益贫困。② 时人彭汝砺总结了这次生态危机的教训，并超前地提出了相应的解决方案。③

　　通过上述生态危机可见，人与自然总是处于互动过程中，人离不开自然，自然的运转也与人息息相关。人类为了生存与发展，必须依靠大自然，从中获取相应资源，当技术手段较为落后，生产效率较低时，人类的开发程度不会太高，资源消耗量较少，不会破坏生态系统平衡，也就不会发生生态危机。随着人口的增长和人类生活质量的提高，需要向自然界索取更多资源时，便会更新生产技术，加强互助合作，从而实现物质资源生产的大规模提升，但是另一方面却会导致资源过度开发，给原有的资源体系带来破坏性影响。事实上，我们今日的生态危机，其本质与土湖生态危机是相同的，都是由人类需求增大促使技术进步，进而导致生态系统紊乱，然后出现生态问题。

（四）山林资源开发与利用思想的当代价值

　　第一，人类不能一味放纵自己的物质欲望，认为现代科技可以帮助我们增加产量，从而不加节制地享受。正如古代人所讲的："尔何异欲食旨酒

---

① （清）严可均辑：《全宋文》卷519，第24册，第381页。

② （清）严可均辑：《全宋文》卷2201，第101册，第81页。

③ 赵杏银：《中国古代生态思想史》，第103页。

而亟其欲，不以礼取，一息而竭，复怨其有无。唯尔下愚，便意便见，残忍在中。作为机械，舍远取近，穷欲取利，暴殄天物，其应如此，尚何怪哉！夫天之于物也仁，尔则不仁，天之施物也欲无穷尽，尔则尽之。天道人事，其理好还。肇是谋者，其终穷乎！"[1] 如果不控制贪欲，资源再生能力便远远赶不上消耗数量，就会造成资源枯竭。因此，预防危机发生的最主要手段是控制人类的过度消费，维持生态系统平衡。

第二，当人类依靠大自然获取资源时，可以通过改善技术实现资源保护。应"以网以罟，取之以时，弃小得大，毋殄毋夭，以全物类，以长尔子孙。"[2] 人类进步离不开科学技术，但是科技也会造成许多负面影响，虽然可以提高生产效率，但是却容易给生态资源带来毁灭性灾难，因此彭汝砺认为应该恢复以前的传统捕捞方式。[3] 这种对于技术与自然关系的理论和看法，对于我们今天生态危机有借鉴作用。当前的众多生态问题都是由科学技术使用不当引起来的，因此我们要牢记科学是双刃剑这一道理，做到技术使用与生态效益有效融合，尽量减少其所带来的负面影响。

总之，政府向民众开放山川林泽，满足了普通民众的日常生活需求，但是人口的持续增长和先进技术的大规模应用却造成了这些资源过度开发，产生了一系列生态危机。[4] 当时的一批人注意到了这个问题，提出了自己的解决方案，在今天看来依然有用，指明了社会发展、资源减少、生态危机三者之间的关系和发生机制，提供了避免和解决危机的方法，因此对于我们改善生态环境，实现人与自然和谐发展具有重要的启发作用。

五、农田水利建设与农业生态发展

中国大部分地区属于季风气候，年内降水量非常不均匀，因此农业生产需要人工灌溉作为保障，农田水利工程在农业生产中具有重要的地位和作

---

① （清）严可均辑：《全宋文》卷 2201，第 101 册，第 81 页。
② （清）严可均辑：《全宋文》卷 2201，第 101 册，第 81 页。
③ 赵杏银：《中国古代生态思想史》，第 104 页。
④ 赵杏银：《中国古代生态思想史》，第 105 页。

用。需要指出的是，在不同阶段，农田水利建设的范围和规模是不一样的，从夏商时期初步的疏导江河、兴修沟洫到大型灌溉系统的出现，再到圩田、垸田等的普及与推广，中国的农田水利工程建设随着农业的发展而逐步完善，取得了系列成就，为农业生产提供有力支撑外，也给当代农业发展提供了借鉴。

（一）先秦两汉魏晋南北朝时期的水利建设

随着人口的增加，生产性农业开始出现，随之而来的是水利灌溉的兴起。最早的农业生产形式是井田制，所以水利工程也因着这种田制以沟洫的形式展现出来。西周时期，农田沟洫已经较为系统和完善，形成了灌溉和排水相结合的农田水利体制。除此之外，当时还出现了人工蓄水池，主要是利用当时的湖泊低地人工修筑堤防，形成初级水库。[1]

自战国年间开始，铁器的使用扩大了农业生产的范围，农田水利建设出现了新局面。这一时期，大型水渠建设迅速兴起。在海河流域，西门豹兴建了漳水十二渠，不仅发展了灌溉，而且有利于提升流域内的农田肥沃程度，为这一区域的农业持续发展打下了良好基础。在长江流域，李冰父子修建了都江堰工程，解决了川西平原的水灾问题，成为这一地区农业发展的保障，这一地区得以成为"天府之国"。[2]

在黄河流域，水利工程的建设尤其值得瞩目。公元前246年，郑国在关中平原主持修建了郑国渠，引泾水东注入洛水，灌溉面积达到4万余顷。西汉时期，政府又在关中平原大量修建了一系列水渠，其中最为著名的是白渠，灌溉面积为4500余顷。除此之外，六辅渠、成国渠等水利工程也都不同程度保证了关中农业的发展，直接促进了关中经济的繁荣。西北地区的河套和河西走廊一带也大量修建水利工程，保证了西汉在这一地区的屯田。尤其需要指出的是，西汉中期农田水利的进步与发展是汉武帝推动的结果。[3]

---

[1]　周魁一：《中国古代的农田水利》，《农业考古》1986年第1期。

[2]　周魁一：《中国古代的农田水利》。

[3]　周魁一：《中国古代的农田水利》。

大型水利工程的兴建，带动了更多中小工程出现，为农业发展提供了有力支撑。

这一阶段，除了兴建了一批大型水渠外，其他各类水利工程也相继兴起，例如陂塘、水库、坎儿井等灌溉工程。其中，淮河流域的陂塘蓄水工程最为发达，代表性工程是至今仍在使用的芍陂。这一重大水利工程由楚国人孙叔敖主持，修建于楚庄王时期，充分利用了既有湖泊地势较低便于蓄水的优势，建成后的周长为120里，周围有5条渠道，当年的灌溉面积就达到了1万顷，是这一地区农业发展的重要保障。①

淮河流域和汉水流域还流行一种名为陂渠串联的水利工程。战国末年，楚国在襄阳一带修建了白起渠，充分利用了这一代丘陵起伏、大小陂塘遍布的地形，从蛮河开渠引水，通过各种渠道将分散的陂塘联系起来，形成串联状的水利设施，这样就大大提高了灌溉保证率。类似于这样的水利工程，在今天南阳盆地一带也大量存在，保障了这一地区农业的持续发展。

中国北方地区的土壤多为碱性土，地下水含盐量高，因此，古代在今河北、河南、陕西、山东、山西一带已存在大量盐碱地。战国时期，人们对盐碱地有了更为直观的认识，《管子·地员》就指出"带济负河，苴泽之萌也"②，认为河流侧渗抬高了地下水位导致滨河地区出现盐碱地。《吕氏春秋》中则提到采用"亩欲广以平，甽欲小以深"③的办法降低地下水位。而郑国渠则采用压沙的方式改善土质。这些都是我国水利技术上的重要成就，改善了土壤形状，提高了土地的增产能力。④

东汉时，淮河中上游及各条支流地区修建了大量陂塘。永平五年（62）汝南太守鲍昱重新修整了既有的陂塘。建安初年，刘馥也曾在今淮河南北通过修筑陂塘的方式屯田。东汉末年，由于战争的需要，各方势力均在大规模提高农业产量，因此割据政府致力于修建水利工程。曹操就以北方为基础，通过修水利屯田的方式作为战争的基地，为统一全国提供物质基础。汉水流

---

① 周魁一：《中国古代的农田水利》。
② 耿振东译注：《管子译注》，第315页。
③ 王利器：《吕氏春秋注疏》，第3125页。
④ 周魁一：《中国古代的农田水利》。

域的陂塘设施也很发达。①

这一时期长江流域以及江南的农田水利设施也开始发展起来。由于南北动荡，大量人口移民到南方。孙吴在建康建都，继而开发了大量水利工程。在钱塘江流域，东汉永和五年（140）修建了绍兴的鉴湖，解决了这一地区容易形成涝灾的困境。此外，湖州的吴兴塘，长兴的西湖等，也是这一时期兴建的，每一项工程都可以灌溉两千顷以上。长江中游地区水利也获得开发。东汉永元年间，身为豫章太守的张躬曾在今南昌一带修塘。随着人口的增加，湖北江陵、安陆一带也开始修建灌溉水利工程。②

（二）隋唐宋元时期的农田水利建设

唐代建政后，保持了相当长一段时期的社会安定，保证了农业经济的顺利发展。随着经济中心的南移，江南的圩田开始发展兴盛，成为中央政府的主要财政来源。这一时期，南方的水利工程较多，除了重新整修都江堰外，政府又改扩建了不少著名水利工程，例如，北宋时期大规模建设的襄阳一带的长渠等，灌溉面积均达到了数十万亩。浙江黄岩地区的官河灌区，也具有相当规模。

唐宋时期江南水渠工程迅速发展，尤其以江浙闽三省最为显著。这一时期，福建省长乐县就修建了斗门及湖塘陂堰104所，灌田2800多顷。江西一带的水利开发建设也很迅速。唐代元和年间韦丹在这一带兴建了598座陂塘，可以灌溉田地1.2万顷。到南宋淳熙元年（1174）江南西路共修建陂塘2245所，可以灌溉田地44244顷。湖南、广东、海南等地也都不同程度开始兴建大规模农田水利设施，成为当地农业发展的基石。③

这一时期，江南水利事业的最显著成就是兴修了太湖流域圩田水利。这些水利设施起源较早，到唐代后期已经较为发达，直到当代，仍是高产稳产的重点农业区。北宋时期，太湖流域水利问题日益严峻，政府多次治理。在相关规划和治理中，范仲淹、赵霖等人都有过系统论述。尽管他们论述的

---

① 周魁一：《中国古代的农田水利》。
② 周魁一：《中国古代的农田水利》。
③ 周魁一：《中国古代的农田水利》（续），《农业考古》1986 年第 2 期。

侧重点不同，但却都从不同层面重新规划修正了江南的水利设施，促进了江南圩田的发展，使其成为国家赋税的重要来源地。①

相较于南方水利设施的兴盛，北方的水利工程数量较少新建，主要是对既有设施的重新维修。隋唐两代均建都于长安，因此特别重视水利建设，重新加强了郑白渠的管理。尽管如此，郑白渠却呈现逐渐缩小状态，由唐初的可以灌田1万顷降低到唐中期的6000顷，继而减少到北宋中的3600顷。这一问题影响了关中农业的发展，降低了农作物增产的速度。河套地区和河西走廊一带的水利建设却有所进步，唐代中期后套地区新修的水利工程可以改良大片盐碱地。②

在农田水利普遍发展的基础上，各种农田水利专著开始出现，这些著作对当时和后代的水利设施修建都有一定影响。在特定的小区域内，也有相应的专著出现，例如宋代魏岘所著《四明它山水利备览》就详细介绍了鄞州它山堰的历史、过程和结构，是一本从微观角度详细记载介绍水利工程的著作。③ 除此之外，还有其他一些著作记载了各地区的水利设施，为后来的水利建设提供了样板和范例。

（三）明清时期的水利建设

这一时期的大型水利设施较少，大部分的农田水利建设都由地方政府自办。其中，最为突出的依然是江南地区的水利。除了之前的太湖圩田外，湖广垸田迅速兴起，成为地方政府的另一大发展支柱。同时，海塘也获得大规模修建。

南宋以后，江南加速开发，湖北地区的水利迅速发展，明清两代的最主要特征是垸田得以大量修建。这种田形制和太湖圩田类似，主要集中在洞庭湖一带，到明末已经发展到一百所。洞庭湖地区垸田的发展，促进了本区农业经济的繁荣，于是出现了"湖广熟、天下足"的谚语。同时，长江下游

---

① 周魁一：《中国古代的农田水利》（续）。

② 周魁一：《中国古代的农田水利》（续）。

③ 周魁一：《中国古代的农田水利》（续）。

和太湖流域的圩田继续发展，到明代时已经非常普遍。①

珠江三角洲的圩田和垸田名叫基围，始建于宋代，到明代时迅速发展，除了沿江修筑外，还进一步向滨海发展，清代时更是成倍增长，保障了珠三角地区农业的大规模发展与繁荣。

这一时期，边疆地区的农田水利建设也有一定进步。新疆干旱地区的水利，河套地区的引黄灌溉、云南滇池水利和台湾等地的陂塘工程都有一定进步。在新疆，由于年降雨量较低，因此清政府组织广修水利，实施大规模屯田，部分解决了水量短缺问题，促进了这一区域的农业发展。宁夏引黄灌溉工程也有所发展。清代康熙、雍正年间先后新建灌田 11 万亩的大清渠和可以灌溉 20 余万亩的惠农渠，推动本地农业逐渐兴盛。②

这一时期，水利著作明显增多。例如，有专门描写流域范围的《浙西水利书》《浙西水利备考》《云南省城六河图说》《五省沟洫图说》《畿辅河道水利丛书》等，还有特定灌溉区域的专著，如《长安志图》《通济堰志》，还有《三江闸务全书》等专门记述某一个水利工程的专著。

尽管中国古代的水利建设取得了相当成就，但是我们仍要知道传统时代的技术体系并没有出现革命性的突破与变革，这些技术可以为今天的农田水利建设提供借鉴，但我们仍要清晰认识到今天农田水利建设的基本思路应该是以先进技术为引领，结合传统时代的治理和管理理念，才能取得更好的成就，完善全国各类大中小型水利建设网路，进一步促进农业经济的繁荣与发展。

---

① 周魁一：《中国古代的农田水利》（续）。
② 周魁一：《中国古代的农田水利》（续）。

第四章　中国古代的动物保护思想及当代价值

　　动物资源是整个生态资源的重要组成部分，可以有效维护生态资源的稳定与和谐，促成整个生态链的有效衔接，因此中国古代有非常丰富的动物资源保护经验，形成了系统的动物资源保护与利用思想，其中的一些重要实践活动和思想意识可以为我们今日的生态文明建设提供有益借鉴。

一、动物保护思想概述

　　动物是生态系统的重要组成部分。中国古代典籍中有很多关于动物保护的记载，这些思想构成了历史悠久的动物保护体系。秦汉时期的《月令》中有不少内容提到宰杀动物的时间，有着非常明确的动物保护体系。如果说秦汉时期的动物保护还仅是停留在典籍中，那么唐代的动物保护则已经进入实践层面。建国之初，唐高祖便颁行严禁宰杀牲畜、保护耕畜的诏书，其目的是为农业生产提供足够畜力。而唐高宗和唐中宗则是从勤俭节约层面颁布严禁抓捕动物上献的诏书。之后的唐玄宗也厉行节约，从保护畜力和保持生态平衡角度禁止捕杀动物。

　　唐代的动物保护有经济和宗教两方面的考虑。从经济角度而言，唐朝建立之初，社会上物质财富比较匮乏，需要大量牲畜提高生产水平，同时也必须通过勤俭节约的方式维持社会稳定，因而中央政府一再下令严禁宰杀牲畜和贡献珍禽益鸟。从宗教角度而言，在传统思想中，儒家重视礼仪，每逢重大活动都要宰杀动物祭祀，因此先秦的儒家没有一个是主张食素的，但是儒家又特别注重保护生态资源，提倡在特定季节不宰杀动物，以保证动物能够延续存在。道教也不禁止杀生，但同样提倡适度消费原则，保证动物资源代际延续。与这两家不同，佛教主张戒杀，甚至不食用荤食。为了节约资源，唐高祖从以上三种学说中找到了禁止屠宰动物的依据，在《禁行刑屠杀诏》中分析了三种经典思想有关动物宰杀方面的解释，认为颁布禁杀条令是有依据的。

佛教传入中国后，在魏晋南北朝获得快速发展，放生成为当时的一种修行修为。佛教认为众生都要六道轮回，因此其他任何众生都可能是其过去或者未来的父母，既然如此，如果其他众生有难，那就要出手相救，这构成了放生的基本理论依据。到宋代，佛教发展受到限制，皇帝、大臣和民间士人信仰佛教者并不多，但就是这样一个时代，却保留并发扬了佛教的放生理论，设置了大量放生池和碑记。通过详细解读这些资料，我们得到了有关宋代动物保护的理念和实践认知，进而凝练出这些思想和认知，对今天动物保护具有启示。

宋代的动物保护思想虽然有各种不同的出发点，但是其对人与动物之间关系的认识以及为了维持这种关系所做的种种努力，都对我们今日的生态文明建设有重要参考价值。我们现在本质上面临着与宋代相类似的局面，庞大的人口规模促使我们不断向自然界索取更多物质资源，其中包含消耗更多的肉类食物，这种形势导致越来越多动物的生存环境恶化，人类虽然扩展了自己的生存空间，获取了更多物质资源，但是随之而来的便是整个生态系统的紊乱，因此有必要借鉴宋朝时期的动物保护思想，了解他们的整个实践过程，帮助我们重新厘定今日的动物环保战略。

在人和动物关系的理论方面，元代儒学家在宋儒的基础上有所推进。由于幅员辽阔，元政府在不同区域内实施了不同的动物保护规定。在一些地方，实施了非常严格的禁止捕杀政策，而有些地方则向社会公众开放。因此，大量的鱼鸟遭到捕杀，同时由于技术水平不断提高，人们的狩猎水平日益提升，动物资源相较于以前遭到了更为严重的破坏，整个生态系统经常出现失衡的局面。这对于我们反思今日的技术变革与生态环境变迁提供了一个观察的视角和样板。

明代时，人们继续在戒杀等方面围绕动物保护展开论述。与宋代的戒杀和放生思想有所不同，除一部分佛教界人士仍然站在佛教立场上提倡戒杀、放生，此时最明显的特征是一部分儒者将儒家思想中的动物保护思想融入佛教体系。在那些提倡戒杀者看来，两者是可以相融交通的，因此，该阶段更多表现出儒家对之前动物保护思想的新解读。

明代的读书人将先秦儒家经典中关于保护动物资源的思想解读为"戒杀"以及保护动物，进一步宣扬宋儒的这一类观点，认为人类杀戮动物缺乏正当性和必要性。这些观点客观上与佛教的众生平等理念相同，显示儒家和佛教交相互融的倾向。但是，这些观点缺乏理论上的缜密，在实践中也缺乏可操作性。而那些较为务实的儒者们，则继承了先秦有效保护动物资源的思想，同时修正了宋儒"仁者以天地万物为一体"的观点，坚持与发展了以人类为中心的动物伦理观。

清代是一个继承传统文化氛围较浓厚的时期。这一时期，政府和知识界精英都在不同程度宣传先秦儒家的生态思想，并极力推广相应的措施，尤其注重合理使用动物资源。整体而言，有钱谦益处《牧斋初学集》卷二十六《杂文六》之《放生说》等文章既赞成可以适当杀戮动物，同时也反对不必要的浪费，合理利用动物资源。

在动物保护方面，清代政府和知识界精英通力配合，取得了一定的成就，这值得我们肯定。对于如何限制过度消费动物及其制品的问题，前人已通过各种方式进行过多种探索，但仍没有能够完全阻止人类的这些行为。当代社会，随着人们意识的多元化，关于动物消费的问题显现出多重性特点。面对不同人群错综复杂的需求，应该通过行政手段、经济手段和法律手段相结合的方式控制人类的过度动物消费，以达到满足人类需求和保护动物资源的双重目的。

二、历代动物保护思想及实践[①]

（一）秦汉时期的动物保护思想

《月令》中提到孟春月不能捣毁鸟巢，不能杀害孩虫，更不能破坏胎卵，以保护动物孵化；仲春月祭祀时则不能用牺牲；季春时节需要禁止田猎等行为，到了孟夏则更是不允许大田猎。总之，《月令》里体现了非常明显的动物资源保护思想：第一，在动物孕育和哺乳时期，严格禁止人们进行宰杀动物，严禁渔猎行为；第二，不允许使用大范围灭绝动物物种的各种工具，例如不能使用烈性毒药全面捕杀禽兽；第三，选择合适时机繁殖动物，采取措施提高家畜配种和繁育水平，注意准备好足够草料资源，以保证动物物种资源获得延续。《月令》认为，只有这样，才能为百姓生活提供源源不断的各类资源，也才能有效保护生态系统平衡。

（二）唐代的动物保护思想及实践

唐代政府特别重视动物保护，历任皇帝多次颁布诏书下令保护动物。唐高祖颁行《减用牲牢诏》等诏书，意在尽最大可能保存畜力。唐高宗和唐中宗则颁布《禁献鹰犬诏》和《禁擒捕鸟雀敕》，意在节俭，防止因动物而起的腐败生活。到唐玄宗时期，由于生产水平日益提升，社会出现一些奢侈之风，玄宗从生物伦理和经济价值两方面出发，下令禁止屠杀鸡犬牛马驴等动物，同时又颁布禁令，严令禁止在禽兽繁衍季节捕杀动物，提出按照规定时间实施屠宰行为，其他时间段内禁止此种行为。

至于文武大臣，也有不少人力主保护动物，严禁屠宰行为发生。孔遂为政府起草了《禁断寒食鸡子相饷遗敕》，提倡少吃鸡蛋，将其节省下来孵化小鸡。颜真卿建议政府在地方设立 81 所放生池，以便"恩沾动物，泽及

---

① 赵杏银先生对历代动物保护思想进行过较为详细的研究，已经阐述了其中的关键问题，本节是在其研究基础上的总结和凝练。参见赵杏银《中国古代生态思想史》，东南大学出版社 2014 年版。

昆虫。发自皇心，遍于天下"①。白居易也大力提倡保护动物，认为"臣闻天育物有时，地生财有限，而人之欲无极。以有时有限，奉无极之欲，而法制不生其间，则必物暴殄而财乏用矣。先王恶其及此，故川泽有禁，山野有官，养之以时，取之以道。"②

　　皇帝的诏书和大臣们的建议与文章主要集中在禁猎和禁杀方面，主要目的都是为了保护动物。尽管如此，上述诏书和文章中保护动物的意义和出发点也不尽相同。其中有一些带有浓厚的经济意义。例如唐高祖和唐玄宗等禁止屠宰牲畜的禁令更多来自经济方面的考虑，主要目的是为了减少用于祭祀的动物数量。根据儒家的要求，每次祭祀需要使用大量牲畜作为祭品，太牢少牢等仪式都需要使用大量牲畜，而这与唐代初年的物质财富极不相匹配。

　　唐代初年，经济尚没有完全恢复，整个农业生产都急需大量畜力，如果严格按照儒家的祭祀典礼进行，则需要屠宰大量牲畜，会限制农业生产的顺利进行，因此高祖的禁令就是为了减少牲畜贡品，简化传统祭祀仪式。唐玄宗初年，唐朝经济虽有恢复，但是玄宗本人当时还是较为节俭的，认为继续发展生产是当务之急，在这种励精图治思想的影响下，通过诏书形式减少耕牛的屠宰，以利于生产持续进行。在孙逖看来，鸡的繁殖能力较强，能够为人类带来更多肉食品，因而提倡减少鸡蛋消费，而是将鸡蛋孵化成小鸡，从而扩大鸡的养殖规模，以便满足社会需要。白居易的文章则延续了儒家的动物保护思想，主张坚持有度的原则保护动物资源。

　　另外一些则带有宗教方面的意义。在传统思想中，儒家重视礼仪，每逢重大活动都要宰杀动物祭祀，因此先秦的儒家没有一个是主张食素的，但是儒家又特别注重保护生态资源，提倡在特定季节不宰杀动物，以保证动物能够延续存在。道教也不禁止杀生，但同样提倡适度消费原则，保证动物资源代际延续。与这两家不同，佛教主张戒杀，甚至不使用荤食。为了节约资源，唐高祖从以上三种学说中找到了禁止屠宰动物的依据，在《禁行刑屠杀

---

① （清）董诰等编：《全唐文》卷336，第3404页上。
② （清）董诰等编：《全唐文》卷670，第6828页下。

诏》中分析了三种经典思想有关动物宰杀方面的解释，认为颁布禁杀条令是有依据的。唐玄宗则处于祈祷等宗教活动的虔诚，下诏规定正月十五、七月十五和十月十五这"三元"禁止屠宰，其理论依据也是从儒释道三家经典思想中找到的。对于颜真卿等人的文章，主要讲放生，本身就是佛教的重要内容之一。

这些禁止屠宰的行为都是在特定背景下制定的，有其明确的目的和用意。尽管不准屠宰动物，但是皇家喜欢打猎的行为有时候又与动物保护思想不相符。唐玄宗就喜欢打猎，李白还曾在《大猎赋》中描述了玄宗打猎时的情景，场面之盛大，猎物之多为前代所没有。针对这一奢侈情况，当时的诸多大臣上书请求玄宗减少打猎次数，虽然表面上是出于保全皇帝的名声，但是客观上对保护动物仍有积极意义。

此外，唐玄宗时还要求各地敬献动物进宫，这也和动物保护主旨不相符，有一位叫倪若水的大臣就上表曰："臣伏以方今九扈时忙，三农作苦，田夫拥耒，蚕妇持桑。而以此时采捕奇禽异鸟，供园池之玩，远自江岭，岂不以陛下贱人贵鸟也？"虽然主要目的是分析这种行为对百姓造成的负担，但是客观上对保护动物还是有非常积极的影响的。

（三）宋代的动物保护思想及实践

佛教传入中国后，在魏晋南北朝获得快速发展，放生成为当时的一种修行修为。佛教认为众生都要六道轮回，因此其他任何众生都可能是其过去或者未来的父母，既然如此，如果其他众生有难，那就要出手相救，这构成了放生的基本理论依据。到宋代，佛教发展受到限制，皇帝、大臣和民间士人信仰佛教者并不多，但就是这样一个时代，却保留并发扬了佛教的放生理论，设置了大量放生池和碑记，为我们今日的动物保护思想研究提供了条件。

北宋天禧四年秋天，时任杭州行政长官王钦若上奏皇帝建立西湖放生池，获得皇帝批准。第二年的三月，王钦若写下了《杭州放生池记》，正式将西湖作为放生池。到苏东坡任杭州知州时，下令禁止在西湖捕捞鱼类在内的水产。但到了南宋时期，西湖作为放生池的功能时紧时松，绍兴十三年，工部郎中上书请求再次将西湖列为放生池，可见之前一段时间西湖的放生池地位下降。之后，政府要求各地普遍建立放生池，西湖也再次成为放生池，开始禁止任何的捕捞行为，而且还专门建立了放生处。之后经过一段时间的政策更替，西湖既是放生池，又允许捕捞，于是两种行为并存。① 尽管如此，西湖的放生池地位总算确定了下来。

宋朝政府多次下令在全国设置放生池。宋祁《放生池记》云："圣上初元之二年，诏立放生池于郡国"②，要求在各郡县普遍设立放生池。南宋绍兴年间，朝廷又下令在地方设立放生池。关于此，王大宝于《放生池记》中云："绍兴癸亥夏，诏郡县访唐旧迹，置放生池。"③ 董德元则说是绍兴十五年夏五月皇帝批准了他的奏折，设置放生池。韩彦端认为是绍兴十八年，而张端则认为是绍兴十七年。④ 不管哪种说法，绍兴十五年左右朝廷确实下令规定设置放生池了。这种全国性的放生池要求为宋代的动物放生提供了依据。

至于放生池怎么设置，各地则可以根据自己的不同特点灵活设置。所谓的放生池，只要能够放生动物就行，因此一条河、一个池塘、一块高地或者随便一块陆地都可以成为放生场所。当然，放生池也可以设置在特定区域或河流中，禁止任何人进行捕杀活动。放生的对象则以鱼类为主，同时也包括一些鸟类。王大宝在《放生池记》中提到广东潮州的放生池，就是在潮州城东侧划出一段 10 里左右的江水，将这段江水和两岸地方作为放生之地，并且在江水两段设置石碑以作标志。苏德升描述的江阴放生池则是城外 35里处的一个大土墩。⑤ 余襄《放生池记》所记载的仪征放生池，其实就是县城的护城河。⑥ 总之，由于各地地形地貌不尽相同，各地的放生池规制也不一样。

尽管时紧时松，宋朝政府设置的放生池应该是中国历史上最多的。因为每个放生池都会有碑记，作为政绩体现出对朝廷和皇帝的忠诚，因此地方

---

① 赵杏银：《中国古代生态思想史》，第 116 页。
② （清）严可均辑：《全宋文》第 519 卷，第 381 页。
③ （清）严可均辑：《全宋文》第 4084 卷，第 45 页。
④ 赵杏银：《中国古代生态思想史》，第 116 页。
⑤ （清）严可均辑：《全宋文》第 4670 卷，第 335 页。
⑥ （清）严可均辑：《全宋文》第 6976 卷，第 22 页。

官都会找到能写文章的人撰写碑记，即使像陆游等人也会在不同程度留下当时所记碑记。这样的背景决定了此类碑记具有浓厚的官方性质，并会有作者的独创思想和感情，但从另一方面却恰能折射出当时社会的主流思想，有利于我们今天从整体上把握各类人群的思想风貌及特色，因此放生池碑刻对于从整体上研究宋朝的动物保护具有重要意义。

宋朝之所以重视放生，与当时的特定社会背景有关。与大多数通过武力取得政权的途径不同，宋朝以政变形式获得国家政权，因此社会没有发生大规模动荡，原有秩序得以保留，乡村的土地结构依然维持前代格局，那些生活困苦的百姓并没有因此获得新土地，难以改善之前的困难生活，随着政府大力发展工商业，宋朝百姓的生活水平得以改善，但是却带来了人口激增。

人口持续增长给社会带来的主要影响就是物质资料日益紧缺，这就必然促使人们以开发更多自然资源的方式获得生活资料。同时，宋代有发达的工商业，这又拓宽了人们的消费需求，要求整个社会生产更多的高端生活资料，这种对物质生活的追求导致社会竞争激烈，达官贵人和普通百姓都加入到这个竞争当中。这种转变深刻影响了当时人的心态，那些处于弱势的竞争者开始倾向于寻找更多心理安慰的办法。另外，宋朝是科学技术大发展的时期，越来越多的先进技术被广泛应用于物质生产中，同时也包含人们对自然资源的攫取与开发。在这种背景下，整个社会缺乏有效管理，任由这些技术随意使用，因此生态危机便发生了。

山泽等地的生态系统最先受到影响。与耕地不同，山川林泽最早属于王公贵族，后来随着诸侯贵族的消失，这些地方名义上成为皇家的领地，其产权边界并不清晰，因此会吸引大批流民进入这些地方，进行各类生产开发活动。宋祁在《放生池记》中提到："水虫孕，泽虞于是禁鲲鲕，韬竿累，以广孳育"，"太平之世，则取之有时。四灵为畜，则用而不念。鸟兽咸若，草木允殖，而万物莫不众矣。"① 这里描述的虽然好，但仅是提议，事实上当时的情况已经比较糟糕，出现了日益严重的生态危机，政府虽然颁行了禁

① 赵杏银：《中国古代生态思想史》，第122页。

令，但是依然不能阻挡人们向自然大范围索取。对于这一点，陆游有着清醒认识，认为古代先王时期严格控制捕猎和渔猎的时间，遵循生物界的基本规律实施生产，因此人与自然的关系比较协调，但是到后来人类逐渐追求物质生活的多样性，导致大量农夫从单纯的种植业专项捕猎，所以动物大规模减少，破坏了整个生物系统。因此需要设置放生池，不仅是禁止捕杀鱼类，而且对于当时而言还有非常重要的环境保护思想，可以应对严峻的生态危机。

这种思想也体现在韩彦端的《放生池记》中，内云："圣人之德无乎不在，随所至而之焉，则在天为雨露，在地为江河，下蟠上际，飞潜动植之物，举不外吾覆焘，又孰有涧沼溪沚之殊哉！然必精严标揭，以为圣人之德在是者，因物以见义，因名以寓意，不得不然尔。"[1] 说明放生池的设置包含浓厚的动物保护思想。

除此之外，放生池的设置还可以为人们提供休闲的优美环境。如果有效保护生态环境中的动植物，则可以营造良好的观赏环境，因此宋代士人早就注意到这一点，将其融入有关放生池的阐述当中。王大宝在《放生池记》中描述潮州放生池的美景，远望丛峦叠嶂，周边鸟语花香，池中碧波荡漾，基本类似于现在的自然保护区。同样的情况也出现在辛张骞的《重辟潮州西湖记》中，其中提到："一以祈君寿，二以同民乐，三以振地灵、起人物，一举而众美具。"[2]

生态环境具有多重功能，同一个生态环境中的不同功能有时是一致的，有时是矛盾的，例如在物质资源的使用和观赏方面，两者很大程度上存在着不一致的地方，如果大量消耗物质资源，势必导致生态环境改变，减少其观赏和休闲价值；如果保留其观赏价值，则会减少物质资源的消耗，客观上起到保护生态环境的作用。上述宋代士人提倡放生，强化生态的观赏功能，控制和弱化生态的使用功能，则在一定程度上会减少物质资源消耗，保护生态环境持续稳定发展。

尽管如此，这只是士人们的倡议，虽然客观上能够起到一定促进作用，

---

① （清）严可均辑：《全宋文》第 4229 卷，第 106 页。

② （清）严可均辑：《全宋文》第 6698 卷，第 192 页。

但是政府的禁令和士人的倡议在民间实施起来有难度，很难落到实处。宋代是人口大增长的时期，快速的人口增长为社会的物质供应提出了挑战，在生态环境的物质资源功能和观赏价值方面，人们更倾向于首先选择物质资源，以便解决日益增长的人口压力，对于那些观赏功能，只有极小部分读书人比较关注，对于普罗大众而言，则根本无暇顾及，毕竟解决衣食住行问题才是最佳途径。如果一个人连生存都解决不了，怎么能够有机会去欣赏生态之美？因此大多数人选择了较为实用的物质资源使用功能。

　　根据现有资料可以发现仅宋代西湖一个地方，就出现了多次违背朝廷禁令大肆开发的问题。杭州是南宋首都，都出现了这种情况，那些距离政治中心远一些的偏远地区，人们的索取活动可能更强烈一些，对生态环境的影响也更大一些。

　　除此之外，生态资源的使用存在公与私相互矛盾的地方。宋代时，有一些山川林泽是个人所有的，拥有独立的自然资源开发权，但是生态资源并没有固定的物体阻隔，有一部分功能如改善局部小气候等是面向公共区域的；换言之，虽然这一片山川林泽或者既有的动物生态链属于个人所有，但是其对环境的影响却是周边人们都能感觉得到的。如果私人不加约束随便开发这些资源，则会严重破坏生态环境，因此，开发生态资源与保护公共环境之间存在着矛盾，所以尽管政府三令五申建立放生池，保护生态环境，但是那些属于私人领地的自然资源依然不可避免地遭到了破坏，进而影响了整个生态系统的平衡。有宋一代，尽管政府已经在努力改善生态环境，但是这个问题没有获得圆满解决，当时出现的这两个大问题，对于我们目前的生态文明建设也具有积极的启发作用，如何处理好生存与发展之间的关系，如何应对公私之间不对称产生的诸多问题，依然是我们这个时代要解决的生态命题。

　　除了放生外，在动物保护方面，宋朝的"顺物之性"和"戒杀"思想也值得深入分析，探讨其中的当代价值。

　　关于"顺物之性"，实质上就是禁止或者反对捕捉野生动物。有关这一观点，宋太祖有过专门的诏书进行阐述，其中云："王者恭守丕图，诞敷百化。凡充庭而作贡，务必实以去华。惟是丰年，最为上瑞。珍禽异兽，何足尚焉！荣采捕于上林，复幽闭于笼槛，违物类飞鸟之性，岂国君仁絮之心？既无益于邦家，宜并停于贡献。应两京诸州，今后并不得以珍禽异兽充贡举。"①

这种"顺物之性"的思想，最开始来自于庄子，其强调尊重自然、顺从自然，具有不得违背动物之性的含义。宋太祖的这道诏书，更加说明了这种观念，认为应该顺遂动物本性，这是对自然万物的一种尊重，更深层意义是指人类不会通过自己的权力引导动物过上与其本性相违背的生活。

既然尊重动物的本性，那就需要尊重他们的生命，于是"戒杀"的观念便产生，其核心思想就是提倡不能伤害动物的生命，其中不仅保护大型动物的生命，甚至对于田间的昆虫也是不能伤害的。关于这一点，宋真宗的诏书非常有代表性，大中祥符四年八月，宋真宗下令："火田之禁，著在《礼》经，山林之间，合顺时令。其或昆虫未蛰，草木犹蕃，辄纵燎原，则伤生类。式遵旧制，以著常科。诸路州县畬田，并如乡土旧例外，自余焚烧野草，并须十月后方得纵火，其行路野宿人，所在检校，无使延燔。"②

本来刀耕火种是中国古代一种非常古老的农业耕作方式，通过这一方式，土壤重新获得肥料，有利于来年的农作物生长，而且还可以杀死田间的害虫。但是宋真宗的这道诏书的主要目的是不能伤害任何动物，包括益虫和害虫，其中就蕴含着非常丰富的人与动物和谐相处理念。

动物是生态系统的重要组成部分，其数量和生存质量既影响到生态环境的变迁，又是生态环境改善与破坏的指标，因此良好的人与动物关系是构建和谐生态体系的重要环节。宋代的动物保护思想虽然有各种不同的出发点，但是其对人与动物之间关系的认识以及为了维持这种关系所做的种种努力，都对我们今日的生态文明建设有重要参考价值。我们现在本质上面临着与宋代相类似的局面，庞大的人口规模促使我们不断向自然界索取更多物质资源，其中包含消耗更多的肉类食物，这造成了越来越多动物的生存环境恶化。于是，人类虽然扩展了自己的生存空间，获取了更多物质资源，但

---

① （清）严可均辑：《全宋文》第 70 卷，第 220 页。

② （清）严可均辑：《全宋文》第 240 卷，第 94 页。

是随之而来的便是整个生态系统的紊乱，因此有必要借鉴宋朝时期的动物保护思想，了解他们的整个实践过程，帮助我们重新厘定今日的动物保护政策。

（四）元代的动物保护思想及实践

元朝建立后，蒙古族在主流社会中所占比例较高，并且占据统治地位，他们在接受汉族文化的同时又保留了一些原来的本民族传统文化，例如具有较为务实、重视畜牧业、消耗肉类食物多等特点。这些特点一定程度影响到汉族社会及传统中原文化，因此元朝时人与动物关系的思想较前几个时期有明显不同。

在人和动物的关系方面，传统儒家文化强调"仁"的作用，尤其是宋儒更是如此，在前代对于人实行"仁"的基础上又将其扩展到动物。但是，宋儒论述过程中更多注重理论层面的构建与阐述，较少涉及具体的实践行为或者实际问题，这为元代的儒者继续讨论该问题留下了空间。

自魏晋南北朝开始，历代思想体系里都会提到戒杀观念，这种观念在宋代时几乎达到了顶峰，政府大力提倡建立养生池，知识界也不断发展有关戒杀的理论和思想。但是这种情况到了元代便发生了改变，虽然还有部分戒杀思想，但是已经没有进一步发展。黄公绍的《戒杀文》纯粹是从佛教出发，宣扬戒杀，提倡众生平等、六道轮回；袁桷《放生池祝圣文》则几乎重复宋儒的思想，除此之外，没有任何实质性发展与延伸。之所以会出现这种情况，与蒙古族人有食肉习惯相关，主流社会里并不会过于提倡戒杀这一思想。

尽管如此，在人和动物关系的理论方面，元代儒学家在宋儒的基础上有所推进。传统中国古代政府体系运作中，鉴于耕牛是最重要的生产工具，因此经常颁布条令禁止宰杀耕牛，但是却经常在实施过程中遇到难以彻底执行的问题。鉴于这种现象，元代王旭写了《不食太牢说》，提倡不食用牛肉，其中云："凡物有功于人者，古人皆有以报之，如犬马盖帷、猫虎迎祭之类。可见牛有大功于世，又岂犬马猫虎之可比哉？既无以报之，又从而食之，呜呼，吾诚有所不忍者！非若世俗罪福果报之说也。顺天理而养人心，制口腹而遵国法，君子当有以戒于斯。"① 这里作者不像之前政府提倡禁止杀戮那样照本宣科，而是从食用角度出发，提倡人们尽量少食用牛肉，这样便会间接减少耕牛宰杀。

在处理人和动物的关系上，元代思想家认为应当遵循爱动物之心和不得已而为之之心。关于这一点，刘因在《四书集义精要》卷十四《论语》中阐释得更为详细：

> 心，天地生物之心也。其亲亲而仁民，仁民而爱物，皆是心之发也。然于物也，有祭祀之须，有奉养宾客之用，则其取之也，有不得免焉。于是取之有时，用之有节。若夫子之不绝流、不射宿，则皆人之至义之尽，而天理之功也。使夫子之得邦家，则王政行焉，鸟兽鱼鳖咸若矣。若穷口腹以暴天物者，则固人欲之私也。而异端之教，遂至于禁杀茹蔬，殒身饲兽，而于其天性之亲，人伦之爱。其无情也，则亦岂得为天理之公哉！故梁武之不以血食祀宗庙，与商纣之暴殄天物，事虽不同，然其咈天理以致乱亡则一而已。②

那么，如何确定那些不得已而为之的屠宰行为呢？这还要回到儒家的礼制来谈。儒家强调礼，这就需要提供一定的物质资源来维持礼制的正常进行，因此只要能够满足基本的礼制需求，就成为能否屠宰的标准。同时，刘因也强调不能像佛教那样禁止杀生，否则就会出现无法实践儒家礼制的局面，最终导致社会混乱，因此，应该在禁杀和遵行礼制方面维持平衡，既保证不任意宰杀动物，又能维持基本的社会文化规范。从这个角度而言，他们并非不爱惜动物，也并非不尊重生命，并没有为了满足人类的私欲而牺牲动物生命。

没有人类自身和社会的稳固，也就不会有人类社会及相关文明，因此，为了社会稳定和人类自身发展，适量捕杀动物是必要的，也属于不得已而为

---

① （元）王旭：《不食太牢说》，《文渊阁四库全书》本，台湾商务印书馆 1983 年版，第 203 册，第 205 页上。

② （元）刘因：《四书集义精要》，《文渊阁四库全书》本，第 202 册，第 236 页下。

之的内容。元代时，虽然政府规定了一些地方禁止捕猎，但当遇到灾荒时，政府会对公众开放这些区域，以便人们能够通过捕猎动物解决生存问题。至于那些公共地方的资源，政府一般都是对民间开放的。

需要指出的是，由于幅员辽阔，元政府在不同区域内实施了不同的动物保护规定。在一些地方，实施了非常严格的禁止捕杀政策，而有些地方则向社会公众开放。因此，大量的鱼鸟遭到捕杀，同时由于技术水平不断提高，人们的狩猎水平日益提升，动物资源相较于以前遭到了更为严重的破坏，整个生态系统经常出现失衡的局面。这对于我们反思今日的技术变革与生态环境变迁提供了一个观察的视角和样板。

（五）明代的动物保护思想及其实践

明代时，人们继续在戒杀等方面围绕动物保护展开论述。与宋代的戒杀和放生思想有所不同，除一部分佛教界人士仍然站在佛教立场上提倡戒杀、放生，此时最明显的特征是一部分儒者将儒家思想中的动物保护思想融入佛教体系。在那些提倡戒杀者看来，两者是可以相融交通的，因此，该阶段更多表现出儒家对之前动物保护思想的新解读。

上文已述，宋代儒者做了大量关于戒杀和放生的文章，并且其中很多依据来自于儒家经典。明代时，一部分儒者继续对儒家经典中的动物伦理思想进行解读，以此形成有关戒杀的新理论依据。这其中，胡直是较有代表性的人物，其在《衡庐精舍藏稿》卷十四《戒杀生论》中总结道："世儒语不杀生，则必斥曰，是慈氏之训，非圣人所为教。是固未考于圣人之教，而猥以习见论之也。"① 由此可见，胡直从儒家经典中搜集有关戒杀的理论依据，以此说明儒家是戒杀思想的主要出处，而非传统观念上的出自佛家。胡直进一步认为，正是由于之前人们对儒家经典著作的误读，才错误地将戒杀思想归结为佛教，由此导致后来人误解了两家思想，并且主观上将两家的代表人物进行了分类，儒家成了鼓励杀戮动物的代表。同时代的游士任持有和胡直

---

① 胡直：《衡庐精舍藏稿》卷十四《戒杀生论》，《四库全书》本，上海古籍出版社1987年版，第391页上。

相同的观点，他们通过列举先秦儒家关于动物保护的种种规定和相关论述，认为这些都具有明显的戒杀思想。

事实上，他们的争论略显牵强，儒佛两家在戒杀方面和对待动物的态度上确实存在根本区别。明代郝敬也认识到两者之间存在的差别，总结道：

> 佛毁礼法，无人伦，弃君亲，以身为恶业，生为苦海，乃至舍身饲兽，戒杀为慈。譬之伐根而数其枝，颠倒甚矣。圣人亲亲而仁民，仁民而爱物。亲亲则不能祭祀宴享之礼，仁民则不能无养生送死之费。天道春生秋杀，圣人仁育义正，对时而养，撙节而用。故礼，大夫无故不杀牛，士无故不杀犬豕，乡饮燕射，惟烹一狗，特牲少牢，不过羊豕，折而为鼎为俎，神人遍及，不以口腹恣屠戮也。不纲而钓，不射宿而弋，仁至义尽。岂知梁武帝以面为牺牲，废祭享，去人伦，无君子，如浮屠氏窃圣人之意，而实得罪于圣人。儒者顾割圣教予之，曰吾圣人不戒杀，岂不悖哉？[①]

在郝敬等人看来，佛家提倡的"众生平等"有时将动物置于人类之上，颠倒了人类与动物的关系，因此属于"伐根而树其枝"之举，没有可取之处。

佛家的戒杀和放生以及其他对待动物的方式本身就属于人类文明的重要组成部分，但是如果为了动物利益而牺牲人类利益，并且不得不调整已有的社会规范和社会伦理，那么作为主体的人类处于微乎其微的地位，这样又怎能更好地承载和发展人类文明呢？儒家则与之并不相同，提倡首先注重人类社会和维系这一社会的重要伦理及规范，倡导通过严格实践体现人和自然伦理关系的观念和礼法，同时也禁止这些礼法之外的杀戮。佛家戒杀的基本原则是禁止一切杀戮，并且舍弃了人类自身的主体性和重要性，而儒家的戒杀则提倡在确保人类自身获得主体性认可的前提下禁止不合礼法的一切

---

① 上海古籍出版社编：《续修四库全书》，上海古籍出版社1995年版，第153册，第197页下。

杀戮行为。由此可见，两者在主体性、出发点以及基本原则方面存在本质不同。

在儒家经典中，有多处描写通过杀戮动物祭祀鬼神和招待宾客的规定，其坚持"养之有道，取之有时，用之有时"的原则。在关于捕杀动物的时机、方式和数量方面，儒家经典也有相关规定，严格禁止乱捕滥杀行为，其体现的主导思想就是在必要的杀戮过程中能够做到有效保护动物。由此可见，儒家经典中的戒杀是有条件的，指的是完成必要仪式之外的一切杀戮行为。与动物保护一样，这一主导思想也适应于植物资源。

儒家思想中，"仁"是儒家思想的核心，也是道德修养的最高境界。对于"仁"的理解，虽然存在各种说法，但是其最基本的内容则是"爱人"，这一点在《论语·颜回》中有关樊迟和孔子的对话中体现得非常明显。[1]《孟子·离娄子》也有"仁者爱人"[2]的说法。值得注意的是，儒家经典中"仁"的对象是人，所以并不包括动物在内的"物"。所以才有《论语·乡党》中描述的当出现马厩失火时，孔子最关心有没有伤及人，但并不追问是否有马受伤。[3]这说明儒家在对待任何动物方面还是有本质上的不同。

《孟子·尽心上》云："君子之于物也，爱之而弗仁；于民也，仁之而弗亲。亲亲而仁民，仁民而爱物。"[4]就说明儒家对待人和物有本质区别。这里的"爱物"之"爱"，绝非"仁爱"，而是"爱情"的"爱"。即使是提倡"仁者以天地万物为一体"的宋儒也说这"爱"是"谓取之有时，用之有节"，与对待人的"爱"是不一样的。这种思想同样体现在《孟子·梁惠王上》中所描绘的"齐桓晋文之事"，其中的"百姓皆以王为爱也"，"齐国虽褊小，吾何爱一牛"[5]之"爱"一样，都是"惜"的意思，因此朱熹也曾说："爱，犹吝也。"[6]

---

[1]　《论语注疏》，《十三经注疏》本，第 2504 页下。
[2]　《孟子注疏》，《十三经注疏》本，第 2730 页下。
[3]　《论语注疏》，《十三经注疏》本，第 2495 页下。
[4]　《孟子注疏》，《十三经注疏》本，第 2771 页上。
[5]　《孟子注疏》，《十三经注疏》本，第 2670 页中。
[6]　（南宋）朱熹：《四书集注》，《孟子集注》，岳麓书社 1987 年版，第 301 页。

相较于孔子和孟子，荀子在对待动植物方面甚至于没有"爱惜"之"爱"，遑论"仁爱"。荀子不同意墨子的"节用"思想，认为土地资源、动植物资源非常丰富，本身就是为人类服务的，因此人们尽可以放心使用，不需太多顾虑。这种思想体现在《富国》中，其中提到："今是土之生五谷也，人善治之，则亩数盆，一岁而再获之；然后瓜桃枣李一本数以盆鼓，然后荤菜，百蔬以泽量，然后飞鸟若烟海，然后昆虫万物生其间，可以相食养者不可胜数也。夫田地之生，固有余以食人矣。麻葛、茧丝、鸟兽之羽毛齿革也，固有余足以衣人矣。"①

据上文，先秦儒家在对人的方面是讲仁爱的，但是对物则没有仁爱，充其量谈到爱惜。《吕氏春秋》卷二十一《爱类》云："仁于他物，不仁于仁，不得为仁。不仁于他物，独仁于仁，犹若为仁。仁也者，仁乎其类也。"②就非常清晰界定了"仁"，特别强调"仁"的对象是人，与物没有关系。从这个角度而言，《吕氏春秋》的这一思想与孔孟荀子等儒家的相关思想相切合。

明代儒学家重新解释了这些儒家经典中有关动物保护的记载，将它们阐述为对动物实行的"仁"或"仁术"。这一点在郝敬的《论语详解》中有体现。孔子"钓而不纲，弋不射宿"意为："渔不用网，猎不射宿鸟，则所获不多，昆虫草木，本吾一体，草木无情，方长犹不折，鱼鸟有血气，好生恶死，于仁尤近。焚丘竭泽以恣其贪，脯林肉圃以纵其杀，仁者不为也。然后未免钓弋焉，何也？用以礼，食以时，天之道，圣人撙节之。故论仁之博济，曰尧舜犹病，其罕言仁亦为是耳。嗟夫，鱼鸟犹不忍，况于人乎？"③

此外，葛寅亮在《四书湖南讲》之《论语湖南讲》卷二中也提到："欣生恶死，人与物本有同情，形彼形躯，供我口腹，绝非仁者之心。但自茹毛饮血以来，相习成俗，圣人遽难立异以骇世，故只把竿钓，不用纲网，弋矢不射宿鸟，于用杀之中，扔存不杀之术，一以曲全万物之命，一以微示好生

---

① 王先谦：《荀子集解》卷6，第119页。

② 王利器：《吕氏春秋注疏》卷21，第2665页。

③ 郝敬：《论语详解》，《续修四库全书》本，第153册，第197页下。

之心，一以默寓夫转移世俗之机，即孟子之所谓仁术焉尔。"[1] 胡广在《四书大全》之《论语集注大全》中的第七卷讨论"子钓而不纲弋不射宿"时，也说道："此可见仁人之本心矣。庆源辅氏曰：不曰圣人之本心而曰仁人之本心，据此事只可谓之仁，然曰本心，则圣人亦不能加毫末于此矣。"[2] 同时，鹿继善《四书说约》之《论语》部分卷七云："于杀之中，行生之意，可想茂对之怀，大要孔子是一个仁字铸就的。"[3] 以上学者均是从"仁"的角度阐释"钓而不纲，弋不射宿"的。

与儒家经典中保护动植物资源的思想和规定一样，孔子"钓而不纲，弋不射宿"的本意在于保护人类自身的利益，远谈不上对动植物的"仁爱"。清代的袁枚在《小仓山房集》卷二十二《爱物说》中说得最为明确，其云：

> 然则孟子称数罟不入洿池，《礼》大夫无故不杀羊，士无故不杀犬，奈何？曰：此非爱物，正所以爱人也。惧鱼之不繁，将不足于食，惧大夫、士之有故将不得杀羊、犬、豕，故俭惜，蓄养之以待其食与杀尔。为人计，非为鱼鳖羊犬豕计也。[4]

他清晰划分了两者的边界。因此，将孔子所提的"钓而不纲，弋不射宿"解释为对动植物的"仁心""仁术""爱物之仁"等等，是缺乏充分依据的。

尽管如此，明代人有关"仁术"的解释仍存在积极意义，因为如果人类对动植物怀有仁爱，就容易将这份"爱"推广到人，从而实现儒家所提倡的"仁"，并从"仁"的角度理解两者之间的关系。在《孟子·梁惠王上》中，梁惠王看到一头牛将要被宰杀，发出"若无罪而就死地"的感慨，就被

---

① 葛寅亮：《四书湖南讲》，《论语湖南讲》卷2，《续修四库全书》本，第163册，第205页上。

② 胡广：《四书大全》，《论语集注大全》，《四库全书》本，上海古籍出版社1987年影印本，第205册，第269页上。

③ 鹿继善：《四书说约》，《续修四库全书》本，上海古籍出版社1995年版，第162册，第575页上。

④ 《清代诗文集汇编》编纂委员会：《清代诗文集汇编》，上海古籍出版社2010年版，第340册，第276页下。

孟子称为"仁术",并且认为这种言论和举动"足以王矣",其可以将对待动物的这份"仁爱"推及爱护普通百姓方面。这种道理也为后世的相关资料所记载,并传为佳话。刘宗周在《人谱类记》卷下中讲到一个故事,程颐到宫中讲课,听闻皇宫中采用一系列办法避免伤及蚁类,当得到皇帝确认后,认为其"推此心以及四海,帝王之要道也。"① 从这个角度而言,程颐的评论与孟子相同,都是由爱物推及爱人。

与先秦儒家不同,明代儒家将先秦儒家经典中爱惜、保护动物的思想和行为赋予"仁爱""仁及禽兽""关爱动物"等内容,通过大量提倡从而培植人们的"仁心",并将这样的"仁心"提高升华为博爱,实现爱护人类以至于所有的生命,推动社会的繁荣与和谐。从这个角度而言,确实取得了积极意义。

曹端在《曹月川集》的《家规揖略》中提到:"子弟切不可于山野放火。延烧林木,伤害虫鸟,有失仁心,违者天必不佑"。② 在曹端看来,不论人或者动植物,都是有生命的,人类需要善待和保护动植物,从而培育善待生命、爱护生命之心,进而上升为善待人类,爱护人类。需要指出的是,尽管这种仁心具有积极意义,但是仍然存在很多问题,出现"仁足以及禽兽而功不至于百姓"的现象,说的即是那些禽兽之"仁",其本质是虚伪之"仁",而并非儒家提倡的"仁"。

从此而言,明代儒家宽泛地将儒家经典中爱惜、保护动物的思想和行为解读为对动物的"仁爱",并且加以宣传和提倡,自然有其不当之处。如果就此展开讨论,则爱护动物和爱护亲人、爱护人民相同,其实并没有本质上的差异,因此容易导致出现伦理方面的问题,给后来人带来误解。

在大部分人看来,"爱物"中的"爱",其本质就是"仁爱"的"爱"。程颐是这种观点的代表性人物,他赞同《孟子·尽心上》的"亲亲而仁民,仁民而爱物"。朱熹则进一步深化这种观念,在《孟子集注》之《尽心上》中引用了程颐的话,其云:"仁,推己及人,如老吾老以及人之老,于民则

① 刘宗周:《人谱类记》,《四库全书》本,第717册,第263页上。
② 曹端:《曹月川集》,《四库全书》本,第1243册,第8页下。

可，于物则不可。统而言之则皆仁，分而言之则有序。"① 这里非常明确表达了"仁"可以"推己及人"，但不能推及于物。

在儒家的伦理价值顺序中，就一个特定的主体而言，第一位是"亲"，第二位是"民"，第三位则是"物"。宋代的孙奭解释"亲亲而仁民，仁民而爱物"时，将其理解为"孟子言君子于万物也，但当爱育之，而弗当以人加之也。若牺牲，不得不杀之……先仁爱其民，然后爱育其物耳。"② 在这句话中，孙奭依然明确将"仁"和"爱"严格区别开来，认为所谓"仁"应该是相对于"民"而言的，不应该随意推及到"物"上，"爱"仅仅是"爱育"，与真实的"仁爱"有着不同。因此，孙奭还是坚持先秦儒家的观点，认为只要是第一位和第二位"亲"与"民"的利益，人们就可以牺牲动物植物的利益，以保障"亲"和"民"获得充分利益。

事实上，传统时期的大多数人都秉承这一准则对待人和动植物。《吕氏春秋》卷八《爱士》中记载了秦缪公和马的故事，说的是秦缪公的马被野人偷盗，缪公亲自找寻，但是见到野人正打算食用他的马，于是感叹："食骏马之肉，而不还饮酒，余恐其伤汝也"，并采取请野人喝酒的方式解决这一问题。这个事件中，秦缪公并未关心他的马，而是关心那些偷盗他爱马的野人，担心他们食用马肉伤及身体。

在《爱士》中又提到了赵简子的故事。据说赵简子有两匹心爱的白骡，同时阳城胥渠有疾病，医生开出的药房是必须使用白骡的肝才能达到好的疗效，因此胥渠向赵简子求救。赵简子听闻后，回答道："夫杀人以活畜，不亦不仁乎？杀畜以治人，不亦仁乎？"于是杀掉了白骡，取其肝脏交给胥渠。③ 从这两件事看，《吕氏春秋》的作者认为人是第一位的，而动物是为人类服务的，因此只要为了保证人获得利益，就可以牺牲动物。

事实上，儒家的各种仪式也确实需要牺牲大量动物。儒家向来崇尚礼制，而牲畜则是保障礼制正常进行的外在条件。在祭祀祖先时，肉是众多祭品中的首要物品，对此儒家经典中多有记载。在孝敬父母长辈方面，最典型

① 朱熹《四书集注》，第 519 页。
② 《孟子注疏》卷 13，《十三经注疏》本，第 2771 页。
③ 王利器：《吕氏春秋注疏》，第 835—836、846 页。

的就是《孟子·尽心上》中所提到的："七十非肉不饱"①。曾参和曾元的故事也说明肉类是首先要供应的，据说他们赡养父母时，每顿都要提供肉食。②

这些观点受到了陶望龄的批评，他认为依靠杀害动物以达到孝敬长辈，帮助百姓的目的，本质上与抢劫是没有差别的，不值得提倡和尊重，所以曾参和曾元为其父母提供肉食的方式是错误的，孟子通过列举他们的例子说明人是第一位的这个观点也是片面的。事实上，社会普遍遵循的法则是"亲—民—物"的伦理价值顺序，这符合人们的基本价值判断，但也应该清楚看到他们之间的关系不能等同，"亲"和"物"之间以及"民"和"物"之间有着本质区别，人们在如何对待人和对待物方面都有不同的伦理标准和感情，于是产生了专门对人的"仁爱"之心和专门对物的爱惜之心，如果将物视同为人，同样赋予其仁爱之心也是不现实的。

众所周知，人们不能为了满足自己的利益而牺牲别人的利益，更不能以非法血腥的手段对待别人，因为这种行为在任何社会都是违法的。尽管如此，为了某种需要，猎杀野生动物曾经是人类生存的必要手段，一直到现在这种行为也还存在，并没有被彻底禁止。在动物保护方面，也仅是那些较为珍贵的野生动物获得了保护，而对于那些普通动物或者人工饲养的动物而言，则根本就没有保护或者禁杀的法令。

除此之外，为了满足人类的需要，人类经常获取动物身体上的某些部分或者它们的相应产出，现在仍然是非常普遍的行为。例如，羊毛、牛奶、丝绸、蜂蜜之类物品至今都是人类赖以生存的重要保障，已经形成较为庞大的产业链，与人类形成了依存关系，如果停止这些产品的供应，那么人类的生活和社会秩序都要受到很大影响。目前，社会上有一批极端动物保护主义者要求停止这些获取行为，但是大部分人仍然认为这种获取是恰当的，不会给动物造成本质上的伤害，也不会影响既有的动物资源。

从这个角度而言，陶望龄"以劫盗而为奉养，不若止盗以宁亲"的说法存在片面性。通常认为，如果"劫盗"的对象是人，那么则理应受到惩

① 《孟子注疏》，《十三经注疏》本，第 2768 页中。
② 《十三经注疏》本，第 2722 页下。

罚，但如果这句话用来劝诫人们不要伤害所有的动物，要想尽一切办法捍卫动物的利益，那就会有所不妥。因为毕竟人与动物还是有本质上的不同，不能用同一的观点一视同仁。陶望龄的观点掩盖了人与动物的本质区别，将人和动物混为一谈，而这也正是明代儒者对传统儒家经典的错误解读。

宋代理学家提出了"仁者以天地万物为一体"的经典命题。朱熹在《河南程氏遗书》卷二上中提到："医书言手足痿痹为不仁，此言最善名状。仁者以天地万物为一体，莫非己也。认得为己，何所不至？若不有诸己，自不与己相干。如手足不仁，气已不贯，皆不属己。"① 直接表明了仁与天地万物的关系。宋代杨彦思在《泳斋近思录衍注》卷一中专门论述朱熹的这一观点。② 同时，朱熹《论语集注》卷六《雍也篇》的"如有博施于民"章中也论述了这段话，因此这一理念对后世影响巨大。胡居仁《居业录》卷一云："医书以手足风顽为不仁，程子善之。盖人而不仁，私意蔽隔，天理不能贯通，天地万物，默然与己无干，如风顽之仁，手足疾痛，不相管摄也。"③ 就是根据这段话而引出来的阐述。薛瑄《薛文清公要言》卷上也说："人知天地万物为一体，则熏然慈良，恻隐之心，有不觉而自发于中者。"④

既然如宋代理学家所认为的"以天地万物为一体"，那么世间万物是平等的，都应该成为人们"仁爱"的对象。事实上，宋代的很多儒家知识分子确实在努力实践这种理念。刘宗周在《人谱类记》卷下中记载了四个故事来提倡人们应该对动植物有仁爱之心。第一个故事讲时人程明道任上元主簿时下令禁止捕鸟，导致有违令进行捕鸟者死亡的情况；第二个故事说的是为了避免影响已经蛰伏的昆虫过冬，曹彬坚持不在冬天修正房屋；第三个是赵善应因惧怕百虫之游而蛰者失其所，从而"夏不去草，冬不破垣"；第四个故事讲胡僖宁为了避免伤害室内的蚂蚁而另行更换居住的房屋。通过这些故事，刘宗周不断宣扬人类应该对动物施予"仁爱"。

即使是植物资源，也不能随意伤害。刘宗周在上述书中描写道："宋哲

① 朱熹：《河南程氏遗书》，《国学基本丛书》本，商务印书馆，第15页。
② 杨彦思：《泳斋近思录衍注》，《续修四库全书》本，第934册，第357页上。
③ 胡居仁：《居业录》，《四库全书》本，第714册，第9页下。
④ 薛瑄：《薛文清公要言》，《续修四库全书》本，第935册，第450页上。

宗宫中戏折柳枝，适程颐在经筵，进以方长不折之说。"在程颐看来，哲宗的行为缺乏"仁"意，因而应该更正，从而真正了解"仁"的本意。另外还说："周茂叔窗前草不除去。人问之，曰：与自家生意一般。可见草木虽是无知，虽无故而斩伐，不几自伤其生意乎？"在刘宗周看来，这就是"仁"。另外，还记有"司马温公云：草妨步则剃之，木碍冠则殁之，其他任其自然，相与同生天地间，亦各欲遂其生耳。"① 以达到"仁"的目的。

明代儒家代表人物也赞同这一观点，并深化了这一认识。高攀龙《高子遗书》卷一《语》记有："欲并生哉！昆虫草木，不可自我摧折。"② 这一理念延续了宋代理学的思想。徐一夔则在《始丰稿》卷十四《草庭说》中记有一个故事，文中提到云濂溪先生平常不剪出窗前杂草，程伯子心存疑惑，便问起此事，先生则用"与自家生意一般"来回答。这可以视为云濂溪怀有强烈的天地万物平等，而应该获得相等的"仁"的思想。这种思想甚至影响到了他人。当时新城有一位叫周昉的读书人，就以周敦颐"窗前草生不除"之意，为自己取号为"草庭"，以表达他对先生的敬仰之意。③

需要指出的是，如高攀龙等那样机械理解"以仁者天地万物为一体"，显然是片面的。天地万物中，自然包含有那些经常损害或者威胁人类生命财产的有害动物，如果人类将其视同为其他动物，而不加甄别对其施予"仁"，那么当它们严重损害人们利益时，那些持该理念的人应该怎么处理呢？这显然又是一个摆在儒者面前的重要问题。对于此，朝鲜宋时烈在分类重编《程书分类》时提到程颐曾经见到过一只蝎子，就有过类似的犹豫，其云："杀之则伤仁，放之则害义。"虽然他的内心较为纠结，但最终还是决定不杀此蝎。④

现实生活中，人类不可能不利用动植物资源发展生产，因此必然存在杀戮动物、砍伐林木等行为，这也是人类社会正常循环发展的重要环节。从

---

① 刘宗周：《人谱类记》，《四库全书》本，第 717 册，第 262 页上—263 页下。

② 高攀龙：《高子遗书》，《四库全书》本，第 1292 册，第 336 页上。

③ 徐一夔：《始丰稿》，《四库全书》本，第 1229 册，第 379 页下。

④ （宋）程颢、程颐著，[朝] 宋时烈编，[韩] 徐大源点校：《程书分类》卷 16，上海辞书出版社 2006 年版，第 678 页。

这个角度出发，明代的一些思想家针对人和万物的关系，做了合理的阐述。例如，明儒王樵在《方麓集》卷十六《戊申笔记》中提到"万物非为人而生，而仁不能不资万物以养，如上古结绳而为网罟，以佃以渔。圣人岂忍于杀生，直待后世圣人制耕耨之利，始免于杀哉？且曰：生则万物一也，不忍于禽兽而不能不茹草木以为养，则佛氏亦不能充其类矣。以血气之属为有知，则草木为无知乎？以有知者为同体，则无知者非同体乎？至于轮回之说，谓人与禽兽相更迭为果报，则又万无此理，而不足信，止足以诳惑愚人耳。"① 如果连动植物资源也不利用，停止所有的杀戮、砍伐行为，那么人类自身也很难生存。此外，如果仅是禁止杀戮那些有知觉的动物，而不包括被认为没有知觉的植物，那么这也讲不通，因为从生物角度而言，那些植物也应该是由知觉的。

　　针对此问题，范涞在《咙言》卷一中提到："动物有知，植物无知，固矣。然春知生，冬知藏，时至知开花，知结子，亦植物也。又有知佞人之屈轶，知月朔之蓂荚，知吉之鸷，知岁丰之荠，知岁苦之苦荬，更仆未易数。此故以何？天下无无性之物，性各有所钟，不以有知无知为存亡也。以此推之，即金石亦有然者。"② 范涞详细论述了动植物都是生命体的理论。人类要生存，就要利用自身资源，这就不可避免地消耗其他生命体。在这一点上，佛教的戒杀，是禁止杀戮动物，当然不包括植物资源，因为在佛教的理论中，植物并不是生命体，并非"有情"之物，因此不需要特别禁止。

　　与佛教相比，宋代理学家"仁者以天地万物为一体"的理论似乎更为严苛，乃至于难以在生活实践中完整实施。这给很多人造成了思想上的困惑，既然"仁者以天地万物为一体"，那么天地万物是平等的，都应该得到爱护，不应该受到人类的伤害或杀戮，如此则会造成人类的生存资源缺乏，进而影响到整个人类的命运，因而不但没有达到"仁"的效果，反而是"不仁"的。

---

① 王樵：《方麓集》，《四库全书》本，第 1285 册，第 451 页下。
② 范涞：《咙言》，《续修四库全书》本，第 941 册，第 738 页上。

薛瑄《敬轩文集》卷十一《捕虎启》记载当地发生虎患，朝廷批准捕杀，于是总兵带人连杀四只老虎，并且挖掘了虎穴，消除了后患。薛瑄对此非常赞赏，认为："夫利五兵结网罟除山泽恶物为害人者，自先王之制也。"①与之相同，薛应旗在《方山薛先生全集》卷二十一《擒虎记》中记载常州太守余某组织捕杀老虎一事，提到："候之政事平易正直，如春温秋肃，此其所以妖踪猛迹自不能容。"认为通过杀戮的方式才能除害。②

在此背景下，有人使用"义"彰显清除危害人类的生命体的正义性。黄凤翔《田亭草》卷七《诛蔓记》中记到云官署前有蔓草，正打算将其清除，但是梦见这些草化身为童子前来与主人交涉，于是罗列了草的几种罪行，认为清除杂草是正义之举，是"仁"。③毫无疑问，这些类似于小说的文章是作者虚构的，但是仍能反映出当时人有意弥补"仁者以天地为一体"理论的缺陷。但是这种补充仍然不够，还没有从理论上彻底理清"仁"与"义"的关系。

范涞和曹端则真正从理论层面弥补了"仁者以天地万物为一体"理论的缺陷。范涞在《咙言》卷六中提到："天地之气，万物之资，气一而资于物者殊形，故有人有鸟兽有草木。人有贤愚，有中国的夷狄。鸟兽有灵蠢，草木有夭乔，孰非天地之一气也。唯仁者有见乎此，故民为同胞，物为吾与，无形骸之隔，皆此不忍之心之自然而然者。亲亲而仁民，仁民而爱物，内中国而外四夷，有一定之序，此亦不忍之心之自然而然者。学者于此察识而扩充之，便是千古圣贤学脉。"④范涞认为，人与万物都来源于"气"，所以仁者理应爱护万物，以"万物为一体"，尽管如此，万物总归是要有一个顺序，这就是所谓的"亲亲而仁民，仁民而爱物，内中国而外四夷"。在范涞看来，这样的序列自然会有轻重之分，因此人的重要性就要超过万物，那么人利用动植物资源来为自己服务也就是合情合理的事情。

曹端在《曹月川集》的《录粹》中提到："圣人之心天地万物之心。天

---

① 薛瑄：《敬轩文集》，《四库全书》本，第 1243 册，第 215 页下。
② 薛应旗：《方山薛先生全集》，《续修四库全书》本，第 1343 册，第 249 页下。
③ 黄凤翔：《田亭草》，《续修四库全书》本，第 1356 册，第 138 页。
④ 范涞：《咙言》，《续修四库全书》本，第 941 册，第 791 页。

地之心，无一物不欲其生；圣人之心，无一人不欲其善。"① 尽管如此，当人和物不能并存的情况下，就需要按照顺序进行取舍，而人类优先则是这一取舍的基本标准。冯从吾则直接就"仁者以天地万物为一体"进行讨论。在其《少墟集》卷八《语录》之《附录》中提出

> 问：仁者以天地万物为一体，何墨氏兼爱不得为仁？曰：且先看这体字。孟子曰：人之于身也，兼所爱，则兼所养也。无尺寸之肤不爱焉，则无尺寸之肤不养也。所以考其善不善者，其有他哉？于己取之而已矣。体有贵贱，有小大，无以小害大，无以贱害贵。养其小者为小人，养其大者为大人。可见一体之中，自有差等。善养体者，自当有辨，岂可概曰兼所爱兼所养哉！杨氏为我，唯知有我，举亲与民物而置之度外，是不知养身之说也，固不得谓之仁也。墨氏兼爱，爱无差等，举亲与民物而混之无别，是徒知养身，而不知考其善善之说也，亦不得谓之仁也。体之一字不明，又何论以天地万物为一体哉？②

其中的"体有贵贱，有小大，无以小害大，无以贱害贵。养其小者为小人，养其大者为大人"出自《孟子·告子上》。③ 孟子的原意本来是心灵是体之大者、贵者，而小者、贱者则是口腹之类的感觉器官，告诫人们不要为了感觉器官的享受而有损于心灵的善良。因此，在取舍利益时，人类需要遵从这样的序列。于是，人类利用动植物资源，乃至清除危害人类的种种生命体和非生命体，与宋儒提倡的"仁者以天地万物为一体"的说法并不矛盾。

综上，明代的读书人将先秦儒家经典中关于保护动物资源的思想解读为"戒杀"以及保护动物，进一步宣扬宋儒的这一类观点，认为人类杀戮动物缺乏正当性和必要性。这些观点客观上与佛教的众生平等理念相同，显示儒家和佛教交相互融的倾向。但是，这些观点缺乏理论上的缜密，在实践中也缺乏可操作性。而那些较为务实的儒者们，则继承了先秦有效保护动物资

① 曹端：《曹月川集》，《四库全书》本，第 1243 册，第 11 页。
② 冯从吾：《少墟集》，《四库全书》本，第 1293 册，第 151 页下。
③ 《孟子注疏》，《十三经注疏》本，第 2752 页下。

源的思想，同时修正了宋儒"仁者以天地万物为一体"的观点，坚持与发展了以人类为中心的动物伦理观。

（六）清代的动物保护思想及实践

人类的发展史上，充满了对动物的过度杀戮，很多时候造成了非常严重的影响。不过，人类对动物的杀戮并非呈现直线性发展模式。在人类社会发展早期，由于技术的落后和人类生存的需要，经常会出现动物资源的行为，并导致了一系列后果。尽管如此，当人类发展到一定程度时，也会产生相应的动物保护思想。例如，先秦时期中国的儒家就提出过一整套的动物保护思想。自此之后，各个时期的士大夫们都对这一思想进行了补充和完善，根据各自的时代发展现状提出了自己的看法，不同程度地有助于利用和保护动物资源。

清代是一个继承传统文化氛围较浓厚的时期。这一时期，从中央到地方的各级官员与社会精英都在不同程度地宣传先秦儒家的生态思想，并根据特定区域的实际情况推行相应的措施，在合理开发利用动物资源上建树较多。整体而言，有钱谦益处《牧斋初学集》卷二十六《杂文六》之《放生说》①等文章，既赞成可以适当杀戮动物，同时也反对不必要的浪费，合理利用动物资源。

在宰杀耕牛方面，一直是一个有争议的话题。传统时代，由于缺乏农业机械，耕牛以及其他大牲口便成为重要的农业生产资料，因此历代政府为了保证农业生产正常进行都严格控制宰杀耕牛，期望通过保护这些动物而为农业生产提供优良保证。到清代，保护耕牛及大牲口的理念依然盛行，此时出现不少提倡进行保护的文章，政府也发布了相当数量的政令。

其中较有代表性的是汤来贺《内省斋文集》卷七《牛屠说》，李楷《河滨文集》卷二《爱牛说》，李楷《河滨遗书钞》卷二《用物篇》，毛先舒《巽书》卷八《杂戒》，陈宏谋《培远堂偶存稿》卷四十七《查禁汤锅私宰檄》，李元春《时斋文集初刻》卷三《惜牛说》，唐鉴《唐确慎公集》捐物《禁宰

---

① 《清代诗文集汇编》，第 1 册，第 432 页下。

耕牛示》，姚柬之《伯山文集》卷一《杀牛》，黄金台《木鸡书屋文二集》卷六《屠牛说》，裕谦《勉益斋续存稿》卷十二《再禁私宰耕牛各条示》，徐宗幹《斯未信斋文集》之《官牍》卷二《革羊行示》，同书卷三《戒屠耕牛礼》，黄炳堃《希古堂文存》卷五《戒牛记》，徐赓陛《不慊斋漫存》卷一《食牛说》。① 上述材料中，大多数是政府禁止杀牛等的告示，说明政府最关心耕牛的宰杀情况，其目的也是为了保障正常的农业生产。

在捕鱼和通过毒药捕鱼方面，清代也曾有过专门规定。一般而言，采用药物方式捕鱼的方式容易对水生资源造成灭绝性破坏，同时也会污染环境，影响人类的健康。需要指出的是，清代之前，人类基本没有采用药物捕鱼的习惯，到清代则成为一种常用的手段。这种方式与先秦儒家对待动物的有序利用原则相冲突，因此遭到政府严厉禁止。例如，雍正三年时任会稽知县张观我发现有大量不法分子成群结队通过毒药实施捕鱼，造成大量渔业资源受损，居民饮用水质量也遭到破坏，因此他出示禁令，要求严厉制止这种非法行为。② 道光十五年六月，两江总督裕谦发布《禁毒鱼示》，也是要求严禁此种恶劣捕鱼方式。知识界也有人批评了这种行为，例如黄世荣曾作《蓄鱼议》，谴责毒鱼者，建议政府"著于令"。③ 这种严禁随意宰杀耕牛和禁止毒鱼的法令，正是继承了先秦的取用有度原则，是清代政府较为务实的表现之一。

在戒杀方面，清代亦有所发展。自南朝的梁朝开始，佛教提倡戒食肉类，于是放生成为佛教信仰中的一种重要方式，也客观推动了动物保护。自此之后，历代都有关于戒杀放生的新思想出现。至清代，出现了大量提倡戒杀和放生的文章和著述，其数量远超古人。有一些社会精英将戒杀放生作为有效抑制动物及其制品过度消费重要方式。其中，高秋崖作《广放生录》，极力劝诫人们戒杀放生。沈赤然在《五研斋文钞》之《文钞》卷五《广放生录序》中提到："世卒莫之从。今高君秋崖又广其说，复附以《释疑》《五观》诸条，直欲举世相率，无乃强人以所难欤？余曰：必如是，彼婪酣残忍

---

① 赵杏银：《中国古代生态思想史》，第219页。
② 《清代诗文集汇编》，第219册，第492页上。
③ 《清代诗文集汇编》，第767册，第739页下。

之徒，方怵然知惧也，惧则纵不能改，必稍稍节之。夫天下口腹之人多，于俭于自奉者少。使一人日少戕一物，即一物生矣。千人百人日各少戕一物，即千物百物生。"① 如此看来，戒杀放生虽有利于抑制对动物的消费，但其实际效果却非常有限，仅是作者的美好愿望。儒家的礼制和佛家的戒杀都没有将人们对动物的杀戮和消费限制在合理的范围。

有趣的是，为了劝诫人们戒杀，有人甚至试图通过肉类有毒的说法规劝人们不要宰杀动物。沈世昌《鎏山縢稿》卷上《戒杀延生经序》就提到这一观点，认为人们对于动物是"非不用也，用以享帝享先养老养贵，然典以特举，春秋之用，则有数矣。等其日食贵贱之用，弗能渝矣。用之得当，并不惧其为牺，譬如忠臣杀身就义，烈士视死如归，又如觉王如来舍己血肉，释迦牟尼割截身体，物具觉心，绝无嗔恨，方洗的所用，效所用，陈其肥甘，忘其痛楚"。② 面对这些必要的消费，动植物没有毒素的，可以放心食用。可是，"若贪饕口腹，残害生灵，在己则斫丧慈良，在物则深含愤恚，不死求仁得仁，竟成以暴制暴"，那么这些动物将会释放毒素。③ 钱维乔则在《竹初诗文钞》之《文钞》卷二《蔬食说》中提出："若夫血气之属，必有偏胜。况含知觉，悉恐怖死伤，一经刀刃，暴气如焉。惊哀惨忿，流注腥体，水淫火猛，皆足酿毒。就令食之得宜，不过泽肌肤而增壮硕，无补神明。倘无以节宣之，必且召疾。是以习膏粱者性易骄，耽五味者多口爽。昔人以甘脆肥脓斥为腐肠之药焉。"④ 他认为凡是遭到杀戮，动物必然释放毒素，人类食用后会影响健康。

在动物保护方面，清代政府和知识界精英通力配合，取得了一定的成就，这值得我们肯定。对于如何限制过度消费动物及其制品的问题，前人已通过各种方式进行过多种探索，但仍没有能够完全阻止人类的这些行为。当代社会，随着人们意识的多元化，关于动物消费的问题显现出多重性特点。面对不同人群错综复杂的需求，应该通过行政手段、经济手段和法律手段相

---

① 《清代诗文集汇编》，第 411 册，第 373 页上。
② 赵杏银：《中国古代生态思想史》，第 222 页。
③ 《清代诗文集汇编》，第 540 册，第 240 页。
④ 《清代诗文集汇编》，第 396 册，第 221 页下。

结合的方式控制人类的过度动物消费，以达到满足人类需求和保护动物资源的双重目的。

三、动物保护思想的当代价值

当前，随着工业化战略的推进和实施，中国的动物生态系统随之发生变化。城镇化率的提高也改变了中国传统的饮食结构，中国人从过去的以粮食为主副食次之的饮食结构转变为以肉类、禽类、蛋类、奶类为主，而粮食为辅的结构。这一转变对于我们今日的动物生态系统也产生了重要影响。

过去的动物保护思想及实践则可以为解决今日的困境提供多重参考。秦汉时期，中国传统典籍《月令》中已经有明确的动物保护记载，其中提到三点值得我们注意：第一是严禁在孕育和哺乳期宰杀动物，第二是不能使用烈性毒药或者工具恣意捕杀动物，第三是选择好的时机为动物繁育提供机会，保重动物物种资源得以延续。这一思想对于我们今日的野生动物保护至关重要，有利于维持野生动物资源平衡，减少人为破坏，为野生动物的持续发展提供有效保障。唐代政府则是从经济和宗教两个方面考虑，采取了保护动物的办法，一方面可以为农业生产提供畜力，另一方面能够保证社会的稳定运行。从这一角度出发，对于今天的农业生产而言，尽管我们已经不需要耕牛作为主要的生产动力，但是依然可以从保护整个生态系统的角度大力提倡节用的思想，切实做好动物保护。

宋代是商品经济较为发达的一个时期。尽管宋代人民的生活水平相较之前的朝代有较大幅度提高，但同时也带来了人口激增，造成对生活资料的强大压力。为了解决食物问题，人们争相开发自然资源，以便获取生活资料，继而造成整个社会物质生活的激烈竞争。同时，宋代的科学技术水平持续提高，人们具备更强的力量开发自然资源，越来越多的先进技术被广泛应用于物质生产中，同时也包含人们对自然资源的攫取与开发。在这种背景下，整个社会缺乏有效管理，任由这些技术随意使用，因此生态危机便发生了。

最先受到影响的是山林川泽。在这些产权边界并不明晰的地方，大量流民的进入，带动了生产的发展，但也造成了无序开采。政府虽然颁行了禁令，但是依然不能阻挡人们向自然大范围索取，于是，生态危机爆发了。在这一背景下，放生思想产生，放生池得以设立，当时政府和士人的目的并不是简单的禁止捕杀鱼类，而是隐含着重要的环境保护思想，期望通过这些手段应对严峻的生态危机。

明清时期，中国的人口规模日益增大，生态压力骤然增加。为了解决生计问题，长江下游地区的居民逆流而上，奔赴南方山区从事各种生产活动。这一阶段，山区获得大规模开发，商品经济持续发展，随之又带来了新的生态危机。随着山区的逐步开发，既有的生物资源系统被人们不断改变，因而这一时期政府和学者们对于如何保护生物资源有了新的解释。

今天，工业化体系的建立和城镇化率的大幅提高，提高了人民的生活水平，但也带来了严重的生态资源破坏，资源紧张、环境污染、食品安全等问题严重影响了经济持续稳定发展，造成了生态危机，不同程度改变了人民的生活方式和态度。因此，我们可以学习宋代有关生态环境保护的方式，一方面通过实践层面约束人们的环境扩张，另一方面则是通过理念普及的方式为人们改变生态危机提供必要的理论支撑。

第五章　中国传统艺术审美中的
生态理想及当代价值

　　山水自然是中国传统艺术审美中的重要主题。中国古代士人对于山水自然的喜爱和欣赏，不仅表现在文学作品中，表现在绘画、音乐、书法上，甚至为达到栖息于山水之间的生活意趣，还特别注重对园林的营造。源远流长的山水文学，气韵生动的山水画作，绚丽多姿的园林建筑，集中体现了中国古代士人的审美理想。同时，山水自然不仅是古代士人艺术表现的对象，更是为他们所向往的自由生活提供了精神寄托。不论是陶渊明的归园田居，还是李白的"明朝散发弄扁舟"，都将回归山水自然作为人生存的本真状态，认为唯有如此，才能摆脱羁绊而自由自在的生活。崇尚自然，推重山水田园，在中国古代的审美观念中，占据核心位置。

　　应该说，山水自然在中国所具有的这种审美高度，在古代西方是从未有过的。这种差异的出现，主要是思想观念有别。古代西方更强调主客二分、人与自然的对立，而中国自先秦以来，就以"天人合一"和"道法自然"的角度来体察人与自然的关系。受这种观念的影响，古代中国不论在生产生活，还是在文学艺术上，都有着崇尚自然的倾向。但相较而言，由于文学艺术直接体现着人的精神世界，遂将这种倾向表达得更纯粹，更集中。也正因此，这种崇尚自然的传统审美观念，直到今天仍有着重要意义，非常值得我们去感悟与体会，学习和继承。

一、山水文学中的生态描写

中国古代士人对山水自然的热爱与欣赏，首先体现于卷帙浩繁的文学作品中。中国古代的山水文学是非常发达的。先秦时期就有对草木山水的零星描绘，两汉时期则出现了山水游记，而到了东晋南朝，描绘花草禽鱼、山川湖海、风月云雾的生动形象，艺术再现大自然的风采与精神，遂被士人正式确立为文学主题，创作了一批优秀的山水诗文，形成了山水文学流派。自此以后，山水自然就成为中国文学艺术表达的母题，承载着古人的审美愉悦和精神追求。山水文学，随之蔚为大观。盛唐时期，王维、孟浩然所代表的山水诗派，跳出了单纯的模山范水的表达形式，取景广阔而笔力高超，言在景中而意追象外，将中国山水诗的发展推向了高峰。

宋元以降，山水诗的艺术成就虽没有超过盛唐，但佳作依旧不断，代代皆有。更为重要的是，经过山水文学传统的长期积累与薰习，山水自然不仅成为文人诗歌取材的主要来源，而且隐然成为知识阶层的共同审美对象。明清时期，大量的山水诗、山水游记和散文等文学作品中随处可见的景色描写，杂剧、话本、小说中所描绘的生态伦理故事，从艺术角度来看，虽然未能再有表现高峰，甚至还存在着程式化的问题，但它充分表明，崇爱山川自然之美，无疑已经是传统社会后期的普遍审美观念。而这种审美观念，今天已经成为传统中国留给我们的重要文化传统，深深影响着我们的审美取向。

（一）先秦秦汉时期山水文学的生态描写

中国古代的文学作品对于山水自然之美的描写，最早可追溯至《诗经》。《诗经》对山水草木鱼虫等自然景观有不少描写，孔子曾向弟子介绍学习《诗》的好处，其中之一就是"多识于鸟兽草木之名"。从《诗经》各篇的整体结构来看，诗人对于自然景观的描绘，笔法以比兴为主，主旨是陪衬后面将要刻画的人物活动和人物情感，而不是为写景。不过，仅就这些零星的描写而言，我们仍可看出诗人对草木山水之欣赏与喜爱。

如《周南·桃夭》"桃之夭夭，灼灼其华"，[①] 用鲜艳的颜色表达了对桃花的赞美；《卫风·淇奥》"瞻彼淇奥，绿竹猗猗"，[②] 用郁郁葱葱的修竹，表现了心情之愉悦；《小雅·节南山》"节彼南山，维石岩岩"，[③] 表达的是对壮美南山的景仰；《小雅·鹿鸣之什·出车》"春日迟迟，卉木萋萋。仓庚喈喈，采蘩祁祁"，[④] 写出了对雍和春日的喜爱。又如《召南·草虫》"喓喓草虫，趯趯阜螽"，[⑤] 写蚱蜢之跃动；《郑风·野有蔓草》"野有蔓草，零露漙兮"，[⑥] 写露水之晶莹；《小雅·鹿鸣》"呦呦鹿鸣，食野之苹"，[⑦] 写鹿之悠闲；《小雅·鹿鸣之什·采薇》"昔我往矣，杨柳依依"，[⑧] 写杨柳之不舍；如此精彩而简练的描写，无疑体现着诗人对自然景物的深深热爱。《卫风·竹竿》与《邶风·泉水》两篇甚至还说"驾言出游，以写我忧"，[⑨] 将游览自然风光，作为排解忧愁，获取精神愉悦的手段。这似乎可视为晋宋以后士人遨游山水以求精神解放的文化渊源。当然，以上这些描写还是很零散的，反映出时人对于山水自然并没有很自觉的审美观念。人们的山水自然审美意识尚处于成长期。

相较于《诗经》，楚地文学的代表《楚辞》对于山水自然的描写，文字就长了很多，表达也更加精彩绚烂。钱钟书曾说："《三百篇》有'物色'而无景色，涉笔所及，止乎一草、一木、一水、一石。"《楚辞》则"以数物合布局面，类画家所谓结构、位置者，更上一关，由状物而写景。"[⑩] 这种评价是极准确的。《楚辞》经常对天、地、山、水、花、草、云、雷、鸟、兽作

---

① （清）阮元校刻：《十三经注疏·毛诗正义》卷一《周南·桃夭》，清嘉庆刊本，中华书局2009年版，第587页。

② （清）阮元校刻：《十三经注疏·毛诗正义》卷三《卫风·淇奥》，第676页。

③ （清）阮元校刻：《十三经注疏·毛诗正义》卷十二《小雅·节南山之什·节南山》，第943页。

④ （清）阮元校刻：《十三经注疏·毛诗正义》卷九《小雅·鹿鸣之什·出车》，第890页。

⑤ （清）阮元校刻：《十三经注疏·毛诗正义》卷三《召南·草虫》，第601页。

⑥ （清）阮元校刻：《十三经注疏·毛诗正义》卷四《郑风·野有蔓草》，第732页。

⑦ （清）阮元校刻：《十三经注疏·毛诗正义》卷九《小雅·鹿鸣之什·鹿鸣》，第865页。

⑧ （清）阮元校刻：《十三经注疏·毛诗正义》卷九《小雅·鹿鸣之什·采薇》，第881页。

⑨ （清）阮元校刻：《十三经注疏·毛诗正义》卷一《卫风·竹竿》，第687页。

⑩ 钱钟书：《管锥编》第二册，中华书局1979年版，第613页。

全景式或移动式的描画，而且来回往复，曲折缠绵。更为高明的是，《楚辞》在生动歌咏楚地的名山大川、奇花异草时，往往能做到情景交融，恰当地衬托出人物的心理感受。

如《湘夫人》："帝子降兮北渚，目眇眇兮愁予。袅袅兮秋风，洞庭波兮木叶下。"① "袅袅兮秋风，洞庭波兮木叶下"将秋日的萧瑟表现得淋漓尽致，而这种萧瑟与望帝子却不见得哀愁情景交融，浑然一体。又如《山鬼》："雷填填兮雨冥冥，猿啾啾兮狖夜鸣。风飒飒兮木萧萧，思公子兮徒离忧。"② 雷声轰隆而猿狖夜鸣，风雨如晦而落叶萧萧，这些景象妥帖地烘托了因为思念公子而生出的满腹哀愁，使得寓目即起哀思。

再如《涉江》：

> 入溆浦余儃徊兮，迷不知吾所如。深林杳以冥冥兮，乃猿狖之所居。山峻高以蔽日兮，下幽晦以多雨。霰雪纷其无垠兮，云霏霏而承宇。哀吾生之无乐兮，幽独处乎山中。③

对山、林、云、日、雨、雪、猿、浦的移动描写，刻画出了人烟罕至、凄冷孤寂的旅途，将"哀吾生之无乐兮"自然而然地引出。

屈原对山水自然的这类描写，从艺术手法来看，自然不是简单的比兴所能涵括。《诗经》的景物描写极短极简，只不过是由头罢了，顶多算引子，景物与主要内容有没有联系，无关紧要。《楚辞》则不同，有些时候，景物描写几乎是画龙，而人物感受是点睛。虽然作者的精神最终在点睛上，但要用大量的景物描写来烘托。离开这些烘托，人物感受是无所凭依的。当然，相较于后世，《楚辞》中的山水自然仍然是陪衬，并未成为独立的审美主题，而且山水自然之美往往被作者忧愁哀怨的情绪所笼罩，所淹没。不过，这类描写本身已经体现出了词人对山水自然的投入，表征着山水自然审美意识的

---

① （宋）洪兴祖撰，白化文等点校：《楚辞补注》卷二《湘夫人》，中华书局 1983 年版，第 64—65 页。

② （宋）洪兴祖撰，白化文等点校：《楚辞补注》卷二《山鬼》，第 681 页。

③ （宋）洪兴祖撰，白化文等点校：《楚辞补注》卷四《涉江》，第 130—131 页。

进步。

先秦时期，明确崇尚山川自然之美的，当属庄子。《庄子·知北游》曰："天地有大美而不言。"①又曰："山林与，皋壤与，使我欣欣然而乐与！"②直接表现了对自然万物的由衷赞美和崇敬。《知北游》虽属于庄子后学的作品，但它深受庄子的影响，是庄子思想的发展。我们知道，庄子是强调齐物我、齐贵贱的，他认为人不应以功利实用的标准来评判自然万物，而应该充分重视天地万物的自然本性。当惠施面对曲直不中绳墨的无用大树而不知所措时，庄子说："何不树之于无何有之乡，广莫之野，彷徨乎无为其侧，逍遥乎寝卧其下。不夭斧斤，物无害者，无所可用，安所困苦哉！"③在庄子看来，不因人而害天，顺应万物的本性，才是人面对自然的正确态度。正是这种崇尚自然的观念，为战国时期以及后世的山水自然审美，奠定了思想基础。

西汉文学以辞赋为标志。汉赋是受楚地文学的影响而产生的，它同时也继承了《楚辞》描写景物的传统。比如汉赋的代表性作品，司马相如的《子虚》《上林》两赋，就是由大量铺陈而具体的写景文字所构建的。两赋用夸张而瑰丽的笔法，将天地万物笼于笔端，展现了宇宙品类之繁杂与瑰丽。

不过，就像晋代左思所批评的："考之果木，则生非其壤；校之神物，则出非其所。于辞则易为藻饰，于义则虚而无征。"④《子虚》《上林》两赋所写的很多景物，司马相如根本就未曾亲眼见过。这些景物描写，仅是司马相如用来展现其丰富想象力和高超辞藻运用能力的工具罢了。应该说，造景以为衬托，这是汉赋的普遍现象。但是，诸多精彩的描写，也侧面反映了汉代人审美意识的进步。尤其是枚乘《七发》写观涛的一段文字，直接表明西汉士人对于山水自然已有很高的鉴赏能力。其曰：

---

① （清）郭庆藩撰，王孝鱼点校：《庄子集释》卷七《知北游》，中华书局 1961 年版，第735 页。

② （清）郭庆藩撰，王孝鱼点校：《庄子集释》卷七《知北游》，第 765 页。

③ （清）郭庆藩撰，王孝鱼点校：《庄子集释》卷一《逍遥游》，第 40 页。

④ （清）严可均辑：《全上古三代秦汉三国六朝文》第二册，《全晋文》卷七十四《三都赋序》，中华书局 1958 年版，第 1882 页。

> 衍溢漂疾，波涌而涛起。其始起也，洪淋淋焉，若白鹭之下翔。其少进也，浩浩湍湍，如素车白马帷盖之张。其波涌而云乱，扰扰焉如三军之腾装。其旁作而奔起者，飘飘焉如轻车之勒兵。……观其两旁，则滂渤怫郁，闇漠感突，上击下律，有似勇壮之卒，突怒而无畏。蹈壁冲津，穷曲随隈，逾岸出追。遇者死，当者坏。……①

作者用军阵来比喻大潮，描写了波涛之由小而大、激荡磅礴，其刻画之细致丰富，表现之灵活精当，后世罕有其匹。如此精彩的景物描写，在先秦的文学作品中是未曾见过的。它标志着古人自然审美意识的进一步发展。

时至东汉早期，我国最早的山水游记作品出现了，这就是马第伯的《封禅仪记》。马第伯此文，准确说来，并非专门的游赏泰山之作。它主要是为详细记录汉光武帝封禅泰山的具体过程。但此文对泰山的描写，细腻且真切，古朴而生动，读来宛如身临其境。如写山势的险峻，其曰：

> 去平地二十里，南向极望无不睹。仰望天阙，如从谷底仰观抗峰。其为高也，如视浮云；其峻也，石壁窅窱，如无道径。遥望其人，端如行朽兀，或为白石或雪。久之，白者移过树，乃知是人也。②

或纯以白描，或迭用比喻，山峰之险，逼人耳目。如果没有对于泰山的真切体察，是写不出这样的文字的。这篇游记的出现，也是古人自然审美意识发展的表征。

东汉中后期，文学形式有了较大变化。辞赋领域，夸张铺陈的大赋衰微，抒情小赋兴起。诗歌领域，五言诗已经成熟，比如《古诗十九首》，艺术水平相当高。随着文学主题的不断拓宽，表现形式的渐趋灵活，写景的文字也日益丰富细致起来。抒情小赋中的景物描写，已不再如西汉大赋之铺陈

---

① （清）严可均辑：《全上古三代秦汉三国六朝文》第一册，《全汉文》卷二十《七发》，第239页。

② （清）严可均辑：《全上古三代秦汉三国六朝文》第一册，《全后汉文》卷二十九《封禅仪记》，第633—634页。

夸张，而是力求贴切形象，透着对自然之美的真正欣赏。张衡的《归田赋》是其中的代表。张衡因为仕宦不得意，有归隐田园之志，遂作此赋。赋中重点描写了春色的明快祥和，曰：

> 于是仲春令月，时和气清；原隰郁茂，百草滋荣。王雎鼓翼，仓庚哀鸣；交颈颉颃，关关嘤嘤。于焉逍遥，聊以娱情。①

这种笔触充分体现了作者对于春景的欣赏与赞美。值得注意的是，文学作品中，将山水田园视为心灵解放之所，这还是首次。《归田赋》标志着古人山水审美意识的壮大。它为后来山水自然成为独立的审美主题奠定了基础。如东晋王羲之的《兰亭序》、陶渊明的《归去来辞》，很明显就受了它的影响。

（二）汉末至西晋山水文学的生态描写

汉末至西晋，是士人对山水自然的审美意识逐渐成熟的重要时期。汉晋之际，战乱频仍，政局不稳，社会阶层升降加速，士人常有动亦得咎而静亦得咎的危险。在这种历史背景下，老庄思想和及时行乐的观念同时流行起来。老庄学说为士人追求精神自由提供了思想资源，反映在文学作品上，就是产生了大量的隐逸诗、游仙诗和玄言诗。及时行乐则是为暂时忘却痛苦，它促生了数量颇丰的公宴诗文。隐逸诗、游仙诗、玄言诗、公宴诗文以及士人记述旅行感受的行旅诗，大大地丰富了对山水自然的描绘。这些描绘，不论是角度、内容，还是艺术表现形式，都要较先秦两汉细致、全面和高明很多。

如果说先秦两汉对山川自然的描写尚为涓涓细流，那么此时已汇聚成河，并有变成江河湖海的倾向，有波涛汹涌的趋势。士人对山川自然的审美意识，亦是如此。山川自然虽然还未能彻底成为独立的审美主题，但士人对山川自然已经有了自觉的审美观念。《晋书·阮籍传》载，阮籍"或登临

---

① （清）严可均辑：《全上古三代秦汉三国六朝文》第一册，《全后汉文》卷五十三《归田赋》，第769页。

山水，经日忘归"。①《晋书·羊祜传》曰："祜乐山水，每风景，必造岘山，置酒言咏，终日不倦。"②反映出士人对山川自然的欣赏，逐渐自觉而主动。

在魏晋文人的公宴诗文中，山川自然总是承载着欢乐愉悦的情感。曹丕《与朝歌令吴质书》曰：

> 每念昔日南皮之游，诚不可忘。既妙思六经，逍遥百氏。弹棋间设，终以六博。高谈娱心，哀筝顺耳。驰骋北场，旅食南馆。浮甘瓜于清泉，沉朱李于寒水。白日既匿，继以朗日。同乘并载，以游后园。舆轮徐动，参从无声。清风夜起，悲笳微吟。乐往哀来，怆然伤怀。③

作者感叹"乐往哀来，怆然伤怀"，是因为欢会要结束，与友人"驰骋北场，旅食南馆"以徜徉自然的快乐暂不能再得。游宴自然之乐，在曹丕的《于玄武陂作》一诗里，有更加真切的表现：

> 兄弟共行游，驱车出西域。野田广开辟，川渠互相经。黍稷何郁郁，流波激悲声。菱芡覆绿水，芙蓉发丹荣。柳垂重荫绿，向我池边生。乘渚望长洲，群鸟讙哗鸣。萍藻泛滥浮，澹澹随风倾。④

野外的山川草木、花鸟虫鱼如此欣欣向荣，生意盎然，徜徉其间的友朋兄弟，焉能不忘却烦恼，心情愉悦。驰游山川田畴以求时下欢愉，这是公宴诗的主题。所以公宴诗文中的山川自然，大多是可爱的，令人恋恋不舍。如曹植《公宴》：

> 公子敬爱客，终宴不知疲。清夜游西园，飞盖相追随。明月澄清景，列宿正参差。秋兰被长坂，朱华冒绿池。潜鱼跃清波，好鸟鸣

---

① （唐）房玄龄等：《晋书》卷四十九《阮籍传》，第 1359 页。
② （唐）房玄龄等：《晋书》卷三十四《羊祜传》，第 1020 页。
③ （梁）萧统编，（唐）李善：《文选》第五册，上海古籍出版社 1986 年版，第 1895 页。
④ 逯钦立辑校：《先秦汉魏南北朝诗》，中华书局 1983 年版，第 400 页。

高枝。①

先秦两汉文人对之而悲的秋景，在曹植笔下竟是如此的明朗清快，使人流连忘返，览之不倦。又如刘桢《公宴》：

> 月出照园中，珍木郁苍苍。清川过石渠，流波为鱼防。芙蓉散其华，菡萏溢金塘。灵鸟宿水裔，仁兽游飞梁。②

水木清华，芙蓉盛开，雕琢而精致的描写，反映出作者对自然之美的真切投入和用心鉴赏。魏晋公宴诗写景，多用精雕细琢的对偶手法，这为后来专门的山水诗写作提供了很好的范式。

魏晋的行旅诗里面，同样有大量精彩而细腻的景物描写，展现着诗人对于山川自然的欣赏与赞美。曹操的《步出夏门行》是魏晋行旅诗中的佳作。其曰：

> 东临碣石，以观沧海。水何澹澹，山岛竦峙。树木丛生，百草丰茂。秋风萧瑟，洪波涌起。日月之行，若出其中。星汉灿烂，若出其里。幸甚至哉，歌以咏志。③

郁郁苍苍的草木，激荡汹涌的波涛，浩渺辽阔的沧海吞吐着日月星辰。天地之壮美，在作者的笔下尽显靡遗，令人赞叹不已。这首诗的意趣几乎与后世的山水诗无异，而且此类吞吐宇宙的气概，放在整个诗歌史上来看，是不多见的。行旅诗到了西晋，更是满篇写景，详细记录着旅行中所见的山川之美。如陆机的《赴洛道中作》其二：

> 远游越山川，山川修且广。振策陟崇丘，案辔遵平莽。夕息抱影

---

① 逯钦立辑校：《先秦汉魏南北朝诗》，第449—450页。
② 逯钦立辑校：《先秦汉魏南北朝诗》，第369页。
③ 逯钦立辑校：《先秦汉魏南北朝诗》，第353页。

寐，朝徂衔思往。顿辔倚嵩岩，侧听悲风响。清露坠素辉，明月一何朗。抚几不能寐，振衣独长想。①

作者细腻而精当的秋景描写，完美映衬了其旅途的孤寂凄凉。又如潘岳的《在怀县作》：

> 朝想庆云兴，夕迟白日移。挥汗辞中宇，登城临清池。凉飚自远集，轻襟随风吹。灵圃耀华果，通衢列高椅。瓜瓞蔓长苞，姜芋纷广畦。稻栽肃芊芊，黍苗何离离。②

精细而具体的描绘，展现了雍和安乐的景致。这类满篇皆景的行旅诗，预示以山水自然为独立文学主题的时代即将到来。

言及魏晋士人自然审美意识的壮大，招隐诗是不得不提及的。隐逸是汉晋时期的重要社会现象。两汉时期，士人或者为逃避政治灾祸以保全性命，或者为服食云露以求长生，颇有幽居山林而作隐逸的。不过，统治者并不赞赏这种行为。因为在他们看来，隐逸出仕才是国运昌隆的象征，所以兴起了不少招隐诗。如淮南小山的《招隐士》，就是早期的代表。招隐诗的一般叙述模式通过写高山密林之难居，隐逸生活之艰辛，以劝说隐逸出世。但到了西晋，这种传统就被颠覆了。左思的写景名篇《招隐》曰：

> 杖策招隐士，荒途横古今。岩穴无结构，丘中有鸣琴。白雪停阴岗，丹葩曜阳林。石泉漱琼瑶，纤鳞亦浮沉。非必丝与竹，山水有清音。何事待啸歌，灌木自悲吟。秋菊兼糇粮，幽兰间重襟。踌躇足力烦，聊欲投吾簪。③

题名"招隐"，本是为招回隐逸，最后却变成了"聊欲投吾簪"，自己

---

① 逯钦立辑校：《先秦汉魏南北朝诗》，第684页。
② 逯钦立辑校：《先秦汉魏南北朝诗》，第634页。
③ 逯钦立辑校：《先秦汉魏南北朝诗》，第734页。

也想归隐。这是因为山川草木美不胜收，它所带给人的美感，完全不逊于音乐，所以作者想长居其间。此时，山川自然已不再是艰险荒芜，让人视为畏途的地方了。山林美而可居的感受，也能在陆机的招隐诗中发现：

> 驾言寻飞遁，山路郁盘桓。芳兰振蕙叶，玉泉涌微澜。嘉卉献时服，灵木进朝飡。寻山求逸民，穷谷幽且遐。清泉荡玉渚，文鱼跃中波。[①]

寻访隐逸的旅行，变成一次欣赏自然美景的乐事。招隐诗笔下的山林，由荒险畏途变为美妙的栖息之所，其主旨由惧隐变为羡隐，说明了西晋文人对山川自然审美的逐步自觉。

（三）东晋南朝山水文学的生态描写

经过先秦以来的长期积累和发展，到了东晋刘宋之时，山水自然真正成为独立的审美主题，士人对于山水自然的审美完全自觉。如前所述，东晋以前的文学作品中，已经有着丰富的景物描写，有些甚至还很精彩。不过，这些描写基本上都属于附庸，或为表现人物活动而服务，或为抒情言志而服务，起着烘托和陪衬作用。而士人游乐山川，归隐山林，也不过是为排解忧愁而已。单纯为歌咏山川自然本身之美而作的诗文，纯粹为欣赏山川自然美色而兴的游览，是在晋、宋之时才集中出现的。我们举东晋袁崧《宜都记》的一段文字，就可略窥其梗概。其曰：

> 常闻峡中水疾，书记及口传悉以临惧相戒，曾无称有山水之美也。及余来践跻此境，既至欣然，始信耳闻之不如亲见矣。其叠崿秀峰，奇构异形，固难以辞叙。林木萧森，离离蔚蔚，乃在霞气之表。仰瞩俯映，弥习弥佳。流连信宿，不觉忘返。目所履历，未尝有也。既自欣得此奇观，山水有灵，亦当惊知己於千古矣。[②]

---

① 逯钦立辑校：《先秦汉魏南北朝诗》，第 691—692 页。
② 陈桥驿：《水经注校释》，杭州大学出版社 1999 年版，第 596 页。

以三峡"山水之美"为"奇观",体会到"耳闻不如亲见",感到"难以辞叙",觉得"目所履历,未尝有也",甚至于认为自己对山水的欣赏,"山水有灵,亦当惊知己於千古"。这种纯粹的山川审美活动,跃然而出。正如钱钟书先生所言:"人于山水,曰'好美色',山水于人,如'惊知己';此种文字,晋、宋以前所未有也。"① 山水自然本身的美,在晋、宋之时开始被众多士人所激赏和咏叹。《晋书·孙统传》曰:"家于会稽,性好山水。……居职不留心碎务,纵意游肆。名山胜川,靡不穷究。"《晋书·桓祕传》曰:"放志田园,好游山水。"王献之《贴》曰:"镜湖澄澈,清流泻注,山水之美,使人应接不暇。"谢灵运《游名山志》曰:"夫衣食,人生之所资;山水,性分之所适。"② 可见,对于山川自然之美的欣赏,已汇聚为一种流行的审美观念。正是这种背景下,山水自然由附庸而为大国,由培塿而成崇岗峻阜,成为独立的文学主题,一批优美的山水诗文因此产生。

从诗歌史来看,这一时期最为重要的变化,就是山水诗登上历史舞台,正式成为诗歌流派。《文心雕龙·明诗》曰:"宋初文咏,体有因革,庄老告退,而山水方滋。"清人王士禛在《带经堂诗话》中说:

　　诗三百篇,于兴观群怨之旨,下逮鸟兽草木之名,无弗备矣,独无刻画山水者;间亦有之,亦不过数篇,篇不过数语,如"汉之广矣""终南何有"之类而止。汉魏间诗人之作,亦与山水了不相及。迨元嘉间,谢康乐出,始创为刻画山水之词,务穷幽极渺,抉山谷水泉之情状,昔人所云"庄老告退,而山水方滋"者也。宋齐以下,率以康乐为宗。至唐王摩诘、孟浩然、杜子美、韩退之、皮日休、陆龟蒙之流,正变互出,而山水之奇灵閟,刻露殆尽;若其滥觞于康乐,则一而已矣。③

----

① 钱钟书:《管锥编》,第三册,第1038页。
② (清)严可均辑:《全上古三代秦汉三国六朝文》第三册,《全宋文》卷三十三《游名山志》,第2616页。
③ 王士禛:《王士禛全集》第三册,《渔洋文集》卷二《双江唱和诗序》,齐鲁书社2006年版,第1542页。

王氏以为山水诗始自谢灵运，这种判断似乎还可商榷。其实，论山水诗的先驱，应追溯至东晋的庾阐、谢混。但要论这种题材的"滥觞"和奠基人，则只能是谢灵运。谢氏是位不折不扣的山水诗人。今天所能见到的谢灵运的诗有 70 多篇，而歌咏大自然景物的山水诗占了其中的绝大部分。谢氏的山水诗不仅篇什远超前人，其表现山川自然之美的手法和技巧，也是前人所不及的。如谢氏名作《石壁精舍还湖中》：

> 昏旦变气候，山水含清晖。清晖能娱人，游子憺忘归。出谷日尚早，入舟阳已微。林壑敛暝色，云霞收夕霏。芰荷迭映蔚，蒲稗相因依。披拂趋南迳，愉悦偃东扉。虑淡物自轻，意惬理无违。寄言摄生客，试用此道推。①

这首诗描绘的是作者傍晚时分从石壁精舍返还巫湖时所见的美景。他特别选取了林壑、暝色、云霞、夕霏、芰荷、晚霞、蒲稗等景物，用敛、收、映、依等动词，将之描绘成一幅移动的画卷，生动且形象地再现了大自然之美。他主要用铺陈描述的手法写景，但这种铺叙是有层次的，毫无杂乱无章之感，它灵活地组织成为完整的画面。谢灵运的诗句雕琢精美，擅长用词句的对偶和颜色的对照来描绘自然之美的鲜明可爱。佳句如"白云抱幽石，绿筱媚清涟"（《过始宁墅》）；②"白芷竞新苕，绿苹齐初叶"（《登上戍石鼓山》）；③"晓霜枫叶舟，夕曛岚气阴"（《晚出西射堂》）；④"云日相映辉，空水共澄鲜"（《登江中孤屿》）；⑤"白花皜阳林，紫𫄷晔春流"（《郡东山望溟海》）⑥等，都是用自己新创的精美词汇，描绘着山川自然的绚丽多姿。这些词汇，对于后世的山水诗写作来说，是笔丰厚的遗产。经由谢灵运对山水自

---

① 逯钦立辑校：《先秦汉魏南北朝诗》，第 1165 页。
② 逯钦立辑校：《先秦汉魏南北朝诗》，第 1160 页。
③ 逯钦立辑校：《先秦汉魏南北朝诗》，第 1164 页。
④ 逯钦立辑校：《先秦汉魏南北朝诗》，第 1161 页。
⑤ 逯钦立辑校：《先秦汉魏南北朝诗》，第 1162 页。
⑥ 逯钦立辑校：《先秦汉魏南北朝诗》，第 1163 页。

然之美的丰富描绘，山水诗这一体裁终于确立，成为新的诗歌流派。

当然，作为新生事物的奠基人，谢氏的作品仍有缺点。中国山水诗的基本精神是欣赏山川自然，回归山川自然，并与山川自然合而为一。谢氏的创作仍带有玄言诗的尾巴，写景与说理有时互相游离，景物与心境也不甚交融，导致其诗作景色雕琢而意蕴清浅，少有意境。而问题的解决，就要期待将来的作者了。

给南朝以后的山水诗人提供情景交融、人与自然合而为一的诗作范本的，其实是略早于谢灵运的另一位大诗人，他就是陶渊明。陶渊明是田园诗派的创始人。这种诗派在陶渊明至盛唐的阶段，基本是以讴歌田园生活的宁静悠闲为主旨的。故其与山水诗有着颇为相近的旨趣，都追求的是欣赏自然，回归自然，人与自然合一。不过，比较而言，早期的山水诗更注重对山水自然客观美的展现，所以对回归自然这种主观愿望的表达不够充分，手法也不够圆融。而早期的田园诗是从言志诗的传统中发展而来，其在表达主观感受方面就成熟了很多。陶渊明更是这方面的大家。他的田园诗语言朴素自然，亲切地诉说着他喜爱山川田园的天性，表达着他回归自然的舒适与惬意。《归田园居》其一曰：

> 少无适俗韵，性本爱丘山。误落尘网中，一去三十年。羁鸟恋旧林，池鱼思故渊。开荒南野际，守拙归园田。方宅十余亩，草屋八九间。榆柳荫后檐，桃李罗堂前。暧暧远人村，依依墟里烟。狗吠深巷中，鸡鸣桑树颠。户庭无尘杂，虚室有余闲。久在樊笼里，复得返自然。①

这首诗抒写了作者脱离尘网而复归田园的愉快心情。通过对田园景物不惮其烦地罗列，既展现了田园生活的宁静和谐，又充分表达了作者回归自然后的美好和富足。"久在樊笼中，复得返自然"讲得很明确，陶渊明认为回归山水田园自由自在的生活，才是人的本真和天然状态。

---

① 逯钦立辑校：《先秦汉魏南北朝诗》，第 991 页。

《归田园居》其二曰：

> 种豆南山下，草盛豆苗稀。晨兴理荒秽，戴月荷锄归。道狭草木长，夕露沾我衣。衣沾不足惜，但使愿无违。①

这种与山水田园交融无间的农家生活，在陶渊明笔下是如此惬意。而农闲之时，或登高赋诗，招邻饮酒："春秋多佳日，登高赋新诗。过门更相呼，有酒斟酌之。农务各自归，闲暇辄相思。相思则披衣，言笑无厌时。"②或欣赏美景，读书饮酒："孟夏草木长，绕屋树扶疏。众鸟欣有托，吾亦爱吾庐。既耕亦已种，时还读我书。穷巷隔深辙，颇回故人车。欢言酌春酒，摘我园中蔬。"③都是那么闲适自得、自由自在，令读者烦躁的心灵顿得宁静，向往这种悠然与平和。陶渊明用他平淡自然、浑然天成的文字，讴歌了山水田园生活的自在与宁静。这对后世来说是笔宝贵的财富。同时，陶渊明还塑造了一种审美传统与文化传统。以回归自然为美，以生活于山水田园为雅致富足，这在东晋南朝虽然尚属空谷足音，但经由盛唐诗人的弘扬之后，就成为中国传统社会后期非常有影响的文化观念。

齐梁陈隋是山川自然成为独立审美主题之后山水文学的重要发展期。山水诗方面，谢朓、王融、萧纲、何逊、王籍、阴铿、王褒、庾信等人都有佳作，拓宽了山水诗写作的视野，提升了景物描写的技巧，为唐代山水诗的鼎盛奠定了良好基础。"小谢"谢朓的佳句如："余霞散成绮，澄江静如练。喧鸟覆春洲，杂英满芳甸。"（《晚登三山还望京邑》）④"汀葭稍靡靡，江炎复依依。田鹄远相叫，沙鸨忽争飞。"（《休沐重还丹阳道中》）⑤"远树暖阡阡，生烟纷漠漠。鱼戏新荷动，鸟散余花落。"（《游东田》）⑥"夏木转成帷，秋荷

---

① 逯钦立辑校：《先秦汉魏南北朝诗》，第 992 页。
② 逯钦立辑校：《先秦汉魏南北朝诗》，第 994 页。
③ 逯钦立辑校：《先秦汉魏南北朝诗》，第 1010 页。
④ 逯钦立辑校：《先秦汉魏南北朝诗》，第 1430—1431 页。
⑤ 逯钦立辑校：《先秦汉魏南北朝诗》，第 1430 页。
⑥ 逯钦立辑校：《先秦汉魏南北朝诗》，第 1425 页。

渐如盖。"(《后斋迥望》)① 语言清新秀丽、优美自然,这在强调词句雕琢绮丽的南朝文学氛围里,实属难得,体现了谢朓对于山川自然之美的高超鉴赏能力和表现能力。梁简文帝萧纲的写景小诗,很有韵味。如《夜游北园》:"星芒侵岭树,月晕隐城楼。暗花舒不觉,明波动见流。"② 《入溆浦》:"泛水入回塘,空枝度日光。竹垂悬扫浪,凫疑远避樯。"③ 观察细微,表现真切,都是很成功的诗作。

何逊是谢灵运之后又一位著名的山水诗人。他既有名句,也能完篇,不但擅长写景,用词也极为精彩。佳作如《春夕早泊和刘谘议落日望水》:"旅人嗟倦游,结缆坐春洲。日暮江风静,中川闻棹讴。草光天际合,霞影水中浮。单舻时向浦,独楫乍乘流。娈童泣垂钓,妖姬哭荡舟。客心自有绪,对此空复愁。"④ 写山水之时,同时抒发怀乡之感,情与景妥帖相映。佳句如"露湿寒塘草,月映清淮流"(《与胡兴安夜别》);⑤ "游鱼乱水叶,轻燕逐风花"(《赠王左丞》);⑥ "夜雨滴空阶,晓灯暗离室"(《从镇江州与游故别》);⑦ "水底见行云,天边看远树"(《晓发》);⑧ 都真切可爱,令人激赏。

大诗人杜甫就很欣赏何逊的诗,说"能诗何水部"。有学者认为"何逊的山水诗已全面超过谢灵运",⑨ 此论颇有道理。王籍也是这一时期的优秀山水诗人。他的作品流传到今天的仅《入若耶溪》一诗,但这首作品有着重要意义。诗曰:"艅艎何泛泛,空水共悠悠。阴霞生远岫,阳景逐回流。蝉噪林逾静,鸟鸣山更幽。此地动归念,长年悲倦游。"⑩ 像"蝉噪林愈静,鸟鸣山更幽"这样的佳句,在整个诗歌史上也是不多见的。它用洁净的语言描写

---

① 逯钦立辑校:《先秦汉魏南北朝诗》,第 1449 页。
② 逯钦立辑校:《先秦汉魏南北朝诗》,第 1967 页。
③ 逯钦立辑校:《先秦汉魏南北朝诗》,第 1968 页。
④ 逯钦立辑校:《先秦汉魏南北朝诗》,第 1691 页。
⑤ 逯钦立辑校:《先秦汉魏南北朝诗》,第 1703 页。
⑥ 逯钦立辑校:《先秦汉魏南北朝诗》,第 1702 页。
⑦ 逯钦立辑校:《先秦汉魏南北朝诗》,第 1703 页。
⑧ 逯钦立辑校:《先秦汉魏南北朝诗》,第 1704 页。
⑨ 丁成泉:《中国山水诗史》(第二版),华中师范大学出版社 2014 年版,第 35 页。
⑩ 逯钦立辑校:《先秦汉魏南北朝诗》,第 1854 页。

了隽永的自然现象，不但写景，而且领悟了山水自然之精神。这正是盛唐山水诗的先声。

　　山水游记在这一时期也有长足发展，集中出现了一批优秀的山水小品。它们或精炼俊逸，或清秀雅致，为游记文学增色不少。陶弘景的《答谢中书书》是六朝山水小品中的佳作，仅用 68 字，却真切地勾勒了江南山川木石、云雾鸟兽的秀美，其曰：

　　　　山川之美，古来共谈。高峰入云，清流见底。两岸石壁，五色交晖。青林翠竹，四时俱备。晓雾将歇，猿鸟乱鸣。夕日欲颓，沉鳞竞跃。实是欲界之仙都，自康乐以来，未复有与其奇者。①

此文精炼俊雅，清新秀丽，令人对优美的江南山水风光歆羡不已。吴均的山水小品，更是让人击节赞赏。其《与朱元思书》曰：

　　　　风烟俱净，天山共色。从流飘荡，任意东西。自富阳至桐庐一百许里，奇山异水，天下独绝。水皆缥碧，千丈见底。游鱼细石，直视无碍。急湍甚箭，猛浪若奔。夹岸高山，皆生寒树，负势竞上，互相轩邈，争高直指，千百成峰。泉水激石，泠泠作响；好鸟相鸣，嘤嘤成韵。蝉则千转不穷，猿则百叫无绝。鸢飞戾天者，望峰息心；经纶世务者，窥谷忘反。横柯上蔽，在昼犹昏；疏条交映，有时见日。②

在 142 字的短文中，作者用精炼隽秀的文笔，细致描绘了富阳至桐庐一代清幽秀丽的山川美景。富春江水的清澈明净，两岸群山的峻峭雄奇，山中泉石鸣鸟的婉转响声，巨细靡遗地展露在眼前。作者对山水自然景色的鉴赏力和表现力，显然是很高超的。吴均描写山水风光的佳作还有《与顾章书》。其

---

① （清）严可均辑：《全上古三代秦汉三国六朝文》第四册，《全梁文》卷四十六《答谢中书书》，第 3215—3216 页。

② （清）严可均辑：《全上古三代秦汉三国六朝文》第四册，《全梁文》卷六十《答谢中书书》，第 3305—3306 页。

描写石门山的风光曰："森壁争霞，孤峰限日；幽岫含云，深溪蓄翠；蝉吟鹤唳，水响猿啼，英英相杂，绵绵成韵。"① 音节铿锵有力，句子精美整齐，山川自然的美感与文字本身的魅力完美融合。吴均的山水骈文成就，几乎可以说是前无古人、后无来者。而在同时期的北方，也有一部为山水游记别开生面的重要作品问世。这就是郦道元的《水经注》。《水经注》对 1252 条大小河流穷源竟委，同时详细记载了沿途的山川景物、风土人情和历史掌故等。这种著作本身即反映了作者对山川自然的深深热爱。再加上注文写景状物，文字简练优美，艺术成就很高，所以极大地影响了后世的山水散文写作。《水经注》中脍炙人口的一段写景文字见于《江水注·巫峡》一节，其曰：

> 自三峡七百里中，两岸连山，略无阙处，重岩叠嶂，隐天蔽日，自非亭午夜分，不见曦月。至于夏水襄陵，沿沂阻绝。或王命急宣，有时一朝发白帝，暮到江陵，其间千二百里，虽乘奔御风，不以疾也。春冬之时，则素湍绿潭，迴清倒影，绝巘多生怪柏，悬泉瀑布，飞漱其间，清荣峻茂，良多趣味，每至晴初霜旦，林寒涧肃，常有高猿长啸，属引凄异，空谷传响，哀转久绝。故渔者歌曰："巴东三峡巫峡长，猿鸣三声泪油裳。"②

此节写三峡水流之湍急，两岸山势之峻峭，四季景色之变化，意境颇为幽远。从柳宗元、苏轼的山水散文中，都可以看出其中的影子。

（四）唐宋时期山水文学的生态描写

山水自然在南朝成为独立审美主题之后，并没有立即迎来山水文学的兴盛。隋及唐初，受齐梁文学的影响，宫体诗发达，文风浮靡绮丽。不过，宫体诗的流行毕竟只是回光返照。在王勃、杨炯、卢照邻、骆宾王、陈子昂、张九龄等诗人的努力之下，诗歌已逐渐显露新的气象。山水诗的描写也

---

① （清）严可均辑：《全上古三代秦汉三国六朝文》第四册，《全梁文》卷六十《答谢中书书》，第3306页。
② 陈桥驿：《水经注校释》，第593页。

是如此，诗人对山川自然的描写，开始超越形似而追求神似。譬如王勃的《山中》：

> 长江悲已滞，万里念将归。况属高风晚，山山黄叶飞。①

此虽属写景小诗，但对景物的描写，已不再如东晋南朝般强调仔细摹画，而是略其景貌，取其精神。正因为开始追求山水精神之获得，所以初唐的一些山水诗，较诸东晋南朝的作品，在情景交融方面已有较大进步。到了盛唐，技巧愈发高超。精彩的诗作如张旭的《桃花溪》：

> 隐隐飞桥隔野烟，石矶西畔问渔船。桃花尽日随流水，洞在清溪何处边。②

这首诗是提炼陶渊明的《桃花源记》而来，语言流畅优美，形象生动鲜明。桃花源景色之清幽绚丽，渔人与作者的追慕之情，一显一隐，交融无间，呈现的正是盛唐山水诗的气象。

　　山水诗的鼎盛在盛唐。所谓盛唐，是指唐玄宗开元元年至代宗大历年间。这一时期山水诗的成就，不仅表现在艺术手法的成熟和高超上，更重要的是将山水自然的审美与心灵自由的追求融合无间，真正达到了欣赏自然、回归自然、与自然合二为一的境界。盛唐山水诗人笔下的理想生活，可以用王维的"行到水穷处，坐看云起时"来说明，即在山水自然中解放人的心灵，回归人的本真。人回归自然，不再受名利的羁绊，俗务的牵缠，徜徉于青山白云、清风朗月中，舒缓而灵动，自在而逍遥。这几乎是盛唐山水诗歌的旨趣，同时，它也成为后世山水文学的文化内涵。

　　盛唐的山水诗人，重要的有王维、孟浩然、祖咏、裴迪、綦毋潜、储光羲、常建等人。其中尤以王维、孟浩然为翘楚，历来被视作山水诗的两座

---

① 彭定求等校点：《全唐诗》卷五十六《王勃》，中华书局 1960 年版，第 683 页。

② 彭定求等校点：《全唐诗》卷一一七《张旭》，第 1179 页。

高峰。孟浩然出生于则天永昌元年（689），长王维 12 岁，襄州襄阳人。他一生主要活动于荆楚、吴越间，诗作也多以南方风光为主题，是成就最高的南方山水诗人。佳作如《宿业师山房期丁大不至》：

> 夕阳度西岭，群壑倏已暝。松月生夜凉，风泉满清听。樵人归欲尽，烟鸟栖初定。之子期宿来，孤琴候萝径。①

又如《夏日南亭怀辛大》：

> 山光忽西落，池月渐东上。散发乘夜凉，开轩卧闲敞。荷风送香气，竹露滴消响。欲取鸣琴弹，恨无知音赏。感此怀故人，终宵劳梦想。②

再如《夜归鹿门山歌》：

> 山寺钟鸣昼已昏，渔梁渡头争渡喧。人随沙岸向江村，余亦乘舟归鹿门。鹿门月照开烟树，忽到庞公栖隐处。岩扉松径长寂寥，唯有幽人夜来去。③

以上三首诗都是孟浩然隐居家乡襄阳之时所作。诗作描写的都是寻常景物，用词也只是白描而已，但显得那么优美清新、意趣盎然，让人不禁反复诵读。这大约是因为孟浩然对家乡的山水自然有着真切的热爱，所以尽管是写幽居的情怀，让人看到的反而是徜徉于自然美景里的山中高士形象，读之既怜其幽寂孤独，又羡其幽静闲雅。今天所遗存的孟浩然的百余首山水诗，大抵都有这种用语平淡清新而意韵高远的特征，反映出孟浩然既是山水美景的欣赏者，同时也被自然生态所解救，获取了心灵的安慰与解放。

---

① 彭定求等校点：《全唐诗》卷一五九《孟浩然》，第 1624 页。
② 彭定求等校点：《全唐诗》卷一五九《孟浩然》，第 1620 页。
③ 彭定求等校点：《全唐诗》卷一五九《孟浩然》，第 1630 页。

　　王维是盛唐时期山水诗的另一座高峰。他的诗作所到达的高度，甚至要超过孟浩然。王维多才多艺，不仅是诗人，而且还擅长丹青，故苏轼评价他的作品是"诗中有画，画中有诗"。其实这也正是他高于孟浩然的地方。孟浩然的山水诗少刻画而重在抒发感受，胜在淡而能远。王维则擅长精彩细致的描画，丰富的感受体现于画面之中，[1] 熔山水自然与人物感受于一炉，色彩鲜明而意韵冲淡，不仅给人以艺术美感，而且是安顿人心灵的良药。应该说，他的山水诗作，寓心灵解放于山水自然之中，完美地体现了生态自然与人性本真的合一。

　　王维一生少游历，主要活动于关中。他最熟悉的山水风光，集中于蓝田辋川，这里有他的别业。今存王维的百余首山水诗篇中，以描绘辋川山水者为最多。王维甚至单独结集了部分作品，题为《辋川集》。他在《辋川集》序中说："余别业在辋川山谷，其游止有孟城坳、华子冈、文杏馆、斤竹岭、鹿砦、木兰柴、茱萸泮、宫槐陌、临湖亭、南垞、欹湖、柳浪、栾家濑、金屑泉、白石滩、北垞、竹里馆、辛夷坞、漆园、椒园等，与裴迪闲暇，各赋绝句云尔。"[2] 这些"绝句"都是形神兼备的山水名篇。如：

　　　　[竹里馆] 独坐幽篁里，弹琴复长啸。深林人不知，明月来相照。[3]

　　　　[辛夷坞] 木末芙蓉花，山中发红萼。涧户寂无人，纷纷开且落。[4]

　　　　[白石滩] 清浅白石滩，绿蒲向堪把。家住水东西，浣纱明月下。[5]

　　　　[北垞] 北垞湖水北，杂树映朱阑。逶迤南川水，明灭青林端。[6]

---

①　葛晓音：《田园山水诗派研究》，辽宁大学出版社 1993 年版，第 232 页。
②　彭定求等校点：《全唐诗》卷一二五《王维》，第 1299 页。
③　彭定求等校点：《全唐诗》卷一二五《王维》，第 1301 页。
④　彭定求等校点：《全唐诗》卷一二五《王维》，第 1302 页。
⑤　彭定求等校点：《全唐诗》卷一二五《王维》，第 1301 页。
⑥　彭定求等校点：《全唐诗》卷一二五《王维》，第 1301 页。

[鹿柴] 空山不见人，但闻人语响。返景入深林，复照青苔上。①

语句清新而灵动，简洁且优雅，既写出了绚烂而静美的自然生态，也道出了诗人的幽寂闲适。如果没有对自然生态的朝夕体察，没有对自然之美的深挚眷爱，是难以呈现这组诗作的。

王维描绘辋川风光的佳作还有不少，如后世传诵的《鸟鸣涧》，也属其一。其曰：

人闲桂花落，夜静春山空。月出惊山鸟，时鸣深涧中。②

古今写天地之静美的诗作很多，但这首诗可推杰作之冠。夜色春山下，罕有人迹，幽静之态，已然呈现。桂花下落的动态，更添春山之洁净。诗人还不满足，又描绘了月出鸟鸣的动态，遂将天地之静美推向了高潮。王维写辋川风光的五言绝句，特色是明显的。他多取大自然的一小片景色，用洁净优美的语句，传神写照，揭示自然生态之灵动与静美，故诗作颇有巧夺天工之感。也正因此，他超越了前辈诗人，也将同时代的诗人甩开。

王维山水诗之所以能有如此高度，并不仅仅是因为他艺术能力卓越，更重要的还是他的思想境界超脱。他受禅宗的影响颇深，诗中时常流露禅味，故后世誉之为"诗佛"。禅宗是中国化的佛教，在强调人与自然合一方面，与道家思想颇有暗合之处。而王维诗作的"禅境"，正是以体察自然为妙趣的，表明他期望在自然生态中实现人性解放。下列几首诗，集中反映了王维的这种旨趣：

积雨空林烟火迟，蒸藜炊黍饷东菑。漠漠水田飞白鹭，阴阴夏木啭黄鹂。山中习静观朝槿，松下清斋折露葵。野老与人争席罢，海鸥何事更相疑。(《积雨辋川庄作》)③

---

① 彭定求等校点：《全唐诗》卷一二五《王维》，第 1300 页。
② 彭定求等校点：《全唐诗》卷一二五《王维》，第 1302 页。
③ 彭定求等校点：《全唐诗》卷一二五《王维》，第 1298 页。

言入黄花川，每逐青溪水。随山将万转，趣途无百里。声喧乱石中，色静深松里。漾漾泛菱荇，澄澄映葭苇。我心素已闲，清川澹如此。请留盘石上，垂钓将已矣。(《青溪》)①

落日山水好，漾舟信归风。探奇不觉远，因以缘源穷。遥爱云木秀，初疑路不同。安知清流转，偶与前山通。舍舟理轻策，果然惬所适。老僧四五人，逍遥荫松柏。朝梵林未曙，夜禅山更寂。道心及牧童，世事问樵客。暝宿长林下，焚香卧瑶席。涧芳袭人衣，山月映石壁。再寻畏迷误，明发更登历。笑谢桃源人，花红复来觌。(《蓝田山石门精舍》)②

中岁颇好道，晚家南山陲。兴来每独往，胜事空自知。行到水穷处，坐看云起时。偶然值林叟，谈笑无还期。(《终南别业》)③

上列诗篇，均属王维的山水佳作。他是诗人，又是画家，对自然生态有着细致而丰富的感受。他用他的生花妙笔，高超处理了虚实、动静等关系，将美好的自然生态，鲜活地在诗中呈现了出来。山水自然在诗中是那么幽美空灵，那么令人流连忘返。更为奇妙的是，诗人在山水自然中，也是如此闲适，如此恬淡。自然生态与人的本真，交融无间，若合符节。陶渊明有诗曰"久在樊笼中，复得返自然"，"返自然"是要获得人性自由。在陶渊明看来，只有回归山水自然，才能得人性之"自然"。王维诗完美诠释了陶渊明的这种理想，诗人无疑是"返自然"而得"自然"。人与自然合一，是中国山水诗的最高旨趣，而王维的山水诗无疑就是这一诗派发展到最完美阶段的标志。④

盛唐山水诗人，除了王、孟这两座高峰外，还有不少名家。如裴迪，

----

① 彭定求等校点：《全唐诗》卷一二五《王维》，第 1247 页。

② 彭定求等校点：《全唐诗》卷一二五《王维》，第 1247 页。

③ 彭定求等校点：《全唐诗》卷一二五《王维》，第 1276 页。

④ 葛晓音：《山水田园诗派研究》，第 252 页。

他早年曾与王维隐居辋川，相互唱和，精彩篇什有《华子冈》《木兰柴》等。《华子冈》诗曰："落日松风起，还家草露晞。云光侵履迹，山翠拂人衣。"[1]写得形神兼备，灵动自然，反映了诗人对自然生态的深深眷爱。又如祖咏，也是王维的好友，其《苏氏别业》曰："别业居幽处，到来生隐心。南山当户牖，沣水映园林。屋覆经冬雪，庭昏未夕阴。寥寥人境外，闲坐听春禽。"[2]自然风物的寂静中映衬的是诗人的闲适。再如綦毋潜，其《过融上人兰若》曰："山头禅室挂僧衣，窗外无人溪鸟飞。黄昏半在下山路，却听钟声连翠微。"[3]诗作不着意描绘寺庙风景，而山水之美跃然纸上；不着意抒写人的旷达，旷达却呼之欲出。这种"不落言筌"的山水诗，是典型的盛唐之音。[4]再如常建，其名作《题破山寺后禅院》曰："清晨入古寺，初日明高林。竹径通幽处，禅房花木深。山光悦鸟性，潭影空人心。万籁此都寂，但余钟磬音。"[5]此诗化自然风物与山寺禅理为一炉，深得禅宗空寂与自然生态之妙，为后世传诵不已。

大抵来看，盛唐的山水诗，展现的是诗人对自然生态无拘无束、自由自在的欣赏，反映的是诗人视自然生态为心灵解放之所，高超的艺术手法中，蕴含的是回归自然的本真与纯粹。这种盛唐之音，是中国古代山水诗的巅峰。它不仅成为后世山水诗的典范，而且汇聚成一种文化传统，深深影响了宋元以降的社会。自此以后，悠游山水自然成为文人高士的风雅标志，同时还进一步沉淀为社会大众的文化心理。

沿着盛唐诗人所拓宽的康庄大道，中晚唐的山水诗也颇有成绩。只是受时代纷乱的影响，其规模和境界都略有不同。中晚唐诗坛的主要声音，是元白等人的新乐府，旨在反映现实，呼吁为政者关心民瘼。这种风气同样影响了山水诗，导致中晚唐的众多山水诗作，都蒙有一层挥之不去的伤感。譬如山水田园诗作颇多的中唐诗人刘长卿，其《步登夏口古城作》曰：

---

① 彭定求等校点：《全唐诗》卷一二九《裴迪》，第 1313 页。
② 彭定求等校点：《全唐诗》卷一三一《祖咏》，第 1334 页。
③ 彭定求等校点：《全唐诗》卷一三五《綦毋潜》，第 1372 页。
④ 丁成泉：《中国山水诗史》(第二版)，第 63 页。
⑤ 彭定求等校点：《全唐诗》卷一四四《常建》，第 1461 页。

平芜连古堞，远客此沾衣。高树朝光上，空城秋气归。微明汉水极，摇落楚人稀。但见荒郊外，寒鸦暮暮飞。①

他在秋色中看到的不是生机，而是暮气。这正是现实在山水风光中的写照。不过，南朝以至盛唐所奠定的山水诗基调，生命力很是强大。中晚唐时期仍有诸多优秀的山水篇什，抒发着诗人悠游山水以得自由的旨趣。如刘长卿的《送灵澈上人》："苍苍竹林寺，杳杳钟声晚。荷笠带斜阳，青山独归远。"②意境悠远，得闲适之妙趣。又如韦应物的《烟际钟》："隐隐起何处，迢迢送落晖。苍茫随思远，萧散逐烟微。秋野寂云晦，望山僧独归。"③萧散疏阔，有出尘之气。再如皇甫冉的《归渡洛水》："暝色赴春愁，归人南渡头。渚烟空翠合，滩月碎光流。澧浦饶芳草，沧浪有钓舟。谁知放歌客，此意正悠悠。"④流光妙境与楚辞故事精巧结合，点出了放浪山水的悠然。三者均是得自然之趣的佳作。

中晚唐的大诗人同样颇有优秀山水诗传世。如白居易，他的《钱塘湖春行》与《西湖晚归回望孤山寺赠诸客》都是很精彩的作品，反映出诗人对自然的深深热爱。又如贾岛，他虽然是"苦吟诗人"，但《题李凝幽居》一诗所传达的意境，却丝毫看不出"苦"来。我们从"闲居少邻并，草径入荒园。鸟宿池边树，僧敲月下门"诸句中，体会到的反而是闲适与清净。可见山水是足以怡情的。又如刘禹锡，他的《海阳十咏》《洞庭秋月行》等诗作，都是盛赞山水自然之美的妙文，尤其是《望洞庭》，其曰："湖光秋月两相和，潭面无风镜未磨。遥望洞庭山水翠，白银盘里一青螺。"⑤写得分外贴切而精彩，深受后世赞誉。至于柳宗元、杜牧等人，颇有悠游山水的经历，所以他们的山水诗写得也相当出色。柳宗元的《渔翁》与杜牧的《山行》，都是广为传诵的作品。中晚唐的社会虽动荡不安，但此时的山水诗仍承袭了盛

---

①　彭定求等校点：《全唐诗》卷一四七《刘长卿》，第 1482 页。

②　彭定求等校点：《全唐诗》卷一九三《韦应物》，第 1996 页。

③　彭定求等校点：《全唐诗》卷二五〇《皇甫冉》，第 2828 页。

④　彭定求等校点：《全唐诗》卷五七二《贾岛》，第 6639 页。

⑤　彭定求等校点：《全唐诗》卷三六五《刘禹锡》，第 4129 页。

唐山水诗的基本精神，讲求人在山水自然中的解脱。

唐代不仅是山水诗的鼎盛时期，同时也是山水游记的成熟期。唐代的山水游记，不论是体例手法，还是语言内容，都已具有鲜明的特色，完全做到了随物赋形而即景抒情。代表性的作家，要数王维与柳宗元二人。王维的山水散文，与他的山水诗一样，极具画面感，生机盎然而意趣天成。其《山中与裴秀才迪书》曰：

> 北涉玄灞，清月映郭。夜登华子冈，辋水沦涟，与月上下。寒山远火，明灭林外。深巷寒犬，吠声如豹。村墟夜舂，复与疏钟相闻。此时独坐，僮仆静默。多思曩昔，携手赋诗，步仄径，临清流也。当待春中，卉木蔓发，春山可望。轻鲦出水，白鸥矫翼。露湿青皋，麦陇朝雊。斯之不远，倘能从我游乎？①

清雅疏淡的笔触，诉说的是作者对自然山水的深深热爱。他对着冬夜的清幽寂静，想象着来春的生机勃勃，满篇都是自然，满篇也都是自己。因为悠游山水的自己，才是自然而然的自己。悠游山水以得自由的旨趣，在这篇散文中，表现的清晰而畅快，较诸山水诗，无疑来得显白。

柳宗元的山水散文，成就更为突出。他的《永州八记》历来被视为山水游记的佳作。这八篇散文，写景状物，绘声绘色；寓情于景，融合无间，颇有庄子所谓"物我俱忘""物我合一"的意韵，读之令人沉醉。《至小丘西小石潭记》尤其如此：

> 从小丘西行百二十步，隔篁竹，闻水声，如鸣珮环，心乐之。伐竹取道，下见小潭，水尤清冽。全石以为底，近岸，卷石底以出，为坻，为屿，为嵁，为岩。青树翠蔓，蒙络摇缀，参差披拂。潭中鱼可百许头，皆若空游无所依，日光下澈，影布石上。怡然不动，俶尔远

---

① （唐）王维撰，陈铁民校注：《王维集校注》卷十《山中与裴秀才迪书》，中华书局1997年版，第929页。

逝，往来翕忽。似与游者相乐。潭西南而望，斗折蛇行，明灭可见。其岸势犬牙差互，不可知其源。坐潭上，四面竹树环合，寂寥无人，凄神寒骨，悄怆幽邃。以其境过清，不可久居，乃记之而去。①

柳宗元被贬柳州，政治上不得意，心境是孤寂的。清幽寂寥的小石潭，倒影着落寞着的眼神，着实凄怆。这种情境合一的山水散文，在柳宗元之前，是很少见的。它真正标志着山水散文的成熟。柳宗元在山水自然中，看到的不唯有落寞孤寂，也有欢愉。他筚路蓝缕，开山辟水，是要在山水里排解忧愁，获得心灵的安宁。其《石涧记》曰：

> 石渠之事既穷，上由桥西北，下土山之阴，民又桥焉。其水之大，倍石渠三之一，亘石为底，达于两涯。若床若堂，若陈筵席，若限阃奥。水平布其上，流若织文，响若操琴。揭跣而往，折竹箭，扫陈叶，排腐木，可罗胡床十八九居之。交络之流，触激之音，皆在床下；翠羽之木，龙鳞之石，均荫其上。古之人其有乐乎此耶？后之来者有能追予之践履耶？②

木石横陈于上，流水奔湍于下，生机勃发的景象，让柳宗元发出此乐何极的感慨。柳宗元以后，山水游记成为文人抒发情感的另一重要体裁，集中体现着人与山水自然的情感交流。

宋代是中国古代文化发展的高峰期，也是传统社会后期文化的奠定阶段。从思想观念上看，宋代承继了周秦汉唐以来儒释道诸家学说，以儒家为主，兼收并蓄佛学与道家思想，熔铸成为一炉，遂有理学的产生。从文化心理上看，周秦汉唐以来的各种文化到了宋代，不仅是百川汇海，同时也是大浪淘沙，至此形成了比较稳定的形态。宋代是文人的黄金时代，经由文人的提倡，以悠游山水、欣赏自然为高远雅致的观念，遂成为社会的普遍文化心

---

① （唐）柳宗元：《柳宗元集》卷二十九《至小丘西小石潭记》，中华书局 1979 年版，第767 页。
② （唐）柳宗元：《柳宗元集》卷二十九《石涧记》，第 771—772 页。

理。反映在文学作品上，就是山水诗与山水散文的卷帙繁盛。如山水游记，比起唐代作者零星的状况，宋代可谓繁荣灿烂，重要的文人几乎都有佳作传世，苏舜钦有《沧浪亭记》，欧阳修有《醉翁亭记》，苏轼有前后赤壁赋，范仲淹有《岳阳楼记》，王安石有《游褒禅山记》，陆游有《入蜀记》，范成大有《吴船录》，此皆其显著者。

至如宋代的山水诗，欧阳修的《六一诗话》记载一条轶事：

> 国朝浮图，以诗名于世者九人，故时有集号《九僧诗》，今不复传矣。余少时闻人多称之。……当时有进士许洞者，善为词章，俊逸之士也。因令诸诗僧分题，出一纸，约曰"不得犯此一字"，其字乃山、水、风、云、竹、石、花、草、雪、霜、星、月、禽、鸟之类，于是诸僧皆搁笔。①

时人以诗僧之作为高，而诗僧无山水自然则不能为诗，足见山水自然是宋代诗歌的常备材料，离了"山、水、风、云、竹、石、花、草、雪、霜、星、月、禽、鸟"，宋人要作上乘的文人诗，只能是巧妇难为无米之炊。由此可以一窥宋代文人的诗作风貌。这里择取几首山水诗，略窥其大概。如苏舜钦《初晴游沧浪亭》：

> 夜雨连明春水生，娇云浓暖弄阴晴。帘虚日薄花竹静，时有乳鸠相对鸣。②

写春日的生机，如此可爱。他的《夏意》一作，也是极精彩：

> 别院深深夏簟清，石榴开遍透帘明。树阴满地日当午，梦觉流莺

---

① 李逸安点校：《欧阳修全集》卷一二八《诗话一卷》，中华书局2001年版，第1951—1952页。

② 沈文倬点校：《苏舜钦集》卷八《初晴游沧浪亭》，中华书局1981年版，第87页。

时一声。①

又如"梅妻鹤子"的林逋，其诗作更是得山林之清气。其《山园小梅》
曰：

> 众芳摇落独暄妍，占尽风情向小园。疏影横斜水清浅，暗香浮动
> 月黄昏。霜禽欲下先偷眼，粉蝶如知合断魂。幸有微吟可相狎，不须
> 檀板共金樽。②

此诗写梅，卓绝古今。他的《湖上晚归》，也是写景佳作：

> 卧枕船舷归思清，望中浑恐是蓬瀛。桥横水木已秋色，赤倚云峰
> 正晚晴。翠羽湿飞如见避，红蕖香嫋似相迎。依稀渐近诛茅地，鸡犬
> 林萝隐隐声。③

此外如欧阳修《幽谷泉》《游琅琊山》、苏轼《饮湖上初晴后雨二首》
《泛西湖二绝》《书王定国所藏烟江叠嶂图》、晁补之《鱼沟怀家》、陆游《晚
眺》《秋雨初霁试笔》《春游》、范成大《田园杂兴》系列、杨万里《玉山道
中》《小池》等，都是精彩备至，能抉山水之奥秘，阐欣欣自然之乐趣。

(五) 明清时期山水文学的生态描写

到了明代，以悠游山水、欣赏自然为高雅远致的文化观念，深入社会
各层，成为普遍的社会心理。而明代社会各阶层中，若论雅好山水的程度，
无疑以文人为冠。明代文人，颇多嗜山水如命，对山水自然一往而情深者。
如永乐时期的大学士金幼孜说："夫天下之乐，莫过于山水。泉石烟云、花
竹鱼鸟之物，会于心而触于目，以供游赏之适，临眺之娱，使人神志舒畅，

---

① 沈文倬点校：《苏舜钦集》卷六《夏意》，第 68 页。

② （宋）林逋著，沈文征校注：《林和靖集》，浙江古籍出版社 1986 年版，第 89 页。

③ （宋）林逋著，沈文征校注：《林和靖集》，第 59 页。

意态萧散，无一毫尘累足以动其中，然后有以浮游于万物之表，此其快且适当何如哉！"①公安派领袖袁宏道说："登山临水，终是我辈行径。"②竟陵派领袖钟惺转述其师雷何思之语，曰："人生第一乐是朋友，第二乐是山水。"③足知登临山水，欣赏自然，对于明代文人而言是何等重要。

在这种文化价值观的影响下，明代产生了大量优美的山水游记。晚明的重要文人几乎都撰有数量颇丰的山水小品。如袁宏道，其《虎丘》《灵岩》《湘湖》《西湖》等数十篇游记，状物抒情，活泼自然，情感深挚而意趣悠远。袁中郎甚至还集结自己的山水诗文，名曰《解脱集》。集名"解脱"，可知中郎意在山水自然中得人性解脱。袁中郎的山水小品，时人评价甚高。他的挚友江盈科说："夫近代文人纪游之作，无虑千数，大抵叙述山川云水亭榭草木古迹而已，若志乘然。中郎所叙佳山水，并其喜怒动静之性，无不描画如生。"④明清之际的张岱更是明确指出："古人记山水手，太上郦道元，其次柳子厚，近时则袁中郎。"⑤再如竟陵派的谭元春，其山水游记含蓄蕴藉，生动细致。其名作《游南岳记》有一段曰："沙边有石，石隙有泉，泉旁有壑。壑下复有奔响，响上有树，树间有花草育红光，光中又有飞流杂波。"⑥妙用顶真法形象描绘了众多美景，令人目不暇接。

又如徐弘祖，其《徐霞客游记》被后人视为"古今游记之最"。此书不只记山水景色，地形地貌、山水源流、温泉、山脉、瀑布、岩石、动物、植物等等，举凡天地之本有，一一皆形诸笔端，真可谓描绘自然的"大文字、真文字"。⑦徐霞客以前的文人，写游记不过是"托物言志"，寻找精神寄托。

---

① （元）金幼孜：《金文靖集》卷八《淡湖八景记》，文渊阁四库全书本。
② （明）袁宏道著，钱伯城笺校：《袁宏道集笺校》卷五五《答小修》，上海古籍出版社 1981 年版，第 1617 页。
③ （明）钟惺著，李文耕、崔重庆标校：《隐秀轩集》卷三五《题胡彭举画赠张金铭》，上海古籍出版社 1992 年版，第 572 页。
④ （明）袁宏道著，钱伯城笺校：《袁宏道集笺校》附录三《解脱集序二》，第 1691 页。
⑤ 张岱《琅嬛文集》卷五《跋寓山注》其二。
⑥ （明）谭元春著，陈杏珍标校：《谭元春集》卷二十《游南岳记》，上海古籍出版社 1998 年版，第 552—556 页。
⑦ 吴承学：《晚明小品研究》，江苏古籍出版社 1999 年版，第 259 页。

但徐霞客却不同，他对自然山水是科学的探索。清人潘耒曾评价《徐霞客游记》曰："排日编次，直叙情景，未尝刻画为文，而天趣旁流，自然奇警；山川条理，胪列目前；土俗人情，关梁阨塞，时时著见；向来山经地志之误，厘正无遗；奇迹异闻，应接不暇。然未尝有怪迂侈大之语，欺人以所不知。故吾于霞客之游，不服其阔远，而服其精详；於霞客之书，不多其博辨，而多其真实。牧斋称为古今纪游第一，诚然哉！"① 可以想见，唯有对山川自然有着真挚热爱之人，才能有这种著作。而这部"古今游记之最"能出现，无疑与明代晚期崇爱山水自然的文化价值观颇有关系。

此外，晚明文人如钟惺、陈继儒、李流芳、刘侗、潘之恒、陈仁锡、王思任、祁彪佳、张岱等，皆有大量山水小品传世。透过这些作品，我们可以看到晚明文人对于山水自然之美，有着深切、丰富、精微的感知。"天下之乐，莫过于山水"，确实可以视为明代文人的心声。这充分说明，到了传统社会后期，崇爱山川自然之美，确实是社会普遍审美观念。这种文化传统直到今天，仍然影响着中国人的价值取向。

从明清时期的文学作品来看，时人不仅崇爱山川自然之美，而且也重视对自然生态的保护。小说是明清文学的桂冠，在卷帙浩繁的明清小说里，有大量宣扬因果报应思想的话本小说，直接体现着明清时期人们对于自然生态伦理的重视。这类故事，虽然已在文学史上发展了较长的时间，早期有魏晋的志怪小说，稍微成熟的是唐代传奇，但此时多属文人炫技之作，未能深入百姓，产生广泛影响。而明清的话本小说则不同。明清时期，文化传播远较前代为迅速，民众的整体文化水平要较前代为高。所以，话本小说，既能反映当时社会大众的文化心理，也能影响社会大众的文化观念。

《三言二拍》是明代著名的话本小说，影响巨大，其中就有不少宣扬生态伦理的因果报应故事。《拍案惊奇》卷37《屈突仲任酷杀众生》，《醒世恒言》第5卷《灌园叟晚逢仙女》，《警世通言》第20卷《计押番金鳗产祸》，《醒世恒言》第6卷《小水湾天狐诒书》，《警世恒言》第5卷《大树坡义虎

---

① （明）徐弘祖著，褚绍唐、吴应寿整理：《徐霞客游记》附编《潘序》，上海古籍出版社1980年版，第1258页。

送亲》，《喻世明言》第 34 卷《李公子救蛇获称心》，以上诸篇皆有劝人关爱自然生命的议论。①《屈突仲任酷杀众生》中有评论说："话说世间一切生命之物，总是天地所生，一样有声有气有知有觉，但与人各自为类。其贪生畏死之心，总只一般；衔恩记仇之报，总只一理。"② 这是明确劝人珍爱宇宙间的一切生命。

《灌园叟晚逢仙女》则描写了这样一个故事：恶霸张委霸占并摧残了花农秋先的花园，后来在花神的帮助下，张委得到应有的报应。小说明确说："若平日爱花的，听了自然将花分外珍重。内中或有不惜花的，小子就将这话劝他，惜花起来。"③ 这是告诉人们万物皆有情，花草也有灵，所以人们应该惜生、护生，而不要杀生。

《计押番金鳗产祸》的故事梗概如下：计押番钓到一金鳗，金鳗言："汝若放我，教汝富贵不可言尽；汝若害我，教你合家人口死于非命。"④ 计妻不明就里杀了金鳗。而后计押番一家果然死于非命。小说结尾说："大凡物之异常者，便不可加害。有诗为证：李救朱蛇得美姝，孙医龙子获奇书。劝君莫害非常物，祸福冥中报不虚。"⑤ 这是宣扬动物有情，杀之则有报应，所以要戒杀生。《小水湾天狐诒书》的开篇也说："蠢动含灵俱一性，化胎湿卵命相关。得人济利休忘却，雀也知恩报玉环。"⑥ 这也是受佛教思想影响，宣扬万物一体的理念。

至于《大树坡义虎送亲》，叙述勤自励好杀虎，忽遇一黄衣老者，劝道："好生恶杀，万物同情。自古道：人无害虎心，虎无伤人意。郎君何故必欲杀之？"⑦ 勤自励听取劝诫，救一虎于陷阱之中。后来虎偿救命之恩，救勤氏的女儿于危难。故事的主旨无疑是讲动物有情而能报恩，所以劝人珍爱自然生命，护佑自然生命。《李公子救蛇获称心》的主题与此大致相同，

---

① 杨宗红：《〈三言二拍〉的生态伦理观念》，《中南大学学报》2011 年第 6 期。
② （明）凌濛初：《拍案惊奇》，崇文书局 2015 年版，第 351 页。
③ （明）冯梦龙编著：《醒世恒言》，崇文书局 2015 年版，第 44 页。
④ （明）冯梦龙编著：《警世通言》，第 158 页。
⑤ （明）冯梦龙编著：《警世通言》，第 165 页。
⑥ （明）冯梦龙编著：《醒世恒言》，第 63 页。
⑦ （明）冯梦龙编著：《醒世恒言》，第 57 页。

只不过主人公更为幸运罢了，他因为救了一条蛇而拥有了娇妻，获取了功名。

《三言二拍》是明代市民文学，反映的是社会基层的价值观念。从以上话本可以看出，在佛教思想长期传播的影响下，到了明清时期，珍爱和保护自然生命的观念已成为社会大众的普遍文化心理，而这种心理直到今天仍然发挥着影响。

（六）山水文学与生态理想

纵览中国古代的山水文学，有两个概念在文人的自然审美观念中占据非常重要的位置，充分反映了古人自然审美的生态理想。

一是"适性"。所谓适性，指自然生命根据自己的本性活动，自由自在，无拘无束，不为外力羁绊，能保其天然本真。魏晋以后的士人之所以喜爱悠游山水，就是因为回归自然，可以尽释尘世牵绊，能得身心自由，人性解脱。陶渊明说"少无适俗韵，性本爱山丘"，返回自然则曰"久在樊笼中，复得返自然"。王维言："行到水穷处，坐看云起时。"这都是品察自然之优美而得心灵解脱。袁宏道说："眼目之昏瞆，心脾之团结，一时遣尽。流连阁中，信宿始去，始知真愈病者，无逾山水。"① 又说："湖水可以当药，青山可以健脾，逍遥林莽，欹枕岩壑，便不知省却多少参苓丸子矣。"② 以"山水"为疗伤圣药，只是比喻。山水所疗者不只是"身疾"，更重要的是"心病"。人的身心在山水自然中得到解放，所以能众病俱消。③

那么，山水自然为何能有此功效呢？最重要的原因之一就是，在古代文人看来，山水自然中的江河溪流，草木虫鱼，飞禽走兽，都是按照本性而动，自由自在，一片生机。所以，人观山水而能反思自我，重返本性。袁宏道说："夫鹦鹉不爱金笼而爱陇山者，桎其体也；雕鸮之鸟不死于荒榛野草而死于稻粱者，违其性也。异类犹知自适，可以人而桎梏于衣冠，豢养于禄

① （明）袁宏道著，钱伯城笺校：《袁宏道集笺校》卷一〇《游惠山记》，第 419 页。
② （明）袁宏道著，钱伯城笺校：《袁宏道集笺校》卷六《汤郧陆》，第 286 页。
③ 夏咸淳：《天下之乐，莫过于山水——明代山水审美思想管窥》，《社会科学》2009 年第 6 期。

食邪？则亦可嗤之甚矣！"① 说的正是观察自然而得人性解放的真谛所在。而不能破坏万物的自然本性，更是古代文人的重要文化观念。清人郑板桥说："平生最不喜笼中养鸟：我图娱悦，彼在囚牢，何情何理，而必屈物之性以适吾之性乎！"②"物之性"与"吾之性"，都应该是自然的，自由的。应该说，中国古代文人崇爱山水自然，反映的是文人对于天地万物自由本性的重视，本质上就是希望能保持自然生态。

另一是"生机"。所谓"生机"，是指这种自然审美观念：重视自然生命，珍爱自然生命，以天地万物的生机勃发为美。"公安三袁"之一的袁中道有篇《游高粱桥记》，先是写了他宦居北京，游高粱桥时的枯寂景色："于时三月中矣，杨柳尚未抽条，冰微泮，临水坐枯柳下小饮，谈锋甫畅，而飙风自北来，尘埃蔽天，对面不见人，中目塞口，嚼之有声。冻枝落，古木号，乱石击。寒气凛冽，相与御貂帽、着重裘以敌之，而犹不能堪，乃急归。已黄昏，狼狈沟渠间，百苦乃得至邸。坐至丙夜，口中含沙尚砾砾。"③ 紧接着又回想此时江南的秀丽风光："噫，江南二三月，草色青青，杂花烂城野，风和日丽，上春已可郊游，何京师之苦至此！"④ 然后他沉痛反思说："今吾无官职，屡求而不获，其效亦可睹矣，而家有产业可以糊口，舍山水花鸟之乐，而奔走烟霾沙尘之乡，予以问予，予不能解矣。"⑤ 以充满生机的景色为美，以枯寂幽暗的环境为恶，袁中郎的这篇文章，集中反映了古代文人对于"生机"的重视。

蒲松龄《聊斋志异》之《九山王》，是篇因果报应小说，写李生杀狐之全族而遭灭族之报。清人但明伦于篇末评论道："新吾吕子曰：'满腔子是恻隐之心，满六合是运恻隐之心处。君子视六合飞潜动植纤细毫末之物，见其所得，则油然而喜，与自家得所一般；见其失所，则闵然而戚，与自家失所

---

① （明）袁宏道著，钱伯城笺校：《袁宏道集笺校》卷一一《冯秀才其盛》，第480页。

② 王锡荣：《郑板桥集详注》，《潍县署中寄舍弟墨第一书》，吉林文史出版社1988年版，第356页。

③ （明）袁中道著，钱伯城点校：《珂雪斋集》卷十二《游高粱桥记》，上海古籍出版社1989年版，第534页。

④ （明）袁中道著，钱伯城点校：《珂雪斋集》卷十二《游高粱桥记》，第534页。

⑤ （明）袁中道著，钱伯城点校：《珂雪斋集》卷十二《游高粱桥记》，第534页。

一般.'仁人好生,其言蔼如也。佛经卵生、胎生、湿生、化生,皆令入无余涅槃而灭度之。可知物虽异类,不当有众生见存于其中,即不能到得万物育尽物性境地,两不相妨,奚不可者?"① 可以看出,受儒家"参赞化育"、道家"顺性适情"、佛教"戒杀生"思想的影响,重视自然界的一切生命,珍爱天地万物的生机,其实是中国古代文学作品的普遍生态理想。

应该说,"适性"与"生机"的这两种审美观念,反映的正是古人珍爱自然生态的思想情感。

二、山水绘画中的生态描绘

中国古人对于山水自然的欣赏与喜爱,更体现于山水画之上。所谓山水画,是以山川自然景观为主要描写对象的绘画。它以山水自然为审美对象,旨在通过人的主观构思,再现山水自然的形象与精神。自五代以降直至清初的千余年里,山水画一直是中国古代绘画的大宗,居于主流地位。它不仅是文人画家自由驰骋的主要领域,同时也是历代画论品评的主要题材。作为中国画的典型代表,这种以山水自然为表达对象的主观创作,集中反映了古人对于人与自然和谐统一的重视,体现着古人崇尚自然、回归自然的精神追求和审美理想。

(一) 东晋至五代山水画的生态描绘

山水画萌芽于东晋南朝。它与山水诗的产生基本同一步调,皆以晋宋时期士人对于山水自然审美的自觉为背景。前文已述,晋宋时期,士人的山水审美意识空前壮大,山水自然正式成为独立的审美主题。山水画就是在这种思想氛围中,逐步摆脱人物画附庸的地位,有了独立成科的倾向。这主要表现在山水画论的出现上。

刘宋文学家宗炳的《画山水序》是中国历史上第一篇山水画论。在这

---

① (清) 蒲松龄著,张友鹤辑校:《聊斋志异 (会校会注会评本)》,上海古籍出版社 2011 年版,第 243 页。

篇幅不到五百字的短文里，宗炳先援引古代圣贤所谓"仁智之乐"，说明山水之美："山水以形媚道，而仁者乐"；继而介绍自己创作山水画的缘起；接着又阐明山水画之所以可能的理由，论述了用透视法以"存形"的原理；然后更进一步，指出了山水画"栖形感类，理入影迹"的追求；最后则以"畅神"总论山水画的价值所在，表明其所具有的精神愉悦功能："于是闲居理气，拂觞鸣琴，披图幽对，坐究四荒，不违天励之藂，独应无人之野。峰岫峣嶷，云林森眇。圣贤暎于绝代，万趣融其神思。余复何为哉，畅神而已。神之所畅，孰有先焉。"① 可以看出，《画山水序》尽管简约，但它全面涉及了山水画的思想条件、创作方法和思想境界。

晋宋之时还有一部重要的山水画论，即王微的《叙画》。它主要阐述的是山水画的原理、功能与表现技法。王微特别说明山水画与地图有显著区别："古人之作画也，非以案城域、辨方州、标镇阜、划浸流。本乎形者融灵。而动者变心。止灵亡见，故所托不动。"② 强调了山水画的美学特征。同时，王微还提出"以一管之笔，拟太虚之体"的观点，指明山水画的精神境界，应该在于通过模拟山水自然，而让人在画中享受真山水之雅趣。尽管从画作来看，晋宋之时的山水描绘，不过仍旧是人物画的背景而已，如顾恺之《洛神赋图》所示。但宗炳与王微的山水画理论，为后世山水画的实践，提供了坚实的理论基础，预示着山水画即将由附庸变为大国，甚至会登上画坛高峰。

山水画真正独立成科，有实质性发展，是从隋唐开始的。一般认为，隋代展子虔的《游春图》是中国历史上第一幅独立意义上的山水画作。《游春图》现藏北京故宫博物院，展图看去：青山叠翠，湖水融融，士人或策马山径或驻足湖边，仕女泛舟水上，熏风和煦，水面微波粼粼，岸上桃杏绽开，绿草如茵。此画用青绿勾填山川、人物，用泥金描绘山脚，用赭石渲染树干，开唐代金碧山水之先河。中国早期的山水画通常是所谓"人大于山、

---

① （清）严可均辑：《全上古三代秦汉三国六朝文》第四册，《全宋文》卷二十《画山水序》，第 2545—2546 页。

② （唐）张彦远著，俞祖华注释：《历代名画记》卷六，上海人民出版社 1964 年版，第 131—132 页。

水不容泛"，《游春图》则不同，它布局得当，统摄全景，人物、山水疏密得宜，准确而细致地呈现了山水自然的天然美感。尽管是第一幅独立意义上的山水画，《游春图》的技法和布局却是颇为成熟的，它基本做到了"以一管之笔，拟太虚之体"。①

到了唐代，山水画的创作已经不再满足于模拟山水，而是更进一层，力求表现山水自然之美。李思训和李昭道父子的金碧青绿山水画，就集中反映了这种审美追求。李思训是唐朝的宗室，擅长于山水画，因曾于玄宗朝任左武卫大将军之职，故而人称"大李将军"。其子李昭道干父之蛊，亦擅长绘画，人称"小李将军"。李思训有画作《江帆楼阁图》传世，李昭道则有《明皇幸蜀图》。《江帆楼阁图》描绘了春天游人踏春的景象，作品采取立向型构图，将山、树、江水和游人融汇一处，春日的欣欣向荣，游人的山水之乐，跃然纸上。《明皇幸蜀图》则描绘了人马行走于崇山峻岭间的情形。作者用散点透视的方法，采用全景式的构图，将高耸入云的山峰、淙淙流动的泉水、曲折蜿蜒的山径、葱翠挺拔的树木以及人马小桥等描绘于一幅画面之上，充分展现了大自然的雄浑壮丽之美。

偏于写实的青绿山水画成熟之时，偏于写意的水墨山水画也出现了。水墨山水就是纯用水墨不设颜色的山水画作，它用水、墨与纸张或绢素构成的黑白灰世界，来展现画家对于山水自然之美的独特体悟，是人与自然精神相往来的典型标志。雅好自然的王维，既是山水诗的高峰，也是水墨山水的开创者。他以"破墨"法入画，用墨的干、湿、浓、淡来表现自然景物的远近枯润，② 使得画面更加灵动、滋润，意境更为高远、悠然。水墨山水出现后，广受文人士大夫的关注和喜爱。到了晚唐五代，差不多就是水墨山水的天下了，青绿山水少有人问津。明人董其昌纵论唐宋绘画史，曰：

> 禅家有南北二宗，唐时始分。画之南北二宗，亦唐时分也。但其人非南北耳。北宗则李思训父子着色山水，流传而为宋之赵干、赵伯

① 李超、姚笛、张金霞：《中国古代绘画简史》，上海古籍出版社 2010 年版，第 49 页。
② 李超、姚笛、张金霞：《中国古代绘画简史》，第 52 页。

驹、伯骕，以至马、夏辈。南宗则王摩诘始用渲淡，一变勾斫之法，其传为张璪、荆、关、董、巨、郭忠恕、米家父子，以至元之四大家，亦如六祖之后有马驹、云门、临济，儿孙之盛，而北宗微矣。要之，摩诘所谓云峰石迹，迥出天机，笔意纵横，参乎造化者，东坡赞吴道子、王维画壁，亦云：吾于维也无间然。知言哉。①

他将王维比为禅宗六祖慧能，充分肯定了他在中国绘画史上的地位。正如禅宗因其中国化的特征，流传日久，影响深远；水墨山水画因其最能体现古人"见素抱朴"的人文理想，所以繁荣昌盛，成就卓然。

水墨山水画虽然肇始于唐代，但此时技法尚显嫩拙。这种画真正成熟，逐渐成为画坛主流，是在五代。这一时期的山水画，从选材到技法，都有了质的飞跃。"荆关董巨"四大家的出现，更是中国山水画发展史的里程碑事件。荆浩和关仝代表的北方山水画派，开创了大山大水的构图，善于描写雄伟壮美的全景式山水；以董源、巨然为代表的江南山水画派，则长于表现平淡天真的江南景色，体现风雨明晦的变化。作为中国山水画重要技法之一的"皴"法在此时得到了很大发展，墨法逐渐丰富，笔墨成了画家们的自觉追求。

荆浩是五代后梁时代的儒生，他为躲避战乱，隐居于太行山洪谷，故对北方壮丽山川有长期的观察体悟。荆浩不仅开创了以描绘大山大水为标志的北方画派，而且还撰有山水画论《笔法记》。他擅长画云中山顶，四面峻厚，气势磅礴，深得北方气象。传世作品有《匡庐图》，他运用厚实的皴法，准确地呈现了山石的凹凸明暗和纹理脉络，并以虚实浓淡变化多端的水墨，表达了雄伟壮丽、深远辽阔的意境，故有"全景山水"之称。关仝是荆浩的学生，他学画刻苦努力，到了晚年境界超过其师。传世的作品有《秋山晚翠图》和《关山行旅图》，颇能表现出关陕一带山川的特点和雄伟的气势。关仝在山水画的立意造境独具的风貌，被称之为关家山水。他的画风朴素，形象鲜明突出，简括生动，后人有所谓"笔愈简而气愈壮，景愈少而意愈长"

① （明）董其昌：《画禅室随笔》卷二，文渊阁四库全书本。

的评价。

董源曾任南唐的"北苑副使",人称"董北苑",他的山水不同于北方山水画的苍茫、壮阔,而是一片烟水迷蒙、草木葱茏的江南风光。董源对水墨技法加以改良,擅长用披麻皴,线条圆润细长,并缀以点子皴,描绘出江南山峦土厚林茂、草木花滋的特色,传世作品有《龙宿郊民图》和《潇湘图卷》等,寂静幽深,冲淡平和,却生机无限,充分展现了秀丽温婉的自然美景。巨然是董源的衣钵弟子,现有《秋山问道图》《山居图》《万壑松风图》等传世。他善用长披麻皴画山石,笔墨秀润,构图则林麓间多卵石,并掩映以疏筱蔓草,置之细径危桥茅屋,颇得野逸清静之趣。董源、巨然的水墨山水画受到北宋画家米芾的极力推崇,更是被明代画坛领袖董其昌视为南派正宗,晚明以后,文人画风多以董、巨为宗,北方画派则少受人关注和效仿。

(二)宋代山水画的生态描绘

宋代是中国山水画的巅峰时期,反映山水美象与自然精神的水墨山水画空前兴盛。画家不断探索,不论是技法,还是构图,皆推陈出新。画作则境界如诗,不仅曲尽山水精神,而且富含人文情怀,令人叹为观止。

北宋初年水墨山水画家的杰出代表,首推李成与范宽。李成是营丘(今山东临淄)人,他开创了齐鲁画派,其所独创的山水画法被后世奉为楷模。《宣和画谱》言"凡称山水者,必以李成为古今第一。"李成善画烟林平远之景,变雄劲、深厚为清旷萧疏,据《宣和画谱》所论:"所画山林薮泽、平远险易,萦带曲折。飞流、危栈、绝涧、水石——风雨晦明、烟云雪雾之状,一皆吐其胸中,而写之笔下。"他好画寒林怪石,用墨淡润而运笔锐劲,善用平远构图法呈现清幽旷远的意境。范宽是华原(今陕西耀县)人,他早年曾师法荆、关,效仿李成;但后因体悟终南山、太华山自然风光,而终成一代大家。他曾说:"前人之法,未尝不近取诸物。吾与其师于人,未若师诸物也;吾与其师诸物者,未若师诸心。"故创作之前,对景凝想,情景合一而后诉诸笔端。他的《溪山行旅图》是古代全景式构图水墨山水画的一幅杰作。全幅山石以密如雨点的墨痕和锯齿般的岩石皴纹,刻画出山石浑厚苍劲之感,细如弦丝的瀑布一泻千尺,溪声在山谷间回荡,景物的描写极为雄

（宋）范宽《溪山行旅图》织本

壮逼真。李成和范宽各自代表了宋初山水画的两种风貌，前者高远雄强，后者平远辽阔。刘道醇《圣朝名画评》评价二人画作曰："李成之画，近视有千里之远；范宽之画，远望不离座外。"因李成、范宽对于山水画的创作，贡献巨大，后世推举二人与五代关仝并称"三大家"，称誉说"三家鼎峙，百代标程"。

宋代前期的画坛，大抵由李成与范宽的画风支配，许多画家一味模仿，少有创新，这种局面直到北宋中期，才被郭熙所扭转。郭熙出身平民，早年信奉道教，游于方外，以画闻名。熙宁元年召入画院，后任翰林待诏直长。他的山水画注重对于自然美景的"饱游铁看"，以深入地表现山川的形势气象。所作巨幛高壁，长松乔木，灵动缥缈；曲溪断崖，峰峦秀拔，境界雄阔；树枝则如蟹爪下垂，笔势雄健，水墨明洁。画作人物安排、远近比例、空间处理等都甚为合理。他尤其擅长描绘秋冬、早春、寒林清流的空际景色，善用精巧手法表现四时云气和山色明暗的无穷变化，存世作品有《早春图》《关山春雪图》《窠石平远图》《幽谷图》等。他不仅是位杰出的画家，同时还撰有山水画论。这些画论，后被其子郭思纂集为《林泉高致》。《林泉高致》所涉甚宽，举凡山水画的方方面面，从起源、功能到具体创作时构思、构图、形象塑造、笔墨运用，乃至观察方法等等，都有精彩论述，很多地方都是发前人所未发。其中的《山水训》曰：

> 君子之所以爱夫山水者，其旨安在？丘园，养素所常处也；泉石，啸傲所常乐也；渔樵，隐逸所常适也；猿鹤，飞鸣所常亲也。尘嚣缰锁，此人情所常厌也。烟霞仙圣，此人情所常愿而不得见也……然则林泉之志，烟霞之侣，梦寐在焉，耳目断绝，今得妙手郁然出之，不下堂筵，坐穷泉壑，猿声鸟啼依约在耳，山光水色滉漾夺目，此岂不快人意，实获我心哉，此世之所以贵夫画山之本意也。不此之主而轻心临之，岂不芜杂神观，混浊清风也哉！①

它明确指出君子雅爱山水的原因，为山水画找到坚实的思想基础。在他看来，君子之乐山水，有林泉志，正在于力图解脱世事束缚，纵情山水自然而享受精神自由。不过，山石林泉胜景虽为君子所向往，但他们却不愿因此而远离君亲，故有山水画的出现。君子面对山水画，可以"不下堂筵，坐穷泉壑"，充分领略自然山水的美，完美解决了回归自然、解放心灵的需求。同时，郭熙认为，好的山水画，必须是画家与自然精神相往来的结果。他说：

> 盖身即山川而取之，则山水之意度见矣。真山水之川谷，远望之以取其深，近游之以取其浅。真山水之岩石，远望之以取其势，近看之以取其质。真山水之云气，四时不同：春融，夏蓊郁，秋疏薄，冬黯淡。画见其大象而不为斩刻之形，则云气之态度活矣。真山水之烟岚，四时不同：春山淡冶而如笑，夏山苍翠而如滴，秋山明净如妆，冬山惨淡而如睡。画见其大意，而不为刻画之迹，则烟岚之景象正矣。……春山烟云连绵人欣欣，夏山嘉木繁阴人坦坦，秋山明净摇落人肃肃，冬山昏霾翳塞人寂寂。看此画，令人生此意，如真在此山中，此画之景外意也。

① （宋）郭思编：《林泉高致》，中华书局 2010 年版，第 11 页。

见青烟白道而思行，见平川落照而思望，见幽人山而思居，见岩扃泉石而思游。看此画令人起此心，如将真即其处，此画之意外妙也。①

在郭熙看来，山水画家只有全身心融入自然，仔细观察揣摩自然的真山水，细致逼真地描绘出山水自然在不同季节、不同空间下的特征，才能准确把握山水自然的精神实质，进而才能为观画者提供精神解放的场域。这种追求，其实就是中国文人的"天人合一"的理想境界，背后体现的是人与自然和谐统一的生态理想。

出于政治地理的差异，南宋的山水画风格与北宋颇有不同。李唐是北宋山水画风向南宋画风过渡的关键人物。他早先的作品雄浑坚实、刻画繁复、细致精到。后来北宋覆亡，他辗转来到江南，画风随之而变。他将北宋纪念碑式的山水构图转化为一种简约程式，开创了豪放简括、水墨苍劲的山水画风。其后有刘松年、马远、夏圭，皆自有突破与创新，后人称为"南宋四大家"。为展现江南烟笼雾罩、清旷空灵的美景，画家马远、夏圭创造了布局简妙、以偏概全的方法，将复杂的自然景色进行大胆的概括、提炼和剪裁，使主题表现得集中而突出。马远的画面上常留出大片空白，使之空旷邈远，给人以遐想的余地，具有诗一般的境界，突破了前人全景式的大山大水章法，人称"马一角"。夏圭构图则常取半边，焦点集中，空间旷大，近景突出，远景清淡，清旷俏丽，独具一格，人称"夏半边"。马夏的"偏角山水"，局部美学，标志着山水画进入了一个追求个性的时代。

（三）元明清山水画的生态描绘

到了元代，山水画更进一步成为士大夫寄托情怀的象征，文人山水画风格形成典范。这一时期的代表画家，早期有高克恭、赵孟頫、钱选等人，中晚期则是史称"元四家"的黄公望、吴镇、倪瓒与王蒙。元初画家中，尤以赵孟頫为冠冕。他在元代画风发展上起着承前启后的重要作用，他主张师法自然，提出"到处云山是吾师"的口号，同时提倡"以书入画"，强调

---

① （宋）郭思编：《林泉高致》，第35—38页。

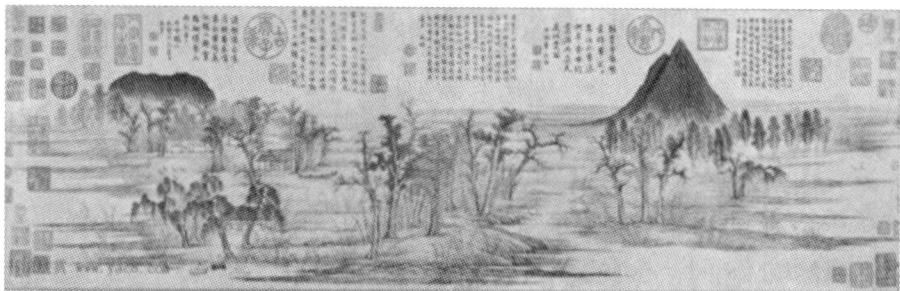

（元）赵孟頫《鹊华秋色图》

书法与绘画的组合，力求达到传神写意的境界。《鹊华秋色图》是赵孟頫山水画的代表性作品。这幅画作，描绘的是济南东北华不注山和鹊山的秋天景色，以平远构图，色彩丰富，虚实相生，气韵极为生动。画中红树芦荻，房舍亭榭，洲渚平川，渔舟浮泛。远树之外，两山拔起，峻峭挺秀，负势竞上，互相轩邈。图画山峦，先用细密柔和的皴线绘山体之凹凸，继而用淡彩水墨浑染，终使之滋润圆融。图画草木，则以写意笔法，脱略精勾密皴习气，树干只作简略的双钩，枝叶用墨点草草而成。整幅画作，清旷恬淡，恬静悠闲，对鹊华风物的喜爱跃然画上。此画是赵孟頫为浙江友人周密所作。周密虽祖籍山东，却生长于吴兴，未曾到过故乡。曾为官济南的赵孟頫，为慰藉周密的思乡情怀，在口述济南的风土人情之余，同时又创作了这幅山水画。画里既有朋友之情，也有对济南山水的深挚喜爱。赵孟頫以高超的笔墨幻化了放逸的山水意境，丰富了文人山水画的表现手法与意蕴，为后世的文人中国山水画奠定了基础。

这些变革为"元四家"所继承。"元四家"指黄公望、王蒙、倪瓒、吴镇等四人，尤以黄公望的山水画成就最为突出。黄公望的传世名作《富春山居图》被赞誉为"画中之兰亭"。此画黄公望历时 7 年，以长卷构图，在约七米长的纸张上描绘了富川江两岸的美景。整幅画卷，主体景物与画面留白的空间比例，几乎相当，各占画面之半，使得虚实相间，旷逸邈远，引人入胜。纵向观之，远山与天相接，淡而又淡，似无而有，缥缈超然；湖水与地相交，若即若离，舟行湖上，不疾不徐。虚实之妙，可谓登峰造极。实者令人心旷神怡，虚者令人遐想丛生。横向观之，先见小山临江而来，山脚树木葱郁，村舍掩映其间。群山之左，冈阜连绵，接于湖水，水上渔舟悠游，行乎浩渺，水空旷而寂寥，悠悠直抵一线。山水之间，自有人焉。群山下有数株松，松下一茅亭，亭中有一人，倚栏杆而望湖滨。江上有两扁舟，舟中各一人，垂钓江上，悠然自得。整幅画卷平静自然，毫不造作，极尽变化，风光无限，一气贯通，而闲适自得，宛若天成。令观者如游富春，如居富春，人与自然相融无间，心神得到完全解放。

如此杰构，与黄公望对山川自然的热爱密不可分。他居松江时，观察山水如痴如醉，有时终日静坐山中，醉赏山川之神采，废寝忘食。且每见山中胜景，必取具展纸，摹写下来。深入之观察，真切之体验，丰富之素材，使《富春江山居图》的创作有了根基，加之黄公望晚年笔墨技法炉火纯青，故能从容落笔。千丘万壑，越出越奇，重峦叠嶂，越深越妙，既形象地再现了富春山水的秀丽外貌，又淋漓尽致描绘了山川自然之富美，整个画面，天机自然，神韵无穷。此作完全实现了人与自然合一的艺术理想，实现了人悠游自然、因自然而得心灵解放的人生理想，堪称达到了山水画的最高境界，而黄公望也因此作而被赞誉为中国山水画的一代宗师。

《富春山居图》用墨淡雅，是典型的文人画。山和水都以干枯的线条写出，无大笔的墨，唯树叶有浓墨，湿墨，显得山淡树浓，随意而似天成。王

（元）黄公望《富春山居图》（局部）

蒙、倪瓒、吴镇等人重视写意，故推动了文人画的发展。诸人弘扬文人画风气，以寄兴托志的写意画为旨，反映消极避世思想的隐逸山水和象征清高坚贞人格精神的梅兰竹菊松石等题材，大为流行，文人画山水画的典范风格至此形成。这种画风对明清两代影响很大。

明代以沈周、文徵明、唐寅、仇英为代表的吴门画派，就是这种画风的典型实践者。他们的山水画多描写江南风景和文人生活，抒写宁静幽雅的情怀，注重笔情墨趣，讲究诗书画的有机结合。明代后期的画坛中心人物是董其昌，他极力鼓吹纯"文人画"，写得一手好字，善于把书法渗透到画法之中，所作注重笔墨技巧，书画同体，讲究气韵，慕求风神，带有主观抒意，虚和萧散，追求似与不似。

清代山水画的成就主要集中在清初。清初山水画分两个系统。一为"四僧"系统，一为"四王"系统。活动于清初的石涛、朱耷、髡残、弘仁四人，四人均出家为僧，故画史上并称"清初四僧"。他们的山水画追求个性，不随人俯仰，不入流俗。四人都擅长山水画，各有风格。石涛之画，奇肆超逸；八大山人之画，简略精练；髡残之画，苍左淳雅；弘仁之画，高简幽疏。但四人的山水画作都是个性鲜明：既学习古人，也敢于突破古人成法，且取材于自然，贴近生活，故作品中生机勃勃，充满活力。而王时敏、王鉴、王原祁、王翚等"四王"则不同。"四王"主要模仿元代文人画家的风格，专注于董其昌所谓的"南宗山水"，技法崇尚宋、元，讲究渲晕，追求工整清丽。应该说，"四王"在借鉴古人立意、布局、运笔、色彩、线条等方面达到了登峰造极的地步。他们崇尚古人，但创新意识不强，所以有程式化的问题。由于"四王"画派的势力极大，所以其画风成为清代山水画的主流。清中后期山水画多有程式化的缺陷，成就反倒不如花鸟画。

总体来看，山水画是中国古人的独特艺术表现形式，它是古人崇爱山水自然的集中体现，是古人用艺术手法再现自然以获取精神解放的重要载体。丰富多彩的山水画卷，充分反映中国古代追求人与自然和谐统一的生态理想。

三、山水园林中的生态营造

山水园林，也称古典园林，指中国以江南古典园林和北方皇家园林为代表的中国山水园林形式。山水园林的园景上主要是模仿自然，用人工的力量来建造自然的景色，达到"虽有人作，宛自天开"的艺术境界。园林中除大量的建筑物外，还要凿池开山，栽花种树，用人工仿照自然山水风景，或利用古代山水画为蓝本，参以诗词的情调，构成许多如诗如画的景色。所以，山水园林实际上是建筑、山池、园艺、绘画、雕刻以致诗文等多种艺术的综合体。人们建造山水园林，期望享受幽美的山林景色，达到栖息于山水之间的生活意趣。这种行为本身就反映了古人回归自然、与自然合一的生态理想。

（一）山水园林生态营造的萌芽

造园始于商周，其时称为囿。商纣王"好酒淫乐，益收狗马奇物，充牣宫室，益广沙丘苑台，多取野兽鸟置其中"[1]。周文王建灵囿，"方七十里"，其间草木滋盛，鸟兽繁多。商周时期的"囿"，只是把景色优美、动植物资源丰富的地方围起来，供帝王狩猎游玩之用，故也称游囿。不仅天子有囿，地方封君也有囿，所谓"天子百里，诸侯四十"，这实际上是对自然资源的等级分配。商周时期的囿，并非人憩息居住之地，尚不能称为古典山水园林。

到了秦代，秦始皇大建咸阳宫，在先秦"囿"的基础之上发展出一种新的园林形式，即"苑"。"苑"也称"宫苑"，属于真正意义上的皇家园林。[2] 汉王朝继承秦代的发展，建造了一批以园林为主的帝王行宫苑囿。行宫苑囿除布置园景以供皇帝游玩之外，还举行朝贺，处理朝政，祭祀求仙，具有多种功能。[3] 高祖"未央宫"，文帝"思贤园"，梁孝王的"东苑"，武

---

① 《史记》卷三《殷本纪》，中华书局 1959 年版，第 105 页。

② 周武忠：《理想家园：中西古典园林艺术比较》，东南大学出版社 2012 年版，第 30 页。

③ 张青萍主编：《园林建筑设计》，东南大学出版社 2010 年版，第 3 页。

帝"上林苑"，宣帝"乐游园"等，都是这一时期的代表性苑囿。从现存反映汉代壁画来看，汉代造园已有较高的水准，同时由于它与先秦的囿一样，圈禁山川自然、飞禽走兽、花草树木于其中，所以规模都不小。司马相如的《上林赋》，班固的《西都赋》以及《西京杂记》与《三辅黄图》等传世文献，对于汉代囿苑，都有比较详细的描述。最值得一提的是上林苑。上林苑是汉武帝在秦旧苑基础上所扩建的，离宫别院凡数十所，山、水、台、观广布苑中，而太液池更是运用山池结合手法，造蓬莱、方丈、瀛洲三岛，岛上建宫室亭台，植奇花异草，自然成趣。这种池中建岛、山石点缀手法，所谓"一池三山"的布局，对后世影响很大，称为秦汉典范。它不仅为后世皇家园林所广泛效仿，而且还影响到私家园林，如苏州留园有"小蓬莱"，扬州有"小方壶园"。不过，汉代的皇家苑囿，主要功能并不在于享受山水雅趣，所以仍不能称为典型的山水园林。

　　魏晋南北朝是中国典型山水园林的奠基期。古典园林出现于这一时期，大抵有三个方面的原因。其一，隐逸思想的流行。魏晋南北朝社会动荡，士人动辄得咎，道家避世思想流行，故多有隐居山林的隐逸。其二，山水独立为审美主题。魏晋士人为排解内心忧愁，多山水之游，到了晋宋之际，这种山水审美意识空前壮大，山水自然成为独立的审美主题。其三，土地集中，庄园经济发达，为门阀士族占山封泽以筑私家园林，提供了经济条件。

　　基于这种社会背景，六朝时期作为独立审美对象的私家园林繁盛，遂使山水园林成为一种自觉的艺术形式。[①] 如《晋书·桓玄传》："遂大筑城府，台馆山池莫不壮丽。"《宋书·孔季恭传》："灵符家本丰，产业甚广，又于永兴立墅，周回三十三里，水陆地二百六十五顷。"《宋书·谢灵运传》："遂移籍会稽，修营别业，傍山带江，尽幽居之美。"《梁书·处士传》曰："（庾诜）性托夷简，特爱林泉。十亩之宅，山池居半。"可以看出，此时士人因雅爱山水，或则纳自然以入居所，或移居所而入自然，遂使私家园林的兴盛起来。《洛阳伽蓝记》卷四记载："帝族王侯、外戚公主，擅山海之富，居

----

① 　余开亮：《六朝园林美学》，重庆出版社 2007 年版，第 4 页。

川林之饶，争修园宅，互相夸竞。崇门丰室，洞户连房，飞馆生风，重楼起雾。高台芳榭，家家而筑；花林曲池，园园而有。莫不桃李夏绿，竹柏冬青。"① 这是北魏私家园林兴盛的真实写照。据学者基于传世文献所做的统计，六朝时期重要的私家园林有 108 处之多，主要分布于洛阳、建康及会稽一带。②

这些私家园林中有些还有着庄园经济的生产性质，但也有许多已摆脱生产功能而纯粹变为士人自然审美的载体。譬如张华园、袁粲园就是如此。受时代思潮的影响，皇家园林在这一时期也实现了功能转变。它的实用性和象征性逐步减弱，休闲娱乐的功能则大为增强。魏晋南北朝的皇帝，也颇有欣赏山水雅趣的。如晋简文帝就说："会心处不必在远，翳然林木，便有濠濮闲趣。"③ 又如《魏书·恩幸传》曰："茹皓性微工巧，多所兴立，为山于天渊池西，采掘北邙及南山佳石，徙竹汝颖，罗莳其间，经构楼馆，列于上下，树草栽木，颇有野致，世宗心悦之，以时临幸。"这种审美心态，遂导致皇家园林的独立审美功能的出现。

同时，这一时期寺观园林也兴起了。佛寺出现于东汉，原本只是礼佛之所，继而添加了僧人居住的功能，再后来则因施主游乐的需要，有些寺观遂于周围建园林。由于魏晋南北朝佛教信仰流行，社会上有舍宅为寺的风气，导致寺观园林有良好的基础，所以水平很高。郦道元言及北朝的寺观园林，则曰"山唐水殿，烟寺相望。"至于南朝则有所谓"四百八十寺"，楼台山水，连绵相属，最著名的同泰寺，园林尤其精美。

(二) 山水园林生态营造的发展

隋唐时期，不论是皇家园林、寺观园林还是私家园林，都较魏晋南北朝有长足发展，山水诗意更为浓厚，吸纳山水之美的能力大为增强。园林到此时已发展到写意山水园林的阶段，是中国园林的全盛期。隋唐的山水园林已经不单纯是仿写自然美，而是进一步掌握自然美，甚至由掌握到提

---

① （魏）杨衒之撰，周祖谟校释：《洛阳伽蓝记校释》，中华书局 1963 年版，第 148 页。

② 余开亮：《六朝园林美学》，第 81 页。

③ （南北朝）刘义庆：《世说新语》，岳麓书社 2015 年版，第 21 页。

炼，使之典型化。① 隋朝结束长期战乱，社会经济繁荣，造园之风颇盛。隋炀帝"亲自看天下山水图，求胜地造宫苑"，在东都洛阳大力营建宫殿苑囿。他"征发大江以南、五岭以北的奇材异石，以及嘉木异草、珍禽奇兽"，充实洛阳各园苑，使得洛阳成为以园林著称的名都。隋朝的洛阳皇家园林，最著名的首推"西苑"。史载："西苑周二百里，其内为海，周十余里；为蓬莱、方丈、瀛洲诸山，高出水百余尺，台观殿阁，罗络山上，向背如神。北有龙鳞渠，萦纡注海内。缘渠作十六院，门皆临渠，每院以四品夫人主之。堂殿楼观，穷极华丽。"② 显然，西苑布局继承了"一池三山"的形式，仍具有浓厚的象征色彩。又据《大业杂记》载："苑内造山为海，周十余里，水深数十丈。……上有通真观、集灵台、总仙宫，分在诸山。风亭月观，皆以机成，或起或灭，若有神变。海北有龙鳞渠，屈曲周绕十六院入海。"③ 这意味着"西苑"的整体格局与秦汉的宫苑建筑是不同的，它是山水环绕的苑中之园。这其实就是北宋山水宫苑——艮岳的先声。④

唐代的离宫别苑，则以华清宫规模最大。华清宫的特点是因地制宜，它随地势高下曲折而建，体现了我国早期自然山水园林的艺术特色。此苑殿阁栉比，亭榭相属，奇树满布，风光旖旎，深受历代统治者的喜爱。唐代长安的皇家园林则有四大宫苑建筑群，即东内苑（大明宫）、西内苑（太极宫）、南内苑（兴庆宫）与禁苑，分列长安皇城的东、南、西、北。唐代的寺观也有发展，仅长安就有近200座，著名的如大慈恩寺、兴教寺、玄都观等，皆带有草木掩映的园林。而道教的洞天福地、佛教的大小名山之上更是散落道观寺庙，营建了风光秀丽的山水园林，供僧人修行和施主游览。

私家园林在隋唐时期发展最为迅速。这种六朝时期为士族门阀所享有的艺术形式，到了此时广为流行，已普及到社会各层。唐代的私家园林之盛，超过任何一代。五代王仁裕《开元天宝遗事》曰："长安春时，盛于游

① 安怀远：《中国园林史》，同济大学出版社1991年版，第17页。
② （宋）司马光编著，（元）胡三省音注：《资治通鉴》卷180《隋纪四》，中华书局1956年版，第5620页。
③ （唐）杜宝撰，辛德勇辑校：《大业杂记辑校》，三秦出版社2006年版，第14页。
④ 储兆文：《中国园林史》，东方出版中心2008年版，第102页。

赏，园林树木无闲地。"① 又曰："都人士女，每至正月半后，各乘车跨马，供帐于园圃，或郊野中。"② 宋张舜民《画墁录》曰："唐京省如伏假，三日一开印，公卿近郭皆有园池。以至樊、杜数十里间，泉石占胜，布满川陆，至今基地尚在。省寺皆有山池。"③ 由此可窥唐代私家园林众多且士民游园成风。据李浩先生考证，文献可考的唐代园林别业不下千余处。④

更为重要的是，唐代私家园林已形成明显的风格，以文人情趣为主，竭力追求诗情画意的境界，具有很高的艺术水准。士大夫文人的私家园林，尤为雅致。如王维的辋川别业、白居易的庐山草堂、李德裕的平泉山庄、司空图的中条山别墅等等，都是其中的代表。王维辞官隐居到蓝田县辋川，相地造园，成辋川别业。别业内有山风溪流，堂前建小桥亭台，取山水自然风光，点缀以如画般的建筑。苏轼曾说："味摩诘之诗，诗中有画；观摩诘之画，画中有诗。"王维营建别业，正是如此。至于白居易之草堂、司空图之别墅，都是极尽文人雅趣，将园林当绘画来设计，既吸纳山水自然优美的风光，又让人有惬意舒适之感，做到了可游、可居、可歌咏的境界。诚如有的学者所说，唐人的私家园林是园林家与文人、画家相结合的作品，他们深受诗画传统的影响，将诗画雅趣，运用到园景设计中，甚至还以画为稿，寓画于景，遂将造园艺术从自然山水园林阶段，逐步推进到了写意山水园林阶段。⑤

（三）山水园林生态营造的兴盛

宋元时期同样是我国古典园林兴盛期。这一时期，皇家园林和私家园林较之前朝，数量激增。皇家园林进一步向文人园林靠拢，风格上更突出人文情趣。而私家园林则沿着唐代写意山水园的道路飞速发展，园林风格也更

---

① （五代）王仁裕等撰，丁如明等校点：《开元天宝遗事》（外七种），上海古籍出版社 2012 年版，第 22 页。

② （五代）王仁裕等撰，丁如明等校点：《开元天宝遗事》（外七种），第 29 页。

③ （宋）欧阳修等撰：《归田录》（外五种），上海古籍出版社 2012 年版，第 70 页。

④ 李浩：《唐代园林别业考论》，西北大学出版社 1996 年版，第 13 页。

⑤ 张青萍主编：《园林建筑设计》，第 3 页。

为清新雅致，诗画味道更为浓郁。如果说唐代的园林建筑，大多带有雄浑宏伟的时代特征，那么宋代的山水园林则整体上优美秀逸，富含文人诗画情思。宋元的皇家园林，以宋徽宗营建的寿山艮岳最为著名。宋徽宗在位期间，在汴京宫城的东北隅营建了此园。艮岳落成后，宋徽宗专门撰写《艮岳记》。据《艮岳记》载，此园"冈连阜属，东西相望，前后相续，左山而右水，沿溪而傍陇，连绵而弥满，吞山怀谷"；"山之上下，致四方珍禽奇兽，动以亿计"；"亭阁楼观，乔木茂草，或高或下，或远或近，一出一入，一荣一凋，四面周匝，徘徊而仰顾"；"括天下之美，藏古今之胜，于斯尽矣"。[1]足知艮岳确为古典园林的杰构。艮岳的营造，最显著的特点在于用石。堆石成山，虽然早已有传统，但大量以石造景，运用到极致，艮岳首推其冠。宋徽宗艺术造诣极高，喜欢色泽纷呈、姿态千百的石头，遂在苏、杭两州置"造作局"，后又于苏州添设"应奉局"，专司搜集民间奇花异石，然后运往汴京建造皇家园林。艮岳大量使用了太湖石。《艮岳记》载："又增土叠石，间留隙穴，以栽黄杨，曰黄杨巘；筑修冈以植丁香，积石其间，从而设险曰丁嶂；又得赭石，任其自然，增而成山，以椒兰杂植于其下，曰椒崖。"又曰："又为藏烟谷，滴翠岩，搏云屏，积雪岭，其间黄石仆于亭际者，曰抱犊天门。又有大石二枚，配神运峰，异其居以压众石，作亭庇之，置于寰春堂者，曰玉京独秀太平岩，置于绿萼华堂者，曰卿云万态奇峰。"[2]从宋徽宗笔下，就可以窥见"石"在艮岳中不可或缺的重要地位。艮岳的这种建筑风气，反映的是宋代重"石"的文化观念。自宋代开始，石头成为独立的审美主题，明清时代，更是赏石成风。艮岳的另一重要特点在于，它是按照画家的意图建造的，完全体现了以画设景，以景入画的特征，富有诗情画意。[3]艮岳既有山水之妙，又广布亭台楼阁，是一个典型的山水宫苑。明清的皇家宫苑，深受它的影响。

　　宋代私家园林大盛，北宋集中于汴京，洛阳，南宋则汇集于临安、平江、吴兴等地。北宋汴梁及近郭，园林亭榭，在在皆有。孟元老的《东京

---

① （明）李濂撰，周宝珠、程民生点校：《汴京遗迹志》，中华书局1999年版，第56—58页。

② （明）李濂撰，周宝珠、程民生点校：《汴京遗迹志》，第56—58页。

③ 储兆文：《中国园林史》，第177页。

梦华录》曰："大抵都城左近，皆是园圃，百里之内，并无闲地。"①洛阳的私家园林，李格非《洛阳名园记》记载了19处，首载"富郑公园"。其曰："洛阳园池，多因隋唐之旧，独富郑公园最为近辟，而景物最胜。游者自其第，东出探春亭，登四景堂，则一园之景胜可顾览而得。南渡通津桥，上方流亭，望紫筠堂，而还右旋花木中，有百余步，走荫樾亭，赏幽台，抵重波轩，而止。直北走土筠洞，自此入大竹中。凡谓之洞者，皆斩竹丈许，引流穿之，而径其上。横为洞一，曰土筠；纵为洞三：曰水筠，曰石筠，曰榭筠。历四洞之北，有亭五，错列竹中，曰丛玉、曰披风、曰漪岚、曰夹竹、曰兼山。稍南有梅台，又南，有天光台。台出竹木之杪。遵洞之南而东，还有卧云堂。堂与四景堂并南北。左右二山，背压通流。凡坐此，则一园之胜可拥而有也。郑公自还政事归第，一切谢宾客。燕息此园，几二十年，亭台花木，皆出其目营心匠，故逶迤衡直，闿爽深密，皆曲有奥思。"②富弼造园重在用"竹"，以"竹"起境，竹木水榭乃此园最大特点。又载董氏西园，曰："董氏西园，亭台花木，不为行列区处，周旋景物，岁增月葺所成，自南门入，有堂相望者三。稍西一堂，在大地间。逾小桥有高台一。又西一堂，竹环之中有石芙蓉，水自其花间涌出，开轩窗，四面甚敞，盛夏燠暑，不见畏日，清风忽来，留而不去。幽禽静鸣，各夸得意。此山林之景，而洛阳城中，遂得之于此。"③居于洛阳城中，而有山林之趣，董氏西园达到了文人园林追求的雅趣。江南私家园林迅速发展，也是在宋代。杭州的西湖一带，园林众多。而苏州园林的繁盛，也从宋代开始。著名的沧浪亭，就是由宋代大文人苏舜钦开始营建的。苏氏傍水造亭，作有《沧浪亭记》。欧阳修应邀曾作《沧浪亭》长诗。其曰："荒湾野水气象古，高林翠阜相回环。新篁抽笋添夏影，老树木乱发争春妍。水禽闲暇事高格，山鸟日夕相呼喧。……初寻一径入蒙密，豁目异境无穷边。风高月白最宜夜，一片莹净铺琼田。清光不辨水与月，但见空碧涵漪涟。清风

①　（宋）孟元老：《东京梦华录》，中国画报出版社2013年版，第122页。

②　陈植、张公弛选注：《中国历代名园记选注》，安徽科学技术出版社1983年版，第39页。

③　陈植、张公弛选注：《中国历代名园记选注》，第40页。

明月本无价，可惜祇卖四万钱。"① 这些作品，正反映了文人私家园林的诗情画意。

（四）山水园林生态营造的成熟

明清是中国古典园林的成熟期。这一时期的皇家园林除了吸收前代经验之外，更突出园林的庄重和宏大，以显示皇权的至高无上。清代建造的承德避暑山庄与颐和园，均是这一时期皇家园林的杰作。

承德避暑山庄始建于 1703 年，历经清康熙、雍正、乾隆三朝，耗时 89 年最终建成。它取自然山水之本色，吸收江南塞北之风光，以朴素淡雅的山村野趣为格调，乃目前现存占地最大的帝王宫苑。山庄分宫殿、湖泊、平原、山峦四个部分。宫殿区位于湖泊南岸，地形平坦。湖泊面积包括州岛约占 43 公顷，有 8 个小岛屿，将湖面分割成大小不同的区域，层次分明，洲岛错落，碧波荡漾，富有江南鱼米之乡的特色。平原区在湖区北面的山脚下，地势开阔，有万树园和试马埭，是一片碧草茵茵，林木茂盛，茫茫草原风光。平原区西部绿草如茵，一派蒙古草原风光；东部古木参天，具有大兴安岭莽莽森林景象。山峦区在山庄的西北部，面积约占全园的五分之四，这里山峦起伏，沟壑纵横，众多楼堂殿阁、寺庙点缀其间。整个山庄东南多水，西北多山，是中国自然地貌的缩影。

颐和园，坐落于北京西郊，占地约 290 公顷。它是以昆明湖、万寿山为基址，以杭州西湖为蓝本，汲取江南园林的设计手法而建成的一座大型山水园林，也是保存最完整的一座皇家园林。颐和园的园林建筑，继承了我国传统的造园手法，并且有所发展。它的第一个特点是以水取胜。广阔的昆明湖水面，是园林布置极好的基础。全园面积 4300 多亩（约 3 平方公里），其中湖水面积多达四分之三。设计人抓住了水面大这一特点，以水面为主来布置。主要建筑和风景点都面临湖水，或是俯览湖面。湖山结合，是颐和园的又一特点。昆明湖北岸，有高达 58 米的万寿山，似翠屏峙立。湖水宛如明镜，万寿山倒映其间，分外秀丽。湖中有山，湖添山色，湖山宛如一体。设

---

① 李逸安点校：《欧阳修全集》卷三《沧浪亭》，第 48—49 页。

计者建造这座园林的时候，充分利用了这一湖山相连的优越自然条件，适当地布置园林建筑和风景点。如抱山环湖的长廊和石栏，湖山虽分而犹连，饶有趣味。

从造园技法上看，"借景"是我国古代造园工匠多年积累的经验，在颐和园的设计中得到了充分的运用。设计时不仅考虑到园里建筑和风景点互相配合借用，而且把四周的自然环境、附近的园林以及其他建筑物，也一并考虑在内。如昆明湖东岸，西山的峰峦，西堤的烟柳，玉泉山的塔影，好像都结合在一起，也成了颐和园中的景色。这种不仅园里有景而且园外也有景的"借景"手法，使园的范围更加扩大，景物也更加丰富。此外，"园中有园"，也是颐和园的特色。在颐和园万寿山东麓，原来就有一处地势较低、聚水成池的地方。造园工匠就利用了这一地形，布置了一处自成格局的小园"谐趣园"。从穿过万寿山东麓的密集宫殿区而来，进入园门，好像又来到一处新的园林中，建筑气氛、风景面貌给人焕然一新的感觉。这种"园中有园"的设计布局增加了园林的变化，丰富了园林的内容。

不过，从艺术风格来看，皇家园林并不能代表这一时期园林的最高成就。明清时期的突出发展在于私家家园。此时，私家园林不但数量空前，而且艺术境界也达到极致，无疑是我国私家园林的顶峰。明清私家园林，多建于城市，占地甚少，或则一、二亩，多不过数 10 亩。造园处理上，能在有限空间变幻出无限的山水妙趣和人文景观，或用粉墙，或用花窗，或用长廊，借以增扩园景，且相互连属，掩映成趣。又善于借景，通过一个个画框似的漏窗，展露出一幅幅不同的画面，或高树柔枝，或碧叶红花，或天光淡云，或一枝横空，或山之一角，自然的万千妙景，变幻无穷，尽入画中。尤其是江南园林，将堂奥纵深、曲折往复的园林构造，发挥到了极致，虚实相间，步移景换，景美情幽，令人探幽析微，兴致无穷。应该说，明清江南私家园林的造园意境，达到了自然美、建筑美、书画美的完美融合。它不仅吸纳自然山水，再现自然山水美，且不露人痕迹展现了人对自然美的充分理解和充分塑造。

明清时代不仅私家园林的设计达到的顶峰，造园理论也最为成熟。计成的《园冶》一书，是古代造园理论的集大成之作。他在此书中提出了"借景"这一重要的美学思想，曰："'借'者：园虽别内外，得景则无拘远近，晴峦耸秀，绀宇凌空，极目所至，俗则屏之，嘉则收之，不分町疃，尽为烟景，斯所谓'巧而得体'者也。"① 这对后世的造园美学影响深远。而《园冶》的《园说》一节，文字清雅不说，更有助于我们了解文人造园的审美追求：

> 凡结林园，无分村郭，地偏为胜，开林择剪蓬蒿；景到随机，在涧共修兰芷。径缘三益，业拟千秋，围墙隐约于萝间，架屋蜿蜒于木末。山楼凭远，纵目皆然；竹坞寻幽，醉心既是。轩楹高爽，窗户虚邻；纳千顷之汪洋，收四时之烂漫。梧阴匝地，槐荫当庭；插柳沿堤，栽梅绕屋；结茅竹里，浚一派之长源；障锦山屏，列千寻之耸翠，虽由人作，宛自天开。刹宇隐环窗，仿佛片图小李；岩峦堆劈石，参差半壁大痴。萧寺可以卜邻，梵音到耳；远峰偏宜借景，秀色堪餐。紫气青霞，鹤声送来枕上；白苹红蓼，鸥盟同结矶边。看山上个篮舆，问水拖条枋杖；斜飞堞雉，横跨长虹；不羡摩诘辋川，何数季伦金谷。一湾仅于消夏，百亩岂为藏春；养鹿堪游，种鱼可捕。凉亭浮白，冰调竹树风生；暖阁偎红，雪煮炉铛涛沸。渴吻消尽，烦顿开除。夜雨芭蕉，似杂鲛人之泣泪；晓风杨柳，若翻蛮女之纤腰。移竹当窗，分梨为院；溶溶月色，瑟瑟风声；静扰一榻琴书，动涵半轮秋水，清气觉来几席，凡尘顿远襟怀；窗牖无拘，随宜合用；栏杆信画，因境而成。②

这段文字将文人造园的旨趣，说得很透彻。文人造园重在纳山水自然于居所，以求身心闲适和精神解放。明清江南的私家园林，都是朝着这个方向努力的，同时也达到了这一境界。

时至清末，受西方文化的冲击，同时也因民生凋敝，园林创作顿由盛而衰。不过，西学东渐之时，中国艺术也在向西传播，当西方人全面了解到

---

① （明）计成：《园冶》，江苏文艺出版社 2015 年版，第 2 页。

② （明）计成：《园冶》，第 17—18 页。

中国园林的美学特征与艺术成就后,西方国家掀起一股"中国园林热",中国古典园林的造园手法逐渐被西方国家所欣赏和模仿,中国园林艺术也因此被誉为世界艺术之奇观。

综括中国古代山水园林,有学者将其艺术特征总结为四点:一是本于自然、高于自然;二是建筑美与自然美的融糅;三是诗画的情趣;四是意境的涵蕴。[①] 这当然是准确的。实际上,这四点概括起来就是追求人文与自然的合一。山水园林这种艺术形式,无疑是古人回归自然、与自然合一生态理想的集中体现。

四、中国传统艺术审美中生态理想的当代价值

中国传统艺术审美所体现的生态理想,时至今日仍有重要价值。传统社会后期的审美观念,虽历经西方文化的冲击,但生命力依旧强大。它作为传统文化的血脉,仍广泛影响着当今中国人的审美活动。譬如,最近数十年,大凡体现传统审美观念的绘画、园林、音乐、服饰等等,往往被西方世界目为"中国风格",视为中国文化的魅力与特色所在。这就足以说明传统艺术审美的时代影响。不过,中国传统艺术审美观念时代意义,尚不止于此。它对当今社会的重要价值,更体现于其生态理想之上。择要来说,以下四点尤具启示意义。

首先,中国传统艺术审美以精神的自由与解放为人生的最高旨趣,而鄙薄沉溺于物质欲望而不知自拔的人生。左思言"何必丝与竹,山水有清音",陶渊明曰"久在樊笼中,复得返自然",王维说"行到水穷处,坐看云气时",金幼孜说:"夫天下之乐,莫过于山水。泉石烟云、花竹鱼鸟之物,会于心而触于目,以供游赏之适,临眺之娱,使人神志舒畅,意态萧散,无一毫尘累足以动其中,然后有以浮游于万物之表,此其快且适当何如哉!"古代文人以游戏山水自然为无穷乐趣的原因,正在于可以忘记尘世羁绊,得到人性的解放与精神的自由。文人士大夫之钟情山水画,亦缘于对山水而有

---

① 周维权:《中国古典园林史》,清华大学出版社 1990 年版,第 11 页。

烟霞之想，不至于为名缰利锁而牢牢套死。而文人士大夫之营建山水园林，其旨趣也无外乎求取精神之解放。重视人性的解放，重视精神的自由，可谓是传统艺术的共同目标。反观当今社会，重视物质欲望的满足，可谓是现代社会的一大特征。诸多生态问题，归根结底，其实是这种价值观所导致的。西方的现代价值观告诉人们，人的解放首先是欲望的解放，追求物质欲望的满足是人的天性。在这种价值观的影响下，现代社会生产了样式繁多、数量巨大的商品，来满足人的各种欲望。但这种价值观背后其实是整个资本主义生产体系。资本家要获取利润，必须为其所生产的商品寻得买家。这种为欲望而非需求的生产，带来了两个严重后果：一是商品的大量过剩，导致自然资源的无故浪费；一是为维持和扩大生产，资本家不能让人们满足于基本的需求，而要通过各种方式创造出人们的欲望。这同样导致的是自然资源的消耗。显然，当今社会的水污染、土地污染、空气污染以及资源紧缺，本质上都是资本主义生产体系所导致的，而从价值观上看，就是重视物质欲望而轻视精神自由的结果。中国传统艺术钟情山水自然，尽管与农业社会的生产背景有密切关系，但毫无疑问，其所体现的重视人精神自由的价值观，非常值得当今社会深思和借鉴。

其次，中国传统艺术审美强调人向自然学习，而批判人类以自我为中心。《老子》说："人法地，地法天，天法道，道法自然。"中国的传统艺术审美观念，深受道家思想影响，颇以人效法天地自然为突出特征。山水画家郭熙说："盖身即山川而取之，则山水之意度见矣。真山水之川谷，远望之以取其深，近游之以取其浅。真山水之岩石，远望之以取其势，近看之以取其质。"赵孟頫也说："到处云山是我师。"这是为画山水而向自然学习，只是表层。袁宏道则说："夫鹦鹉不爱金笼而爱陇山者，桎其体也；雕鸠之鸟不死于荒榛野草而死于稻粱者，违其性也。异类犹知自适，可以人而桎梏于衣冠，豢养于禄食邪？则亦可嗤之甚矣！"这则是直接学习自然万物的本性。古代文人士大夫以山水为知己，喜欢游乐山水，正在于自然界是生机无限的，鱼游水底，鸟飞高天，云卷云舒，花开花落，都是自然而然，得其本性。所以身在其中的文人士大夫，遂忘却万千身外烦恼，暂得身心之解放，精神之自由。这是见自然万物之得其天性，欣赏之，学习之，而终于获得之。也正因此，文人士大夫才要营建山水园林，期望生活起居之时，能览山水而得解放。反观现代社会，受西方近现代思想的影响，以主客为二分，单方面强调主体对客体的征服和占有，认为人的价值就在于对自然界的征服和改造上。由此，征服和改造自然的科学与技术空前发展起来，日新月异，层出不穷，长时期里一味地利用自然而不知保护自然，结果导致自然资源被无限制地消耗，能源、水资源乃至洁净空气都成为问题。等到发现资源消耗、环境污染为重大问题后，又不得不依靠技术和资本去亡羊补牢。目前来看，补救的办法虽然取得了一时的成就，但危机依然存在，挑战依然严峻。其实，只有改变人与自然的相处方式，借鉴中国传统艺术审美所体现的思维方式，重视自然本身的规律，顺应大自然，才能更全面地解决生态危机。

再次，中国传统艺术审美强调宇宙间生机的流行，非常重视自然生命，而批判轻视自然生命的行为。受儒释道三教的影响，中国传统艺术特别重视保护自然生命。中国古代的志怪小说中，有大量因珍爱自然生命而获善报和因残害自然生命而得恶报的故事，尽管这些故事到了明清时期，已经颇有雷同之憾，但无疑表明传统艺术对自然生命的重视。从思想根源上讲，这是受万物有灵说和因果报应说影响的结果，是古人迷信思想的体现，有其历史局限性。但这种思想所表现的对自然生命的同情和理解，颇为值得重视。正如吕坤所说："满腔子是恻隐之心，满六合是运恻隐之心处。君子视六合飞潜动植纤细毫末之物，见其所得，则油然而喜，与自家得所一般；见其失所，则闵然而戚，与自家失所一般。"它肯定人与自然生命平等，提倡人对自然生命的关怀，是有永恒价值的。尤其现代社会，人们长期忘记了人类的生态责任，忽视了生态伦理。有些人甚至为经济利益，残酷无情，滥杀动物，导致时至今日，我们不得不面临着生态资源被过度消耗的问题。中国传统艺术所体现的生命保护意识，对我们反思当前的生态问题，无疑是有警示意义的。

最后，中国传统艺术审美追求的最高境界是人与自然的和谐共生，而这也正是生态文明的标志。中国古代，不论是山水诗文，或是山水绘画，还是山水园林，追求的最高境界都是"天人合一""人与自然合一"，其实也就是人与自然的和谐共处。王维说："北涉玄灞，清月映郭。夜登华子冈，辋水沦涟，与月上下。寒山远火，明灭林外。深巷寒犬，吠声如豹。村墟夜春，复与疏钟相闻。此时独坐，僮仆静默。多思曩昔，携手赋诗，步仄径，临清流也。当待春中，卉木蔓发，春山可望。轻鲦出水，白鸥矫翼。露湿青皋，麦陇朝雊。斯之不远，倘能从我游乎?"这是诗人对人与自然合一的赞美。董逌曰:"山水尤妙于真形，然平生不妄落笔，登临探索，遇物兴怀，胸中磊落，自成丘壑，至于意好已传，然后发之。或自形象求之，皆尽所见，不能措思虑于其间。自号能移景物随画，故平生画皆因所见为之。此固世人不能知，纵复能知未必识其意也。"① 这是画家对人与自然合一的推崇。对于传统社会的文人士大夫而言，人与自然的和谐共生，既是审美旨趣，也是生态理想;既是艺术境界，也是表达内容，具有非常重要的意义。当今中国社会面临着各种生态环境问题，所以必须建设生态文明。党的十九大报告明确说:"人与自然是共同体，人类必须尊重自然、顺应自然、保护自然。""我们要建设的现代化是人与自然和谐共生的现代化。"所谓生态文明，表征就是"人与自然的和谐共生"。我们要体会中国传统艺术作品中的生态思想，略其形式，得其大旨，并竭力做到古为今用，为建设美丽中国而努力。

---

① （宋）董逌:《广川书跋》卷五，文渊阁四库全书本。

参 考 文 献

一、古籍

1. （西汉）司马迁撰：《史记》，中华书局 1959 年版。

2. （西汉）司马迁撰、（宋）裴骃集解、（唐）司马贞索隐、（唐）张守节正义：《史记》，中华书局 2013 年点校本。

3. （东汉）班固撰、（唐）颜师古注：《汉书》，中华书局 2013 年点校本。

4. （东汉）高诱注：《淮南子注》卷 9《主术训》，上海书店出版社 1986 年版。

5. （东汉）王充：《论衡》，四部丛刊景津草堂本。

6. （东汉）应劭撰，吴树平校释：《风俗通义校释》，天津人民出版社 1980 年版。

7. （东汉）赵岐注，（宋）孙奭疏：《孟子注疏》，上海古籍出版社 1990 年版。

8. （南北朝）刘义庆：《世说新语》，岳麓书社 2015 年版。

9. （北魏）杨衒之撰，周祖谟校释：《洛阳伽蓝记校释》，中华书局 1963 年版。

10. （北齐）魏收：《魏书》，中华书局 2013 年点校本。

11. （梁）沈约：《宋书》，中华书局 2013 年点校本。

12. （梁）萧统编，（唐）李善：《文选》第五册，上海古籍出版社 1986 年版。

13. （梁）萧子显：《南齐书》，中华书局 2013 年点校本。

14. （唐）杜宝撰，辛德勇辑校：《大业杂记辑校》，三秦出版社 2006 年版。

15. （唐）房玄龄等：《晋书》，中华书局 1974 年版。

16. （唐）房玄龄注、（明）刘绩补注：《管子》，上海古籍出版社 2015 年版。

17. （唐）李百药：《北齐书》，中华书局 2013 年点校本。

18. （唐）李林甫等撰，陈仲夫点校：《唐六典》，中华书局 1992 年版。

19. （唐）柳宗元著：《柳宗元集》，中华书局 1979 年版。

20.（唐）王维撰，陈铁民校注：《王维集校注》，中华书局 1997 年版。

21.（唐）姚思廉：《梁书》，中华书局 2013 年点校本。

22.（唐）张彦远著，俞祖华注释：《历代名画记》，上海人民出版社 1964 年版。

23.（唐）长孙无忌等编修，刘俊文点校：《唐律疏议》，中华书局 1996 年版。

24.（五代）王仁裕等撰，丁如明等校点：《开元天宝遗事》，上海古籍出版社 2012 年版。

25.（后晋）刘昫等撰：《旧唐书》，中华书局 2013 年点校本。

26.（北宋）程颢，程颐著，[朝] 宋时烈编，[韩] 徐大源点校：《程书分类》卷 16，上海辞书出版社 2006 年版。

27.（北宋）程颐、程颢撰、王云五主编：《二程文集》，商务印书馆正谊堂全书本。

28.（北宋）窦仪等：《宋刑统》，中华书局 1984 年版。

29.（北宋）郭思编：《林泉高致》，中华书局 2010 年版。

30.（北宋）洪兴祖撰，白化文等点校：《楚辞补注》，中华书局 1983 年版。

31.（北宋）林逋著，沈文征校注：《林和靖集》，浙江古籍出版社 1986 年版。

32.（北宋）孟元老：《东京梦华录》，中国画报出版社 2013 年版。

33.（北宋）欧阳修等撰：《归田录（外五种）》，上海古籍出版社 2012 年版。

34.（北宋）欧阳修撰，（北宋）徐无党注：《新五代史》，中华书局 2013 年点校本。

35.（北宋）司马光编著，（元）胡三省音注：《资治通鉴》，中华书局 1956 年版。

36.（北宋）宋敏求：《唐大诏令集》，商务印书馆 1959 年版。

37.（北宋）宋绶：《宋大诏令集》，中华书局 1962 年版。

38.（北宋）王溥：《唐会要》，上海古籍出版社 1955 年版。

39.（北宋）薛居正：《旧五代史》，中华书局 2013 年点校本。

40.（南宋）陈旉著，万国鼎校注：《陈旉农书校注》，农业出版社 1965 年版。

41.（南宋）董思靖集解：《太上老子道德经集解》，中华书局 1985 年版。

42.（南宋）黄士毅编，徐时仪、杨艳汇校：《朱子语类汇校》，上海古籍出版社 2016 年版。

43.（南宋）黎靖德：《朱子语类》，中华书局 1994 年版。

44. （南宋）朱熹集注：《孟子》，中华书局 1942 年版。

45. （南宋）朱熹：《四书集注》，岳麓书社 1987 年版。

46. （元）金幼孜：《金文靖集》，文渊阁四库全书本版。

47. （元）脱脱等：《宋史》，中华书局 2013 年点校本版。

48. （元）佚名：《元典章》，"台北故宫博物院" 1972 年影印本。

49. （明）冯梦龙编著：《警世通言》，崇文书局 2015 年版。

50. （明）冯梦龙编著：《醒世恒言》，崇文书局 2015 年版。

51. （明）胡广：《四书大全》，《四库全书》本，上海古籍出版社 1987 年影印本。

52. （明）计成：《园冶》，江苏文艺出版社 2015 年版。

53. （明）李濂撰，周宝珠、程民生点校：《汴京遗迹志》，中华书局 1999 年版。

54. （明）凌濛初：《拍案惊奇》，崇文书局 2015 年版。

55. （明）鹿继善：《四书说约》，《续修四库全书》本，上海古籍出版社 1995 年版。

56. （明）申时行等：《明会典》，商务印书馆 1936 年版。

57. （明）宋濂等：《元史》，中华书局 2013 年点校本。

58. （明）谭元春著，陈杏珍标校：《谭元春集》，上海古籍出版社 1998 年版。

59. （明）王夫之著，杨家骆主编：《张子正蒙注》，（台北）世界书局 1980 年版。

60. （明）徐弘祖著，褚绍唐、吴应寿整理：《徐霞客游记》，上海古籍出版社 1980 年版。

61. （明）袁宏道著，钱伯城笺校：《袁宏道集笺校》，上海古籍出版社 1981 年版。

62. （明）袁中道著，钱伯城点校：《珂雪斋集》，上海古籍出版社 1989 年版。

63. （明）钟惺著，李文耕、崔重庆标校：《隐秀轩集》，上海古籍出版社 1992 年版。

64. （清）毕沅：《续资治通鉴》，中华书局 1957 年版。

65. （清）陈淏子：《花镜》，清刻本。

66. （清）陈立疏证，吴则虞注解：《白虎通疏证》，中华书局 1994 年版。

67. （清）戴望：《管子校正》，上海书店 1986 年版。

68. （清）董诰等编：《全唐文》，中华书局 1983 年版。

69. （清）郭庆藩撰，王孝鱼点校：《庄子集释》，中华书局 1961 年版。

70.（清）纪昀、永瑢等：《文渊阁四库全书》，（台北）台湾商务印书馆 1983 年影印本。

71.（清）纪昀：《文渊阁四库全书》，上海古籍出版社 1987 年影印本。

72.（清）彭定求等校点：《全唐诗》，中华书局 1960 年版。

73.（清）蒲松龄著，张友鹤辑校：《聊斋志异》，上海古籍出版社 2011 年会校会注会评本。

74.（清）阮元校刻：《十三经注疏》，中华书局 1980 年版。

75.（清）阮元校刻：《十三经注疏》，（台北）艺文印书馆股份有限公司 2001 年影印版。

76.（清）阮元校刻：《十三经注疏》，清嘉庆刊本，中华书局 2009 年版。

77.（清）桑灵直：《字触补》，光绪刻本。

78.（清）邵晋涵撰，李嘉翼、祝鸿杰点校：《尔雅正义》，中华书局 2017 年版。

79.（清）苏舆撰，钟哲点校：《春秋繁露义证》，中华书局 1992 年版。

80.（清）孙诒让：《墨子闲诂》，上海书店出版社 1986 年版。

81.（清）孙诒让：《周礼正义》，中华书局 1987 年版。

82.（清）王聘珍撰、王文锦点校：《大戴礼记解诂》，中华书局 1983 年版。

83.（清）王士禛：《王士禛全集》，齐鲁书社 2006 年版。

84.（清）王先谦：《荀子集解》，上海书店出版社 1986 年版。

85.（清）王先谦编著：《庄子集解》，成都古籍书店 1988 年影印本。

86.（清）王先谦撰，沈啸寰、王星贤点校：《荀子集解》，中华书局 1988 年版。

87.（清）严可均辑：《全上古三代秦汉三国六朝文》，中华书局 1958 年版。

88.（清）严可均辑：《全宋文》，上海辞书出版社 2006 年版。

89.（清）张廷玉等：《明史》，中华书局 2013 年点校本。

90.（清）赵尔巽：《清史稿》，中华书局 1977 年版。

91.谭正璧：《墨子读本》，中华书局 1949 年版。

92.陈桥驿：《水经注校释》，杭州大学出版社 1999 年版。

93.陈植、张公弛选注：《中国历代名园记选注》，安徽科学技术出版社 1983 年版。

94.程树德撰，程俊英、蒋见元点校：《论语集释》，中华书局 2013 年版。

95. 方龄贵：《通制条格校注》，《田令》，中华书局 2001 年版。

96. 冯达甫撰：《老子译注》，上海古籍出版社 2006 年版。

97. 耿振东译注：《管子译注》，上海三联书店 2014 年版。

98. 谷继明：《王船山〈周易外传〉笺疏》，上海人民出版社 2016 年版。

99. 郭成伟点校：《大元通制条格》，法律出版社 2000 年版。

100. 怀效锋点校：《大明律》，法律出版社 1999 年版。

101. 黄怀信、张懋镕、田旭东撰，黄怀信修订，李学勤审定：《逸周书汇校集注》，上海古籍出版社 2007 年版。

102. 黄怀信等撰：《逸周书汇校集注》，上海古籍出版社 1995 年版。

103. 黄铭、曾亦译注：《春秋公羊传》，中华书局 2018 年版。

104. 李希泌：《唐大诏令集补编》，上海古籍出版社 2003 年版。

105. 李学勤主编：《十三经注疏》，北京大学出版社 1999 年版。

106. 李逸安点校：《欧阳修全集》，中华书局 2001 年版。

107. 逯钦立辑校：《先秦汉魏南北朝诗》，中华书局 1983 年版。

108. 缪启愉：《齐民要术校释》，农业出版社 1982 年版。

109. 沈文倬点校：《苏舜钦集》，中华书局 1981 年版。

110. 苏凤捷、程梅花注说：《墨子》，河南大学出版社 2008 年版。

111. 王利器注疏：《吕氏春秋注疏》，巴蜀书社 2002 年版。

112. 王锡荣：《郑板桥集详注》，吉林文史出版社 1988 年版。

113. 张荣铮、刘勇强、金懋初点校：《大清律例》，天津古籍出版社 1993 年版。

114. 张永祥译注：《国语译注》，上海三联书店 2014 年版。

115. 章锡琛点校：《张载集》，中华书局 1978 年版。

116. 北京图书馆古籍出版编辑组：《礼书》，书目文献出版社 2000 年影印本。

117. 荆门市博物馆编著：《郭店楚墓竹简·性自命出》，文物出版社 2002 年版。

118.《清代诗文集汇编》编纂委员会：《清代诗文集汇编》，上海古籍出版社 2010 年版。

119. 上海书店编：《国语》，上海书店出版社 1987 年影印版。

120. 上海古籍出版社编：《续修四库全书》，上海古籍出版社 1995 年版。

二、专著

1. 安怀远：《中国园林史》，同济大学出版社 1991 年版。

2. 储兆文：《中国园林史》，东方出版中心 2008 年版。

3. 邓绶林、刘文彰：《地学辞典》，河北教育出版社 1992 年版。

4. 丁成泉：《中国山水诗史》（第二版），华中师范大学出版社 2014 年版。

5. 董大年：《现代汉语分类大词典》，上海辞书出版社 2007 年版。

6. 葛晓音：《田园山水诗派研究》，辽宁大学出版社 1993 年版。

7. 顾颉刚：《国史讲话——上古》，上海人民出版社 2016 年版。

8. 郭沫若：《卜辞通纂》，科学出版社 1981 年版。

9. 郭沫若：《郭沫若全集》历史编，人民出版社 1982 年版。

10. 李超、姚笛、张金霞：《中国古代绘画简史》，上海古籍出版社 2010 年版。

11. 李浩：《唐代园林别业考论》，西北大学出版社 1996 年版。

12. [英] 罗素：《西方哲学史》，马元德译，商务印书馆 1988 年版。

13. 牟钟鉴、张践：《中国宗教通史》，中国社会科学出版社 2003 年版。

14. 钱钟书：《管锥编》第二册，中华书局 1979 年版。

15. 孙海波：《甲骨文编》，哈佛燕京学社 1934 年版。

16. 吴承学：《晚明小品研究》，江苏古籍出版社 1999 年版。

17. 叶正渤、李永延编著：《商周青铜器铭文简论》，中国矿业大学出版社 1998 年版。

18. 于省吾：《甲骨文字释林》，中华书局 1979 年版。

19. 余开亮：《六朝园林美学》，重庆出版社 2007 年版。

20. 张鹤泉：《周代祭祀研究》，（台湾）文津出版社 1993 年版。

21. 张连伟、李飞、周景勇编著：《中国古代林业文献选读》，北京燕山出版社 2015 年版。

22. 张青萍主编：《园林建筑设计》，东南大学出版社 2010 年版。

23. 赵杏银：《中国古代生态思想史》，东南大学出版社 2014 年版。

24. 周淑贞、张如一、张超：《气象学与气候学》（第三版），高等教育出版社 1997 年版。

25. 周维权：《中国古典园林史》，清华大学出版社 1990 年版。

26. 李根蟠：《中国古代农业》，商务印书馆 1998 年版。

27. 周武忠：《理想家园：中西古典园林艺术比较》，东南大学出版社 2012 年版。

28. 朱红林：《张家山汉简〈二年律令〉研究》，黑龙江人民出版社 2008 年版。

29. 青川县文物管理所编：《青川木牍：可移动文物普查集萃》，四川美术出版社 2017 年版。

30. 中共中央文献研究室编：《习近平关于社会主义生态文明建设论述摘编》，中央文献出版社 2017 年版。

31. MOULEAC，PELLIOTP.MarcoPolo：Thedescriptionoftheworld，vol.1，London：G.Routledge&SonsLimited，1938，pp.248-249，210-211.

三、论文

1. 戴吾三：《略论〈管子〉对山林资源的认识和保护》，《管子学刊》2001 年第 1 期。

2. 葛志毅：《重论阴阳五行之学的形成》，《中华文化论坛》2003 年第 1 期。

3. 何双全：《敦煌悬泉壁书〈诏书四时月令五十条〉考述》，《国际简牍学会会刊》2002 年第 3 号。

4. 金景芳：《中国古代思想的渊源》，《社会科学战线》1984 年第 4 期。

5. 刘文英：《阴阳家的生态观念及其历史地位》，《文史哲》2005 年第 1 期。

6. 沈建华：《甲骨文释文二则》，《古文字研究》（第六辑），中华书局 1981 年版。

7. 汤勤福：《〈月令〉祛疑——兼论政令、农书分离趋势》，《学术月刊》2016 年第 10 期。

8. 汤一介：《论"天人合一"》，《中国哲学史》2005 年第 2 期。

9. 石荣霞：《论道家的生态伦理观及其现代价值》，曲阜师范大学硕士学位论文，2007 年。

10. 王巧玲、孔令宏：《"道法自然"·"道生自然"·"道即自然"——〈道德经〉生态社会伦理研究》，《兰州学刊》2015 年第 8 期。

11. 张径直：《佛教的生态环保思想与实践及其现代价值初探》，陕西师范大学硕士学位论文，2008 年。

12. 夏咸淳：《天下之乐，莫过于山水——明代山水审美思想管窥》，《社会科学》

2009 年第 6 期。

13. 邢义田：《月令与西汉政治——从尹湾集簿中的"以春令成户"说起》，（台北）《新史学》1998 年第 1 期。

14. 杨振红：《月令与秦汉政治再探讨》，《历史研究》2004 年第 3 期。

15. 杨宗红：《〈三言二拍〉的生态伦理观念》，《中南大学学报》2011 年第 6 期。

16. 张怀通：《周代山川祭祀的民本精神与政治功能》，《殷都学刊》1994 年第 4 期。

17. 张晋光：《明代关于林木资源种植与保护的法令论述》，《林业经济》2011 年第 10 期。

18. 赵津津：《道家哲学的生态思想与当代生态社会的构建》，《哈尔滨师范大学社会科学学报》2016 年第 4 期。

19. 周魁一：《中国古代的农田水利》，《农业考古》1986 年第 1 期。

20. 周魁一：《中国古代的农田水利》（续），《农业考古》1986 年第 2 期。

21. 朱凤瀚：《商周时期的天神崇拜》，《中国社会科学》1993 年第 4 期。

后　记

　　本书是由安作璋、王志民二位教授主持的中宣部和山东省社科重大项目"中华优秀传统文化的时代价值研究"丛书中的一卷。在本书的撰写过程中，得到了两位总主编的悉心指导和帮助。为完成这一重大课题，两位主编多次主持召开各分卷作者研讨会。就每卷书稿的大纲、主要内容和写作手法都进行了深入细致的讨论，初稿形成后，又进行了反复的修改，为顺利完成这一课题奠定了坚实的基础。在本丛书即将出版之际，我们更加深切怀念为本书付出巨大努力已离世的本项目主持人安作璋先生。

　　本卷书名为《当代视域下的中国传统生态文化研究》，主要试图从中国传统文化角度来探讨历史上的生态环境流变及生态文明建设。因为类似的体裁前人较少涉及，本书也只能是在这一研究领域进行一些初步尝试。由于作者过去对该领域研究不够深入，再加上成书时间仓促，书中难免存在缺点、错误，还望读者们予以批评指正。

　　本书由朱亚非、王保宁、连雯三人合作完成。导论部分由朱亚非撰稿；第一、三、四章由王保宁撰稿；第二、五章由连雯撰稿。朱亚非对全书进行统稿。

　　本丛书学术秘书秦铁柱同志为本卷撰稿出版做了大量事务性工作。

朱亚非

2020 年 10 月